리더의 망치

리더·인재·조직을
단단하게 만드는 20개의 망치

리더의 망치

한국사마천학회
김영수 편저

세 개의 서문

리더십을 완성시키는 삼위일체(三位一體)와 20개의 망치

이 책이 나오기까지 몇 차례 곡절이 있어 그 과정을 독자들에게 말씀드리고자 한다. 그 과정에서 서문을 세 차례 썼기 때문에 '세 개의 서문'이라 했다.

첫 번째 서문
인재와 리더십에 주목하다

이 책을 구상하게 된 계기는 1980년 개혁개방 이후 중국 출판계의 동향에 촉각을 세우던 중 중국이 개혁개방에 따른 개혁과 인재 문제를 집중 연구하고 있다는 사실을 알게 되면서부터였다. 중국 각지의 대학과 연구기관에 개혁학과 인재학이 개설되고, 인재 문제를 전문적으로 연구하는 인재연구소가 설립되는 현상도 파악되었다. 그러던 중 광명일보(光明日報)출판사에서 출간한 《용인통감(用人通鑒)》을 접하고 이를 번역하면서 인재와 리더십의 관계에 관심을 갖기에 이르렀다.

《용인통감》을 번역하여 《용인(用人)》이란 제목으로 출간한 다음, 저자의 공부 분야인 《사기(史記)》의 다양한 사례들에서 현대 경영과 리더들에게 도움이 될 만한 것들을 추출하여 《사기의 경영학》과 《사기의 리더십》이란 책을 잇달아 출간했다.(이 두 책은 다시 개정되어 《나는 사기로 경영을 배웠다》는 제목으로 출간되었다.) 기록으로 남은 역사적 Fact를 경영과 조직에 접목하는 이른바 응용 역사학을 대중들에게 소개한 것이다. 지금 생각해보면 저자의 이 같은 행보에는 리더와 인재 문제에 대한 보다 심도 있는 연구 욕구를 부추긴 2010년 전후 당시 정치적 상황이 상당히 작용했다.

그러나 《용인》과 저자의 책들이 대부분 사례 위주여서 리더와 인재에 관한 심도 있는 체계나 이론과는 거리가 있었다. 이 점이 늘 아쉬웠다. 2011년 후반기부터 저자는 본격적으로 《사기》를 경영에 접목시키는 '사기경영'이란 제목으로 강의를 개설했다. 1년에 12주씩 두 차례, 모두 24주 동안 진행된 이 강좌는 모두 5기까지 2년 반 동안 진행되었다. 그러면서 저자는 사람을 기용하는 '용인(用人)'과 '인재(人才)', 그리고 '리더와 리더십' 문제를 새삼 다시 고민할 기회를 가졌다. 이에 《용인》에서 한 걸음 더 나아간 인재, 용인, 리더십에 관한 이론과 사례를 다룬 책을 내기로 마음을 먹고는 오래전부터 구상해왔던 이 책의 초고를 집필하기 시작했다.

《용인》을 번역하던 중 같은 출판사에서 1991년 출간한 《中國古代求賢用能研究》라는 공산당 간부를 위한 교재를 입수하게 되었다. 이 책은 제목 그대로 역사상 유능한 인재를 구하고 기용한 방법과 사례에 대한 연구였다. 모두 20가지 항목이 제시되어 있었는데, 어떤 체계가 있는 것이 아닌 무작위 분류였다. 하지만 20개 항목 모두가 간결하면서 참신하게 다가왔다.

이에 저자는 이 20개 항목을 차용하여 저자의 이론과 체계를 강화했다. 먼저 20개 항목을 세 범주로 나누었다. 그리고 이를 도표로 만들어 보았다. 아래 표가 그것이다.

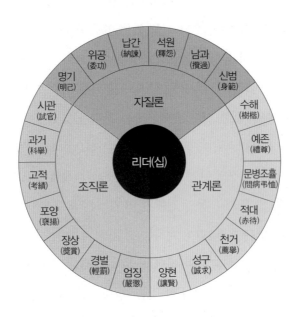

여기에 20년이란 시차를 고려하여 내용을 전면 재편하는 한편, 저자의 현장 경험과 이론적 견해 및 사진과 도판 자료를 넣어서 나름 체계를 갖춘 책으로 재탄생시켰다. 세 개의 범주를 다루는 각 장

마다 그 범주에 포함된 항목들을 다시 표로 정리하되, 다른 범주들도 비교할 수 있게 함께 제시하여 항목에 대한 인상을 강화시켰다.

사례의 경우는 우리에게 익숙하고 잘 알려진 사례들과 함께 잘 알려져 있지 않거나 덜 알려진 사례들을 발굴하여 참신함을 갖추는데 주의를 기울였다. 곳곳에 인용된 고문헌의 번역은 가능한 현대적 의미에 맞게 의역하는데 주안점을 두었다.

사마천의 인재관과 리더십

사마천은 리더의 자질과 리더의 발전단계를 자현(自賢) - 구현(求賢) - 포현(布賢)으로 간단명료하게 정리한 바 있다. 사마천의 '삼현론(三賢論)'이라 부를 수 있겠다. '자현'은 스스로 재능을 기르는 단계이며, '구현'은 인재를 구하는 단계이며, '포현'은 인재들과 함께 자신의 재능을 널리 펼치는 단계를 말한다. 리더의 자질은 자기 노력을 통해 같은 인재를 찾고 함께 자신들의 재능을 펼쳐 세상을 보다 나은 쪽으로 이끄는 것으로 완성된다는 의미이다.

이 책도 리더의 관점에서 보면 사마천의 '삼현론'과 일맥상통한다. 이 책에서 말하는 자질론, 관계론, 조직론의 핵심은 리더의 자질은 개인적 수양을 통해 인재를 우대하고 기용하되 이를 시스템으로 확고하게 뒷받침해줌으로써 완성된다는 것이다. 리더의 발전단계론, 즉 리더십이 이렇게 해서 체계화되고 완성을 향해 나아가는 것이다. 저자는 이를 자질론 - 관계론 - 조직론으로 명쾌하게 집약 정리했을 뿐이다.

이 책은 궁극적으로 과거 역사적 사례들을 고찰 분석하여 현대에 맞는 리더의 자질 향상에 도움을 제공하는 것을 목적으로 한다. 리더 개인의 자질이 인재들과 조직에 어떤 영향을 미치는가를 검토하고, 이를 다시 정제된 시스템으로 확실하게 뒷받침하는 것을 출발점으로 삼아, 인재와 리더 간의 관계, 인재들 간의 관계 형성을 리더십이 뒷받침하는 단계로 설정한 것이 가장 큰 특징이라면 특징이다.

예나 지금이나 리더십은 리더 개인의 자질로만 규정될 수 없다. 리더십 발휘 대상인 인재와 동료 및 조직원들과의 관계설정이 어떻게 이루어지느냐가 훌륭한 리더십을 결정하는 요인이다. 여기에다 이렇게 설정된(또는 형성된) 관계를 조직적으로, 즉 제도(시스템)로 뒷받침할 때 리더십은 최종 완성된다. 다시 말해 인재와 조직원에 대한 개인적인 관계를 공식화함으로써 리더십의 마지막 단계가 마무리되는 것이다. 여기서 관건은 누가 리더가 되었건 이렇게 만들어진 제도(시스템)를 유지할 수 있도록 탄탄한 기반을 구축하는데 있다. 리더는 떠나도 조직과 인재는 남을 수 있도록 하는 것 또한 바람직한 리더십의 마지막 단계라 할 것이다.

저자는 이런 인식을 통해 오늘날 사회에 맞는 현대적 리더십의 특징으로 '전방위 리더십', '리더십의 리더', '집중의 리더십에서 해체의 리더십으로의 변화' 등을 정리해낼 수 있었다.

'전방위 리더십'이란 편향되고 편협한 리더십에 대한 것으로, 쉽게 말해 따뜻한 감정을 가진 인간다운 모습을 한 리더를 염두에 둔 개념이다. 관계론의 항목들을 염두에 두고 있다.

다음으로 '리더십의 리더'란 타고난 리더나 리더라는 자리 자체로 완성된 모습을 한 리더가 아닌 끊임없이 노력하는, 즉 리더십을 함양하기 위해 무던 애를 쓰는 리더를 말한다. 자질론을 염두에 둔 개념이다.

끝으로 '집중의 리더십에서 해체의 리더십'은 말 그대로 모든 권력이 리더 한 사람에게 집중되어 있는 구조를 해체하여 권력과 권한을 많은 사람에게로 분산시키자는 뜻이다. 조직론을 떠올리면 될 것이다.

나아가 우리 시대가 갈망하는 이상적인 리더십 역시 자질 – 관계 – 조직의 세 범주가 유기적으로 연계 작동된다면 충분히 실현하고 실천할 수 있는 범주라 할 수 있다.

조직이 존재하는 한 어떤 형태와 방식이 되었건 리더가 나올 수밖에 없다. 인간의 속성상 불가피한 현상이다. 리더가 있는 한 리더십 발휘 또한 불가피하다. 이에 따라 오랜 세월 리더십에 대한 논의가 있었고 지금도 여전하다. 이 책 역시 그 많은 논의들 중 하나에 지나지 않는다. 다른 특징이 있다면 리더만을 떼어 놓고 다른 것이 아니라 리더와 인재의 관계, 이런 관계를 합리적으로 뒷받침하는 조직이란 세 요소의 유기적 관계에 주목하여 이 세 요소의 삼위일체를 완벽에 가까운 리더십, 이상에 가까운 관계, 불변에 가까운 조직으로 가는 과정으로 파악한 점이다. 그리고 이것이야말로 동양 리더십 이론의 정수라고 자부한다. 여기에 5천 년 가까운 장

구한 역사에서 추출해낸 생생한 사례들이 이 이론을 더욱 강화시
켜준다는 특징도 빼놓을 수 없을 것이다.

리더와 리더십에 관한 많은 논란이 있었다. 대부분 소모적이었
다. 이 책이 모쪼록 이런 소모적 논란에 종지부를 찍을 수 있는 논
리와 실천 사례를 함께 갖춘 이론서로 어느 정도 작동하길 기대해
본다.(2014년)

반쪽짜리 책

이 원고는 2015년 12월 《위인 – 리더의 가치를 살리는 10가지 덕목》
이란 제목을 달고 책으로 출간되었다. 그러나 부제의 '10가지 덕목'
에서 보다시피 처음 원고의 절반 밖에 담지 못했다. 분량이 너무 많
다는 출판사의 불만(?)을 별다른 고민 없이 받아들인 탓이었다.

책은 나왔지만 그때부터는 글을 쓴 사람의 불만(?)이 쌓였다. 처
음 의도를 살리지 못했을 뿐만 아니라 내용이 어정쩡해졌기 때문이
다. 물론 이는 글을 쓴 사람의 생각이다. 독자들의 생각과 판단은
다를 수 있다. 다만 독자들도 원고 전체를 보고 판단할 기회를 가져
야 하지 않을까? 2021년 새해 들어 불현듯 이런 생각이 들어 원고
를 다시 읽기 시작했다. 역시 당초의 원고를 온전히 살려야겠다는
생각이 더 강하게 들었다. 이에 우선 간단하게 저간의 사정을 기록

으로 남긴다. 처음 마음먹었던 대로 관련 사진과 도판을 넣고 원고를 다시 다듬어 온전한 모습을 복원시킨 다음 다시 서문을 보낼 생각이다. 첫 책을 사주신 독자들께 죄송할 따름이다.(2021년 1월 6일 09시 31분)

리더의 힘 20

2021년 1월 15일, 작업을 마무리했다. 원래의 원고를 되살리고, 적절한 사진과 도판을 넣는 작업이라 한 달이 채 걸리지 않았다. 꼼꼼하게 읽는데 주력했다. 뻔한 결론이지만 역시 당초의 원고대로 책을 내는 것이 옳았다. 변명 겸 그 이유를 몇 가지 말씀드린다.

 첫째, 2015년의 책이 당초 이 책을 구상했던 나 자신의 성에 차지 않았기 때문이다. 리더의 리더십을 강화시킬 수 있는 20개 항목을 정리해놓고 그 절반만 책에 실은 꼴이 되었으니 이는 당연한 안타까움이자 아쉬움이었다.

 둘째, 같은 맥락에서 이왕이면 독자들도 온전한 20개 이론이자 항목을 접할 수 있었으면 좋겠다는 판단 때문이었다. 제대로 평가를 받아보자는 것이다. 첫 책을 구입하신 독자들께 한없이 송구할 따름이다.

셋째, 이 책은 기본적으로 리더의 자질과 리더십을 강화시키는 20개 항목 겸 이론으로 구성되어 있다. 그리고 무엇보다 각 항목에 딸린 풍부한 사례들이 장점이라면 장점이다. 이 풍부한 사례들을 살려야 했기 때문이다. 역사적 사례는 그 자체로 현재의 교훈이 되며, 리더들에게 그 어떤 이론보다 강렬한 영감과 통찰력의 근원이 된다. 인물들이 다소 중복되는 감은 있지만 독자들은 20개 항목의 논리, 즉 20개의 '단단한' 망치들을 생생하게 뒷받침하고 있는 역사적 사례에 주목해주기 바란다.

넷째, 원고를 다시 정리하면서 새삼 느낀 점은 이 책에서 제시하고 있는 20개의 리더십 항목들을 실천한다면 그 즉시 리더의 힘이 될 수 있고, 조직의 자산이 될 수 있다는 확신이었다. 20개를 모두 실천한다면 더할 나위 없겠지만 20 항목 중 일부만 실천해도 적지 않은 힘이 될 것이다. 하나하나 실천해나가면서 얻는 심리적 기쁨과 현실적 동력을 확인해 보기 바란다.

선거의 철이 돌아오고 있다. 얼마 전에 치른 보궐선거를 비롯하여 내년 대선, 지방선거 등 큰 선거가 기다리고 있다. 선거는 나를 대신해서 목소리를 내줄 리더를 선택하는 큰일이다. 제대로 뽑으려면 사람을 알아야 한다. 그 사람이 어떤 자질을 갖춘 사람인지 가늠해야 한다. 능력과 재주도 중요하지만 사람이 되어 있는지를 정확하게 파악해야 한다. 이 책이 리더를 고르는 모든 국민들의 눈높이를 조금이나마 높여 줄 수 있을 것으로 믿는다. 리더로 선택

받으려는 사람들은 당연히 참고해야 한다. 이 책에 제시된 20개의 리더십 항목은 다 실천하기는 쉽지 않지만 항목 자체는 선택이 아니라 필수이기 때문이다.

우리 사회가 큰 시련에 직면해 있다. 청산하지 못한 과거사가 현재의 발목을 단단히 움켜쥐고 있다. 깨어 있는 시민들은 이를 뿌리치고 성큼 저만치 나가 있지만 그렇지 못한 상당수의 국민들이 낡은 사고방식에서 벗어나지 못하고 있다. 무엇보다 수구 기득권세력의 총체적 저항이 터져 나오고 있어 정치에 무관심한 국민들의 심기를 어지럽히는 적폐 현상이 가장 큰 문제다. 이런 적폐세력과 그 현상 역시 이 책이 제시하고 있는 리더십과 그것을 실천한 역사상 리더들의 사례를 통해 점검해보면 얼마든지 통찰할 수 있다.

바닷물을 다 마셔야 맛을 아는가, 한 숟갈 떠 먹어보면 바로 알 수 있다. 적폐들인지 아닌지를 가리는 일은 바닷물 한 숟갈 떠먹는 일보다 더 쉽다. 그들이 무엇을 감추려 하는지만 보면 되기 때문이다. 지금까지 그들을 지켜온 기득권의 원천인 사리사욕과 탐욕이다. 그리고 이 책은 그것을 넘어 그 이면까지 통찰할 수 있는 역사라는 단단한 망치로 무장하고 있다. 모두가 스무 개의 단단한 망치로 리더가 되려는 사람을 두드려 보고, 또 자신도 두드려서 보이지 않지만 사회 곳곳에서 영향력 있는 잠재적 리더로 거듭나길 희망해본다.

2021년 1월 19일에 쓰고
4월 16일 세월호 7주기에 고쳐 쓰다

차례

제3부 조직론

제1부

자질론

이 책에서 제시하고 있는 리더십 20개 항목은 자질론, 관계론, 조직론 등 총 세 개의 범주로 이루어져 있다. 이를 보다 일목요연하고 구체적으로 살펴보면 오른쪽의 관계표로 정리할 수 있다. 이 세 범주 중에서 자질론에 해당하는 항목에는 명기(明己), 위공(委功), 납간(納諫), 석원(釋怨), 남과(攬過), 신범(身範) 등 여섯 가지 구체적인 실천방안이 있다.

자질론의 범주에 속하는 여섯 항목의 공통점은 모두 개인적 차원에서 언급되고 있다는 점이다. 다시 말해 리더가 개인적으로 노력하여 이루어야 할 경지다. 따라서 자질론은 이 책의 핵심이다. 관계론과 조직론의 내용을 질적으로 담보하는 개인적 소양이 자질론이기 때문이다. 자질론은 리더십 이론의 핵심이기도 하고, 리더십 함양을 위한 실천방안이기도 하다.

분야	항목	핵심 요지	비교
리더십	자질론	명기(明己)	'명기'는 자신을 투명하게 만드는 고통스러운 과정이다.	리더 개인적 차원의 자질 함양 방법론
		위공(委功)	진심으로 '위공'을 하면 당사자뿐만 아니라 주변 사람들의 마음까지 얻을 수 있다.	
		납간(納諫)	흥하는 리더는 남이 말해주지 않으면 어떡하나 걱정하고, 망하는 리더는 남이 무슨 말을 하지나 않을까 걱정한다.	
		석원(釋怨)	'석원'은 확고한 공사구분의 자세와 정신이 전제되어야 가능하다.	
		남과(攬過)	잘못을 끌어안으면 민심을 끌어안을 수 있다.	
		신범(身範)	마음에 앞서 내 몸(행동)이 표본임을 잊지 마라.	
	관계론	양현(讓賢)	유능한 사람에게 양보하는 것은 가장 고귀한 품덕이다.	겉으로 드러나는 리더의 객관적 자질 표현의 방법론
		성구(誠求)	간절히 구하되 실질적으로 동원할 수 있는 모든 방법을 동원할 줄 알아야 한다.	
		천거(薦擧)	사심없는 추천은 도미노 현상을 일으킨다.	
		적대(赤待)	진정으로 마음을 주되 맹목적인 심복을 만들어서는 안 된다.	
		문병조휼(問病弔恤)	세심한 배려야말로 큰일을 성취할 수 있는 밑거름으로 작용한다.	
		예존(禮尊)	예를 갖추어 인재를 존중하는 것은 동서고금의 변치 않는 최선의 방법이다.	
		수해(樹楷)	진취적이고 다양한 롤 모델을 적극 발굴하여 제시하라.	
	조직론	시관(試官)	인재의 적극성을 자극하는 합리적 시스템으로 정착되어야 한다.	실적 검증과 그에 따른 격려·상벌·징계의 방법론
		과거(科擧)	정기적으로 시행하되 융통성과 창의성을 가미한 인재선발 시스템을 만들어라.	
		고적(考績)	공정, 공개, 공평에 입각한 '3공'의 원칙으로 성과와 실적을 평가하되 과정을 무시하지 않도록 하라.	
		포양(襃揚)	'포양'은 상하좌우 관계의 협조를 끌어낼 수 있어야 한다.	
		장상(獎賞)	상은 선도(善導)와 격려(激勵)의 기능을 끝까지 견지해야 한다.	
		경벌(輕罰)	벌은 가볍되 왜 벌을 받는지 확실하게 알고 기꺼이 받아들이게 하라.	
		엄징(嚴懲)	징계는 벌과는 다르되 엄정해야 한다.	

명기
明己

드러내는 힘

| '명기'의 의미와 인식 |

'명기'를 그대로 풀이하면 '자신을 밝힌다'는 뜻이다. '자신을 환히 드러낸다'는 속뜻이 들어있다. 자신을 솔직하게 드러내면 그것이 곧 리더십이 되고, 그 행위로 리더는 힘을 받는다. '드러내는 힘'으로 표현한 까닭이다.

이런 점에서 '명기'는 리더의 망치이다. 사람들은 리더의 자질을 논할 때, 리더는 자신을 쉬 드러내지 말아야 한다고 한다. 또 리더는 말을 아껴야 한다고도 한다. 물론 틀린 말은 아니다. 하지만 드러내야 할 때 드러내지 않고 말해야 할 때 말하지 않는 것은 비겁함이요, 식견과 지혜가 부족함을 뜻하는 것일 수 있다. 무엇보다 리더라면 속이 훤히 들여다보여야 한다. 시비선악(是非善惡)에 대한 판단기준은 분명해야 한다. 리더의 속이 좀처럼 보이지 않는다는 말은 그가 가진 식견의 깊이를 가늠하기 어려울 때나 쓰여야지 모든 경우에 적용되어서는 결코 안 된다. 희로애락, 시비선악에 무엇을 더 덧씌워 감추고 신비하게 포장한단 말인가? 정책이나 사업에 대해서도 마찬가지이다. 잘한다, 못 한다, 틀렸다, 맞았다, 보완이 필요하다, 취소해야 한다 따위의 가치판단은 항상 분명해야 한다. 그 판단이 100% 옳을 수는 없지만 그것을 피해서는 안 된다.

리더는 명명백백하게 단련되어야 하고, 스스로 그 과정을 기꺼이 원해야 한다. 그것이 리더의 길이다. 지금부터 이야기할 '명기'가 리더십 20단계의 첫 덕목이 될 수밖에 없는 이유는 '명기'의 자질을 함양하는 과정을 통해 드러냄으로써 힘을 갖추는 제대로 된 리더가 탄생할 가능성이 가장 크기 때문이다.

노자(老子)는 '자지자명(自知者明)'이라 했다. '자신을 아는 사람을 명(明)이라 한다'는 뜻이다. 즉, 자신을 아는 사람이야말로 밝은 사람, 현명하고 영명한 사람이란 뜻이다. 이런 점에서 '명기'는 글자 그대로 나 자신을 밝고 투명하게 한다는 뜻이다. 밝을 '명' 자는 많은 뜻을 함축하고 있다. 비추다, 드러내다, 살피다, 깨끗하게 하다, 이루다, 미세한 것을 알아채다, 보다, 공개하다 등등이다. 어느 것을 대입해도 뜻은 다 통한다. 명기가 포괄하는 범위가 그만큼 넓다는 의미이다. 이 '명'과 반대 내지 대립되는 단어로는 '암(暗, 어둡다)', '난(亂, 어지럽다)', '혼(昏, 어리석다)', '탐(貪, 탐욕스럽다)', '음(淫, 음탕하다)' 등이 있다.

노자의 5천 자 《도덕경》에는 리더들에게 깊은 울림을 주는, 간결하면서 의미심장한 경구(警句)들이 많다.

'쇠를 때리려면 자신부터 단단해져야 한다'는 격언이 있다. 누군가를 때려 단련시키려면 때리는 도구나 연장, 즉 망치가 단단해야 한다. 단단한 만큼 맞는 사람도 단단해지기 때문이다. 강철을 만드는 과정을 눈여겨보라. 수없이 두들겨서 불순물들을 털어내 떼어내고, 속에 있는 것까지 드러나게 해서 다시 제거하는 과정을 반복한다. 달구고 때리고 식히고, 다시 달구고 때리고 식히는 과정은 리더와 인재를 단련시키는 과정과 흡사하다. 리더는 자신부터 단단한 망치가 되어야 한다. 이런 점에서 '명기'는 리더가 단단한 망치가 되기 위한 가장 중요한 단계이다. 다시 말해 '명기'는 인재를 구하고 기용하기 위해 우선적으로 해야 하는 자신을 단련하는 방법이자, 인재를 구하고 기용하는 기초로 리더에게 큰 힘이 될 수 있다.

동양에서는 전통적으로 조직과 나라를 안정되게 다스리고 리더십을 다지는 재능으로서의 '명기'를 위해 다음과 같은 기본적인 능력을 요구해왔다.

1. 책략(아이디어+지혜)이 많을 것.
2. 결단을 잘 내리고, 역사(과거와 현재)에 능통할 것.
3. 사리에 밝을 것.
4. 흥망성쇠의 이치에 밝을 것.
5. 리더십 발휘의 방법이 정교하고 치밀할 것.
6. 어질고 의리가 있을 것.
7. 염치를 알 것.
8. 진퇴를 알고 양보할 줄 알 것.
9. 시기를 잘 헤아리고 대세를 잘 살필 것.

10. 충간을 분별하고 선악을 구별하여 소인을 멀리하고 정직한 사람을 가까이 할 것.

11. 옳은 말은 받아들이고 아부의 말은 피할 것.

12. 말에 교양이 있고, 행동에 예의범절을 갖출 것.

13. 청렴과 간결함을 좋아하고 공적인 가치를 앞세울 것.

14. 개척정신과 진취적 기상을 갖출 것.

현대 사회에서는 이 밖에 봉사정신과 문화적 소양 및 유머감각 등을 더 요구한다. 물론 이 같은 능력과 자질을 다 갖추어야만 '명기'가 가능하다는 말은 아니다. '명기'의 과정 자체가 이 같은 자질을 갖추는 과정이며, 또 더욱 정교하고 단단하게 이런 자질들을 다듬고 단련하게 해준다.

| '명기'의 실천 사례 |

1. 좋은 책을 정독한다

리더와 독서는 불가분의 관계라 할 만큼 리더십 함양에 독서가 차지하는 비중은 대단히 컸다. 역대로 이 방면에서 단연 모범이 되는 리더를 들라면 당나라 태종 이세민(李世民)이다. 그는 마치 목이 마른 듯 다양한 책을 읽었는데, 《상서(尙書)》와 《시경(詩經)》을 비롯한 경전류와 《사기(史記)》, 《한서(漢書)》와 같은 역사서, 문집류, 사전

류 등등 안 읽은 책이 없을 정도로 분야를 가리지 않고 광범위한 독서를 즐겼던 애독가(愛讀家)였다.

당 태종은 독서를 통해 옛 사람들의 성공과 실패가 가져다 준 경험과 교훈을 두루 섭렵하여 유능한 인재를 구할 때 필요한 자료로 삼았다. 그는 정관(貞觀, 627~649) 이래 책을 손에서 놓은 적이

독서는 리더십 함양의 기본이다. 중국 역사상 최고 명군으로 꼽히는 당 태종은 독서광이었다. 특히 역사책을 탐독했다.

없었으며, 독서를 통해 통치의 이치를 깨우쳐 천하를 다스리는 단단한 망치로 삼아 당나라를 크게 번성시켰다.

군인 출신의 송나라 태조(太祖) 조광윤(趙匡胤)은 전쟁 중에도 책을 잡았고, 이 습관이 죽을 때까지 계속되었다. 그가 정권 초기 공신 숙청을 피하고, 문인을 우대하며, 가혹한 형벌을 줄이는 정치를 펼칠 수 있었던 데는 이러한 독서를 통해 얻은 많은 교훈을 통치의 수단으로 삼았기 때문이었다. 태조의 동생인 태종 조광의(趙匡儀)도 상당한 독서광이었다고 한다.

과거 성현들의 책과 역사서를 정성을 다해 읽음으로써 리더는 성현들의 정신과 통치 철학을 몸으로 익히게 된다. 이런 점에서 독서는 '명기'의 중요한 방법의 하나다.

2. 스터디 그룹을 조직한다

함께 공부할 수 있는 그룹을 만드는 것도 '명기'를 위한 중요한 방법이 될 수 있다. 중국의 제왕들은 이른바 강학(講學) 또는 경연(經筵)을 통해 과거 왕조의 흥망성쇠의 이치와 인재가 역사에 미치는 작용 등을 진지하게 토론함으로써 리더의 자질 함양과 인재를 얻기 위한 좋은 방안을 습득했다.

한나라 화제(和帝)는 학문이 깊은 학자를 직접 초빙하여 강학하게 했다. 다만 강학을 위한 관직이나 관청까지는 두지 못했다. 강학이 정식 관청으로 설립된 것은 위(魏)나라 명제(明帝) 때인 238년 무렵이었다. 이후 거의 모든 왕조가 강학을 위한 전문기구를 설립하여 통치자의 자질 함양에 만전을 기했다.

청나라 황제 강희제(康熙帝)는 오삼계(吳三桂) 등 지방의 번왕(藩王)들이 잇따라 반란을 일으키는 상황에서도 강학을 강행할 정도

지금은 집단지성의 시대다. 리더는 전지전능한 존재가 결코 아니다. 함께 하는 사람들의 힘과 지혜를 빌리지 못하면 살아남을 수 없는 시대다. 이런 점에서 스터디 그룹은 리더는 물론 조직 전체의 발전을 위한 좋은 방법이다. 초상화는 스터디 그룹을 잘 활용했던 강희제다.

로 열성이었다. 그는 매일 강학을 진행했는데, 강학을 듣는 것은 물론 자신이 먼저 강의한 다음 강관들의 지적과 수정을 요청할 정도였다. 강희제의 강학은 먼저 텍스트의 뜻을 이해하고, 이를 놓고 상호 토론을 벌인 다음 이를 마음으로 받아들이는 대단히 실용적인 과정을 거쳤다. 뿐만 아니라 독창적인 견해도 많이 제기하는 등 대단히 활기차 있었다. 이로써 청나라 때 중국의 강학 수준은 크게 진보했다.

3. 두루 널리 듣는다

628년 당 태종은 위징(魏徵)에게 "어떻게 하면 밝아지고, 어떻게 하면 어두워지는가?"라고 물었다. 태종의 질문은 곧, 명군과 혼군을 가르는 기준과 그 방법이었다. 위징은 "두루 들으면 밝아지고(겸청즉명兼聽則明), 한쪽만 믿으면 어두워집니다(편신즉암偏信則暗)."라고 대답했다. 예로부터 명군(明君)과 혼군(昏君)을 가르는 군주의 기준은 '납간(納諫)', 즉 바른말을 받아들이느냐 아니냐의 여부에 달려 있었다. 위징은 역대 제왕들의 사례를 다양하게 든 다음 마지막으로 "그렇기 때문에 군주가 두루 널리 듣고 받아들이면 아첨하는 신하에 의해 가려지지 않고 백성들의 정서가 위와 통하게 됩니다."라고 결론을 내리며 대답했다. 위징은 여러 사람들과의 소통을 위해 널리 두루 들을 것을 강조한 것이다.

　권력이 한 사람에게 집중되어 있던 왕조 체제에서 제왕은 하루에도 수많은 일을 처리해야 한다. 오죽했으면 '만 가지 일을 몸소 챙

긴다'는 '만기친람(萬機親覽)'이란 말까지 나왔겠는가. 왕은 구중궁
궐에 갇힌 상태에서 모든 일을 직접 결재해야 하기 때문에 자신이
믿는 소수의 측근들에게만 의존하기가 쉽다. 그만큼 다양한 의견
들을 수렴하기가 힘든 상황이 될 수밖에 없다. 따라서 늘 눈과 귀
를 열어 놓고 신하들의 다양한 의견을 두루 널리 고루 들을 수 있
게 노력해야 한다. 위징은 이를 '겸청(兼聽)'이라 했다.

4. 다양한 방법으로 의견을 구한다

그런데 왕조 체제하에선 신하들과 조정의 구성원들로부터 여론을
듣는 '겸청'만으로는 다양한 의견을 다 들을 수가 없다. 그래서 당
태종은 기회가 있을 때마다 민간의 일을 물어 백성들의 생활에 대
한 정보를 들었다. 한나라 문제(文帝)는 궁전 앞에다 잘못된 일과
정책을 비판할 수 있는 '비방목(誹謗木)'과 좋은 건의를 올리는 깃발
('진선지정進善之旌')을 세워놓고 백성들의 의견을 수렴했다. 전설시
대의 제왕인 요(堯) 임금과 순(舜) 임금은 자신들의 후계자를 고르
기 위해 수시로 민간을 방문하여 후계자의 자질을 살피고 그 의견
을 들었다. 전설에 따르면 백성들이 의견을 올릴 때 두드리는 '신문
고(申聞鼓)'가 이때 있었다고 한다.

　미복(微服)이라고 하여 몰래 민간을 찾아 하층민들의 실상을 직
접 보고 의견을 구하는 방법을 사용한 리더들도 적지 않았다. 한나
라 무제(武帝)가 그랬고, 수나라 문제(文帝), 당나라 태종이 미복을
통해 민간의 실상을 파악했다. 특히 청나라 황제들이 이 방법을 즐

언로가 한정되어 있던 왕조 체제에서도 명군들은 다양한 방법을 찾았다. 사진은 자금성(紫禁城) 앞의 화표(華表)로, 한나라 문제가 궁궐 앞에 설치한 '비방목'에서 비롯되었다고 한다.

겨 했는데, 건륭제(乾隆帝)는 일곱 차례나 미복을 실행하여 많은 인재를 얻었다.

5. 역사에서 롤 모델을 찾아라

역사는 수많은 경험의 축적이다. 역사라는 풍랑을 헤치고 성공한 리더와 실패한 리더의 사례는 깊고 넓은 통찰력을 주기에 충분하다. 이 때문에 역사의 주역으로 기록되는 리더들은 과거 역사를 거울로 삼고, 역사 속 인물들을 롤 모델로 삼아 '명기' 실천의 중요한 방법으로 활용했다.

수나라를 세운 문제 양견(楊堅)은 과거 역사의 실패한 사례들에 특히 많은 관심을 기울여 사치와 향락을 엄격하게 금했다. 그는 사치와 향락, 그리고 낭비에 빠진 리더치고 성공한 예가 없다는 사실을 깊게 인식하고, 늘 근검절약하는 생활태도를 유지했다.

한나라를 세운 고조(高祖) 유방(劉邦)은 과거 역사에서 깨우침을 얻어 공신들을 책봉할 때 인재를 추천한 악천추(鄂千秋)에게 상을 더 내렸다. 누군가 천추가 이미 상을 받았는데 왜 또 상을 주냐고 묻자, 유방은 악천추가 소하(蕭何)를 추천했기 때문이라고 대답했다.

역사를 중시한 리더로 당 태종을 빼놓을 수 없다. 특히 태종은 역사를 거울에 비유하며 자신에게는 세 개의 거울, 즉 '삼감(三鑒)'이 있다며 다음과 같이 말했다.

"동으로 거울을 만들어 의관을 반듯이 하고, 과거를 거울로 삼아 흥망과 교체의 때를 알고, 사람을 거울로 삼아 득실을 밝힌다. 짐은 늘 이 세 개의 거울을 간직하여 안으로 나 자신의 잘못을 방지했다."
– 《신당서新唐書》〈위징전魏徵傳〉

수나라 양제(煬帝) 양광(楊廣)은 나라를 망친 리더로 역사상 두고두고 경계와 비난의 대상이 된 인물이었다. 당 태종 때 침전 회나무에 흰 까치가 날아와 둥지를 튼 일이 있었다. 신하들이 너나 할 것 없이 상서로운 징조라며 축하를 올리자 태종은 수 양제가 이런 미신 같은 징조들을 좋아하다가 나라를 망친 사실을 거울로 삼으라면서 "내가 늘 양제의 이런 행동을 비웃었다. 상서로움은 유능한 인재를 얻는데 있거늘 무슨 축하란 말인가?"라며 즉각 새 둥지를 철거하

리더들은 대부분 본받을 만한 롤 모델을 찾는
다. 그러나 이 못지않게 본받아서는 안 될 부정
적인 모델에도 주목해야 한다. 잘하는 것 못지
않게 못하는 것을 점검해야 하기 때문이다. 초
상화는 부정적인 리더의 대명사로 꼽히는 수
양제이다.

도록 했다.(《통감기사본말通鑑紀事本末》〈정관군신논치貞觀君臣論治〉)

　　역사에서 롤 모델을 찾으라는 말에는 본받아야 할 모델뿐만 아니
라 본받아서는 안 되는 모델도 포함된다. 역사상 성공한 리더들치
고 이 문제에 주의를 기울이지 않은 리더는 없었다.

| '명기'의 효과와 경계할 점 |

옛말에 "봉황은 나무를 골라 둥지를 틀고, 인재는 주인을 골라 몸
을 맡긴다."고 했다. 동양의 전통적인 정치 사상에 따르면 리더가
밝고 맑아야만 아랫사람이 복종한다. 동양의 역사 기록에는 하나
같이 리더 자신의 자질에 방점을 찍고 있다. 리더의 이런 '명기'는

흔히 '덕(德)'이란 글자로 많이 표현되고 있다.

"덕을 갖추면 자연스럽게 항복한다(덕내항德乃降)."《좌전》 장공莊公 8년조에 인용된《하서夏書》, "덕 있는 현명한 군주가 위에 있으면 나라 안 백성들은 있는 힘을 다해 그 군주를 받든다."《관자管子》〈명발해明發解〉)

리더가 '명기'하면 통치의 큰 원칙이 시행될 수 있다. 왜냐하면 '명기'를 실천하는 리더가 먼저 유능한 인재를 얻을 수 있기 때문이다. 또 '리더가 밝으면 신하는 곧아진다(군명신직君明臣直).' 곧은 신하가 많다는 것은 통치의 질을 담보할 수 있다는 말과 같다. 당연한 말이지만 리더가 밝으면 어떤 자가 간사한지 아닌지를 비춰볼 수 있다. 그리하여 리더의 상벌(賞罰)이 분명해지고, 조직은 활기를 띤다.

리더가 환하게 밝으면 그림자가 생기지 않는다. 사심을 품은 자, 간사한 자들은 늘 리더의 어두운 그림자에 숨어 리더를 갉아먹고 조직을 해치기 때문이다. 사진은 서한 원제의 상이다.

앞서 '명'과 반대 내지 대립되는 개념으로는 '암(暗)', '난(亂)', '혼(昏)', '탐(貪)', '음(淫)' 등이 있다고 했다. 어리석고, 탐욕스럽고, 음탕하고, 어지러운 리더들에게 나타나는 공통점은 시기와 질투, 의심 등이다. 이런 리더 아래선 리더의 비위만 맞추는 간사한 자들이 중용되고 정직하고 유능한 인재는 배척당한다. 이에 대해 사마천(司馬遷)은 "못난 군주는 자기가 예뻐하는 자들에게만 상을 내리고, 자기가 미워하는 자들에게 벌을 준다(용주상소애이벌소오庸主賞所愛而罰所惡)."(〈범수채택열전〉)고 했다. 한나라 원제(元帝)는 "군주가 밝지 않으면 교묘하게 아첨하는 자들만 기용된다."(《통감기사본말》〈공현용사恭顯用事〉)며 스스로를 경계했다. 그래서 어리석고 투명하지 못한 리더 밑에서는 아무리 충성을 다 하려고 해도 비집고 들어갈 틈이 없다.

| '명기'가 주는 교훈과 힘 |

리더가 투명하고 현명하면 인재를 얻어 큰일을 이룰 수 있다. 이런 사례는 중국 역사에서 헤아릴 수 없이 많았다.

전국시대 진(秦)나라 효공(孝公)은 위(衛)나라 출신인 상앙(商鞅)을 전격 기용하여 전면 개혁을 감행함으로써 낙후된 진나라를 당대 최강국으로 끌어 올릴 수 있었다. 효공은 외국 출신임에도 불구하고 상앙의 개혁 의지와 비전을 전폭 신뢰하고 지지하여 상앙이 마음 놓고 개혁정치를 밀고 나갈 수 있도록 뒷받침했다. 당시 효공이 현명하지 못했다면 기득권세력의 강력한 저항과 진나라 사람들의 반대를 물리치고 어떻게 외국 출신인 상앙을 기용할 수 있었겠으며, 어떻게 그의 대담한 개혁을 뒷받침할 수 있었겠는가? 상앙의 개혁은 결과적으로 훗날 진나라가 천하를 통일할 수 있는 기초가 되었다. 이를 두고 "상앙이 진나라 재상이 된 것은 천하(6국) 멸망의 시작이었다."고 평가할 정도였다. 한 사람의 제대로 된 인재 기용이 역사상 어떤 결과를 가져왔는지 전국시대 효공과 상앙의 역사적 사례를 통해 여실히 확인할 수 있다.

너무나 유명한 '관포지교(管鮑之交)'의 이면에는 제나라 환공(桓公)이라는 리더의 현명한 판단이 크게 작용하고 있다. 환공은 자신을 쏘아 죽이려 한 관중(管仲)을 용서하는 것은 물론 그를 재상으로 전격 기용함으로써 춘추시대 제나라 패권의 길을 열었다. 원수를 용서하고 재상으로 기용한 환공의 대담한 결정은 그의 담대하고 현명한 판단이 아니었더라면 불가능했을 것이다.

중국 역사상 최초의 통일제국을 이룬 진시황(秦始皇)은 폭군으로 더 잘 알려진 제왕이다. 하지만 그는 누가 뭐래도 천하를 통일했다. 거기에는 당연히 진시황의 리더십이 크게 작용했다. 한(韓)나라 출신의 수리 전문가 정국(鄭國)이 간첩으로 판명나자 진시황은 외국 출신의 인재들을 전부 나라 밖으로 내치라는 '축객령(逐客令)'을 내린다. 이에 초나라 출신인 이사(李斯)는 '축객령에 관해 드리는 말씀'이라는 '간축객서(諫逐客書)'를 올린다. 이 글에서 이사는 진나라가 지금처럼 천하의 초강대국이 된 것은 '태산이 단 한줌의 흙을 마다하지 않고(태산불양토양泰山不讓土壤), 또 강과 바다가 자잘한 물줄기를 가리지 않듯이(하해불택세류河海不擇細流)' 능력만 있으면 어떤 조건도 달지 않고 인재들을 받아들였기 때문이라며 축객령을 철회할 것을 요청했다. 진시황은 이사의 건의를 바로 받아들여 '축객령'을 취소했다. 진시황의 당시 상황을 헤아리는 판단력이 작용하지 않았다면 이사의 건의를 받아들이기 힘들었을 것이다.

초한쟁패에서 항우(項羽)를 물리치고 한나라를 건국하는데 성공한 유방은 자신의 창업에 절대적인 역할을 한 세 사람을 거론하며, 자신은 이 세 사람을 얻었기 때문에 천하를 얻을 수 있었다고 자평했다. 이 세 사람이 이른바 '서한삼걸(西漢三杰)'인데, 소하, 장량(張良), 한신(韓信)이 바로 그들이었다. 이들 중 소하를 제외한 나머지 두 사람은 항우에게 있다가 유방에게로 건너왔다. 요컨대 인재의 유동이 천하의 정세를 결정했다고 볼 수 있다. 유방은 이 점을 잘 알았기 때문에 이 세 사람이 각각 행정, 책략, 군사 방면에서 자기보다 나은 인재들이라며 극찬을 아끼지 않았던 것이다.(여기서 유방의 '삼불여三不如' 이론이 나온다. 자신은 이 '세 사람만 못하다'는 뜻이다.)

리더의 '명기'는 이처럼 작게는 개인의 성공에서 크게는 천하의 패권까지 결정할 수 있는 중요한 요인으로 작용한다. 반면 중국 역사에는 리더가 어둡고 어리석어 인재를 잘못 다스려 천하를 잃은 경우도 숱하게 많다.

하나라의 마지막 임금인 걸(桀)과 은나라의 마지막 임금인 주(紂)는 폭군의 대명사로 두고두고 비난과 손가락질을 면치 못하는 인물들이다. 또한 그들의 폭정은 '주지육림(酒池肉林)'이란 고사성어로 남아 수천 년 동안 인구에 회자되고 있다.

춘추시대 우(虞)나라의 국군은 치국방략의 이치를 잘 알고 있던 백리해(百里奚)란 인재를 버리고 작은 이익에만 눈이 어두웠던 어리석은 리더였다. 그는 눈앞의 소소한 이익 때문에 괵(虢)나라를 칠 테니 길을 빌려달라는 진(晉)나라의 요구를 덥석 받아들였다가 결국은 자신의 몸을 망치고 나라까지 잃었다.(여기서 유명한 '가도벌괵假道伐虢'이라는 고사성어가 유래했는데, '괵을 정벌하기 위해 길을 빌리다'는 뜻이지만 그 이면에는 우나라 국군의 어리석음에 대한 조롱까지 함축되어 있다.) 뼈저린 실패를 맛본 백리해는 그 뒤 여러 나라를 전전한 끝에 진(秦)나라로 가서 목공(穆公)에게 기용되어 큰 업적을 세웠다.

춘추시대 초나라 평왕(平王)은 나라를 지킬 수 있었던 인재였던 오자서(伍子胥)를 기용하기는커녕 그 아버지와 형까지 죽었다. 간신히 살아남은 오자서는 오나라로 망명하여 오나라 왕 합려를 왕으로 즉위시키고, 오나라 군대를 이끌고 초나라를 공격하여 도성을 쑥대밭으로 만들고 만다. 이에 그치지 않고 그는 죽은 평왕의 무덤까지 파헤쳐 채찍질을 가하는 수모를 주었다.(여기서 복수의 대명사로 불리는 '굴묘편시堀墓鞭尸'라는 고사성어가 탄생했다.) 오나라는 오자서의 도움을 받아 천하를 호령하는 패권국이 되었다.

다 쥐었던 천하를 유방에게 빼앗긴 항우의 실패는 인재에 대한 시기와 질투가 얼마나 무서운 결과를 초래하는지를 보여주는 역사적인 사례이다. 그의 밑에 있었던 인재들은 하나 둘 유방에게로 갔고, 절대 우세였던 전력은 가랑비에 옷이 젖듯 점점 기울어져 갔다. 결국 항우는 해하(垓下)에서 패하여 스스로 목숨을 끊었다. 항우는 죽는 순간까지도 자신의 잘못과 판단 착오를 인정하지 않고 하늘만을 원망했다. 그야말로 어리석은 리더의 전형이 아닐 수 없다.

이상의 역사 사례들에서 본 바와 같이 리더의 '명기'는 자신의 리더십 함양은 물론 훌륭한 인재를 얻는 관건임을 증명해주고 있다. 역대로 성공한 훌륭한 리더들은 이 점에 유의하여 다양한 방법으로 '명기'를 함양하기 위해 끊임없이 노력했다. 그것이 리더의 리더십을 뒷받침하는 망치와도 같은 힘이었기 때문이

리더의 '명기'는 리더십의 출발점이자 종착역이다. 리더가 밝고 현명하면 어떤 상황에서도 올바른 판단을 내릴 수 있다. 설사 잘못을 저질렀어도 반성하고 고칠 수 있는 자질이 바로 '명기'이기 때문이다. 사진은 한나라를 건국한 유방과 그를 도운 인재 소하(왼쪽)와 한신의 석상이다.

다. 이러한 논리와 의미로 볼 때 '명기'는 리더십 20단계론의 출발점이자 종착점이라 할 수 있다. '명기'에 관한 고찰을 통해 우리는 다음과 같은 몇 가지 교훈을 얻을 수 있다.

1. 투명하면 사람이 따른다.
2. 투명하면 과정이 당당해진다.
3. 투명하면 간사한 자를 비춰 볼 수 있다.
4. 투명하면 유능한 인재를 얻어 조직이 흥하고 나라가 발전한다.

| '명기' 관련 명언명구 |

> ### 행유부득자(行有不得者), 개반구제기(皆反求諸己)
> "어떤 행동이 기대한 효과를 얻지 못하면
> 자기 자신에게 원인이 없는지 돌아보라."
> — 《맹자孟子》〈이루離婁〉 상

무슨 일이든 우선은 자신에게 무슨 문제가 없는지, 또는 일이 되지 않는 원인이 자신에게 있는 것은 아닌지를 점검하라는 말이다. 그러면서 맹자는 "그 몸이 바르면 천하 사람이 그를 따르게 된다."고 말한다. 옛 사람들은 수신과 수양의 문제를 논할 때 특별히 자성(自省)을 강조했다.

> ### 자지자명(自知者明)
> "자신을 아는 것을 명(明)이라 한다."
> — 《도덕경》 33장

자신을 아는 사람이 밝은 사람, 현명하고 영명한 사람이란 뜻이다. 노자가 말하는 밝을 '명' 자는 많은 뜻을 함축하고 있다. '비추다, 드러내다, 살피다, 깨끗하게 하다, 이루다, 미세한 것을 알아채다, 보다, 공개하다' 등등이다. 자신을 안다는 것은 지극히 기본적인 리더의 자질이다.

자신을 아는 일보다 어려운 일이 없다고들 한다. 리더가 자신을 모르면 더 큰일이다. 나라의 존망과 연관되기 때문이다. 노자는 "남을 아는 사람은 총명하고(지인자지知人者智), 자신을 아는 사람은 한 차원 높고(자지자명(自知者明), 자신을 이기는 사람은 강하다(자승자강自勝者强)."라고 했다.(《도덕경》 33장) 남을 알아 이기는 것보다 자신을 알아 이기는 일이 더 힘들고 중요하다.

사람으로서 언행이 정정당당하고 떳떳하면 그 무엇도 무서운 것이 없다는 뜻이다. 예로부터 중국인들은 '괴(愧)'라는 글자를 척도로 삼아 자신의 언행을 점검하곤 했다. 지식인이나 리더는 특히 그랬다. 심지어 '괴'는 문명의 척도로까지 생각하여 이에 대해 진지하게 강구했다.

자기 관리를 잘못하면서 남을 잘 관리하는 사람은 없다.

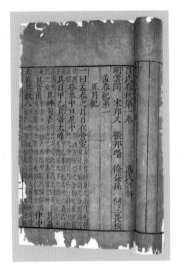

리더는 고전을 많이 접해야 한다. 고전은 낡은 책이 아니라 오래된 미래이자 지혜의 압축이기 때문이다. '옛 것을 익혀 새로운 것을 안다'는 공자의 '온고이지신(溫故而知新)'이란 명언이 이 점을 잘 지적하고 있다. 사진은 2천 200년 전 집단지성의 결과물인 《여씨춘추》 판본이다.

위공
委功

인정하는 힘

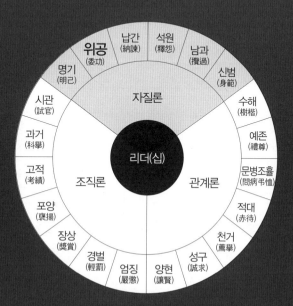

- 위공 (委功)
- 납간 (納諫)
- 석원 (釋怨)
- 남과 (攬過)
- 명기 (明己)
- 신범 (身範)
- 시관 (試官)
- 자질론
- 수해 (樹楷)
- 과거 (科擧)
- 예존 (禮尊)
- 고적 (考績)
- 리더(십)
- 문병조휼 (問病弔恤)
- 조직론
- 관계론
- 포양 (襃揚)
- 적대 (赤待)
- 장상 (獎賞)
- 천거 (薦擧)
- 경벌 (輕罰)
- 엄징 (嚴懲)
- 양현 (讓賢)
- 성구 (誠求)

| '위공'의 의미와 인식 |

'위공'이란 '공을 맡기다'는 뜻이다 누군가 세운 공을 그대로 '인정 (認定)'하라는 뜻이다. '위공'은 인간으로선 결코 만만치 않은 자기 관리의 경지이다. 인간에게는 공을 세워 이름을 높이려는 '공명심 (功名心)'이란 본능에 가까운 인성이 있기 때문이다. 그래서 사람들은 '위공'하기 위해서는 먼저 '명기'가 전제되어야 한다고들 한다. 우리 주위를 보면 여러 사람이 함께 어떤 일을 성취하고 나서 그에 따른 공을 자기가 독차지하려는 리더들이 많다. 아니, 대부분이다. 심지어 명백히 자신의 공이 아닌 데도 공을 가로채는 리더도 심심 찮게 보게 된다. 이런 리더를 가진 조직은 오래가지 못한다. 함께 일하는 사람들의 마음을 얻지 못하기 때문이다.

'위공'은 공로를 리더가 차지하지 않고 아랫사람들에게 나누는 행위를 말한다. 이렇게 해서 인재가 스스로 적극적으로 움직이는 동기를 제공해 '능력 있고 뛰어난 인재를 얻고 기용하는' 방법이다. 그 요점은 당연히 받아야 할 사람들에게 공로와 성적을 나누어 줌으로써 그들의 만족감을 실현하는 데 있다. 그리고 그 전제는 누군가의 공을 있는 그대로 인정하는 것이다. 인정할 줄 알면 도움을 받을 수 있고, 그것이 곧 리더의 힘이 된다.

초한쟁패가 한창일 때 소하(蕭何)의 적극적인 추천을 받아 대장군에 임명된 한신(韓信)은 유방(劉邦)에게 항우(項羽)의 단점을 상세히 분석해 들려줌으로써 힘든 상황에 놓여 있는 유방의 기를 되살렸다. 말하자면 한신은 '위공' 여부를 항우의 주요한 패인으로 꼽았는데, 그는 이렇게 지적했다.

"(항우는) 자기가 부리는 자가 공을 세워 마땅히 상을 내려야 할 때가 되면 도장의 모서리가 다 닳을 때까지 만지작거리며 차마 내주질 못합니다."

'위공'은 '위임(委任)'과 함께 리더십의 중요한 항목이다. 공을 차지하고 싶은 인성의 약점을 극복하고 실제에 맞게 공을 공평하게 나누고 돌리는 '위공'의 리더십을 실천한 리더가 성공이란 고지에 접근할 수 있음을 숱한 역사적 사례가 여실히 보여주고 있다.

리더가 공을 탐하여 자기 것으로 삼는다면 여러 사람의 지지를 얻을 수 없다. 초패왕 항우가 그랬고, 수 양제도 마찬가지였다. 그들의 공통점은 이 세상에 자기보다 나은 사람은 없기 때문에 모든 것을 자기가 하고 자기만 할 수 있다고 생각했다는 것이다. 그러다 보니 인재를 아끼고 중시하지 않을 뿐만 아니라 시기하고 질투하여 그들을 해친다. 결과는 자기 몸은 물론 조직이나 나라까지 망친다.

'위공'은 이와는 정반대의 태도이다. 작은 공이라도 실제에 입각하여 아랫사람에게 돌리면 아랫사람은 적극적으로 나서 모든 일을 자기 일처럼 한다. 리더가 자신을 이해하고 믿고 중용한다고 생각하기 때문이다. 작은 수고라도 리더가 늘 지켜보며 격려를 보낸다고 믿기 때문에 기꺼이, 때로는 죽을힘을 다해 일한다.

아랫사람들의 이런 적극성을 충분히 활용하면 그들의 모든 재능이 한껏 발휘될 수 있다. '위공'의 효능이다. '위공' 여부는 너무도 뚜렷하게 상반된 결과를 낳기 때문에 '위공'의 효과와 결과는 긴 말이 필요 없다. 이는 오랜 세월 경험과 실천을 통해 입증된 명백한 사실이다.

그러나 오랜 세월 왕조 체제를 경험한 동양 사회에서 리더의 '위공'은 결코 쉬운 일이 아니었다. 모든 공을 지고무상(至高無上)한 권력을 가진 최고 통치자에게 돌리는 일이 관행으로 굳어져 있었기 때문이다. 무슨 일이든 '성은(聖恩)이 망극(罔極)하다'는 말로 대신했고, 결과적으로 공은 통치자 몫인 반면 잘못은 신하들 아니면 무지몽매한 백성들 몫이었다. 따라서 아랫사람에게 '위공'할 수 있는 리더는 여간 영명한 리더가 아니고서는 어려웠다.

비록 소수이긴 하지만 '위공'의 중요성을 깊게 인식했던 리더들은

비운의 영웅 항우의 실패 원인에 대해서는 지난 이천 년 넘게 많은 분석이 있었다. 그중에서 한신이 지적한 대로 공을 부하에게 돌리는 '위공'에서 치명적인 실책을 보인 것도 실패한 원인의 하나다. 사진은 항우의 석상이다.

'위공'을 널리 알리고 그 방법을 확대하는 것은 물론 그 작용과 의의에 대해 끊임없이 논의하고 숙고했다.

| '위공'의 원칙 |

1. 아랫사람과 공을 비교하고 능력을 다투어서는 안 된다

위대한 역사가 사마천은 정치의 단계와 경지를 얘기하면서 "부를 놓고 백성과 다투는 정치(통치자)가 가장 차원 낮은 정치(통치자)"(〈화식열전〉)라고 일갈했다. 마찬가지로 조직에서는 부하들과 공을 다투는 리더가 가장 못난 리더다.

역대 군주들 중 당 태종만큼 '위공'에 주의를 기울인 리더도 없을 것이다. 이와 관련한 일화가 앞에서도 인용한 바 있는 《통감기사본말》(〈정관군신논치〉)에 전한다.

태종은 조회에서 신하들에게 "짐은 군주로서 늘 장수와 재상의 일을 함께해 왔다."며 황제가 된 이래 줄곧 이 두 가지 일을 겸해 왔음을 말했다. 태종의 이 말은 사실이었고, 또 공을 자랑하자는 뜻도 아니었다. 하지만 신하들의 부정적 반응은 강렬했다. 급사중 벼슬에 있는 장행성(張行成)이 조회가 끝난 뒤 바로 글을 올려 "폐하께서 혼란을 수습하여 모든 폐단을 없애고 천하를 크게 다스린 그 공덕이야말로 어느 누구도 넘볼 수 없는 것입니다. 하오나 여러 신하들이 있는 조정에서 공공연히 말씀하실 필요는 없었습니다. 존

엄한 천자가 신하들과 더불어 공을 다투는 것은 적절치 않다고 신은 생각합니다."라고 충언했다. 태종은 뜨끔했다. 이후 태종은 장행성의 충고를 받아들여 언행에 더욱 주의를 기울였다.

2. 있는 그대로 공을 넘기면 아랫사람이 더욱 더 노력한다

남을 공경하면 남도 나를 공경한다. 단순하고 명쾌한 논리이다. 하지만 이를 실천으로 옮기고 나아가 이 자세를 끝까지 유지하는 리더는 드물다. 마찬가지로 리더가 공을 아랫사람에게 넘길수록 아랫사람도 리더를 잊지 않고 더욱 더 충성을 다하고 자신의 있는 능력을 최대한 발휘한다.

당 태종이 언젠가 위징에게 "경이 나를 위해 많은 책략과 대책을 세우고, 용기 있게 직간을 함으로써 그때그때 내 잘못을 바로잡을 수 있었소."라고 말했다. 그러자 위징은 기쁜 마음으로 "폐하께서 신들에게 언로를 열어 주셨기에 신들이 부족하나마 최선을 다할 수 있었습니다. 폐하께서 거부하고 받아들이시지 않았더라면 신들이 어찌 그렇게 폐하의 심기를 건드릴 수 있었겠습니까?"라며 공을 태종에게로 돌렸다.

반면에 수 양제는 태종과는 반대로 '자신의 능력을 떠벌리길 좋아하여(호자긍과好自矜夸)' 모든 공적을 자기에게로 돌렸다. 그 결과 농민 봉기가 곳곳에서 터지고 나라는 망국의 길로 접어들 수밖에 없었다. 그가 천하태평이니, 사해가 폐하의 영명한 능력으로 크게 다스려지고 있다느니 하는 주위 사람들의 찬송가에만 파묻혀 지냈기 때문에 벌어진 필연적인 역사의 결과가 아닐 수 없다.

3. 윗사람이 자랑하지 않으면 아랫사람들이 공을 다투지 않는다

리더와 조직원들이 겸허하고 부지런히 사업에 전념하여 좋은 성과를 낸 다음 그 공을 아랫사람에게 돌리면 위아래는 화목하게 되고 사람들은 서로 양보하게 된다.

　순 임금은 백관에게 직무를 위임했다.(《사기》〈오제본기〉에 따르면 순 임금은 중국 역사상 최초로 정부의 직무를 22개로 분장한 리더였다.) 일이 마무리될 때면 반드시 그 공을 위로는 자신에게 임금 자리를 선양(禪讓)한 요 임금에게, 아래로는 담당 신하들에게 돌렸다. 사람들은 앞을 다투어 맡은 일에 전력을 다했고, 각 부문의 업적은 눈에 띄게 올라갔다. 순은 자신의 경험을 바탕으로 훗날 하(夏)나라의 시조가 되는 우(禹)에게 이렇게 말했다.

"그대가 자신의 공로를 자랑하지 않고 자신의 재주를 떠벌리지 않으면서 일의 성과와 공로를 신하들에게 나눈다면 신하들은 기쁜 마음으로 일에 임하되 그대와 높낮이를 다투려 하지 않을 뿐더러 공적을 다투려 하지 않을 것이오. 오로지 한마음 한뜻으로 부지런히 자기 자리에 충실할 것이오."
　-《수서隋書》〈이악전李諤傳〉

윗사람이 공을 아랫사람에게 돌린다 해서 윗사람의 공이 사라지는 것은 아니다. 그와는 반대로 아랫사람들의 마음속에 리더의 형상이 더욱 뚜렷하고 크게 새겨질 것이다. '위공' 또한 그 자체로 리더의 힘이 된다.

4. 공을 탐하여 자기에게로 돌리는 것은 옳지도 않고 오히려 화근이 된다

옛 사람들은 공을 탐하는 것을 '불인(不仁)'이라고 여겼다. 그래서 '위공'을 실천한 사람들을 크게 칭찬하는 것 못지않게 공을 탐하는 자를 준엄하게 비판했다.

춘추시대 진(晉)나라의 국경(國卿) 극자(郤子)는 무에 뛰어나 나라를 지키고 천하를 다투는 과정에서 적지 않은 공을 세웠다. 오만했던 극자는 모든 공을 자신이 차지하려고 심지어 국군조차 무시했다. 이런 그를 두고 사람들은 "극자가 용감했지만 예의를 몰랐고, 자기 자랑만 앞세우는 통에 국군을 욕되게 했다. 이런 그를 어찌할거나!"라고 비판했다.(《국어國語》〈진어晉語〉 5)

삼국시대의 무장 등애(鄧艾)는 촉한을 멸망시키는 등 큰 무공을 세운 인물이었다. 하지만 자기과장이 심한 인물이었다. 늘 부하들에게 자기 공을 늘어놓기에 바빴다. 자기가 없었다면 지금의 너희들이 없었을 것이라는 식이었다. 또한 다른 사람을 깎아 내리면서 자신을 과시하길 좋아했다. 제갈량의 후임자이자 뛰어난 책략가였던 강유(姜維)를 두고는 "강유가 한 시기의 영웅이긴 하지만 나에 비하면 궁색할 뿐이다."라며 강유를 깎아내리기 급급했다. 아는 사람들은 이런 등애를 비웃으며 경멸했다. 그는 결국 모반으로 몰려

삼국시대의 명장들 중 한 사람으로 꼽히는 위나라의 등애는 문무를 겸비한 인물이었다. 병법에도 밝았고 정치력도 있었다. 하지만 그는 자만심 때문에 자신을 망쳤다. '위공'할 줄 모르는 리더였기 때문이다. 사진은 유비가 마지막 숨을 거둔 백제성(白帝城) 유적지에 조성되어 있는 등애의 동상이다.

처형되었다.(《삼국지三國志》〈등애전鄧艾傳〉)

공자의 제자인 자유(子游)는 공을 다투는 '쟁공(爭功)'의 위험성에 관해 이렇게 말한 바 있다.

"사군수(事君數), 사욕의(斯辱矣) ; 붕우수(朋友數), 사소의(斯疏矣)."
"자신이 모시는 군주(리더)와 공을 다투면 틀림없이 군주의 단점을 떠들게 되어 결국은 욕을 당하게 된다. 친구와 공을 다투면 사이가 멀어지게 된다."
―《논어》〈이인里人〉

수나라 때 장수 이악(李諤)은 이 말을 인용하면서 리더뿐만 아니라 신하도 군주와 공을 다투어서는 안 된다는 것을 지적하고 있는데, 아랫사람이 군주와 공을 다투게 되면 결국 군주를 기만하게 되고 나아가 심하면 대역무도한 짓을 저지르게 된다는 것이다.

| '위공'의 실천 사례와 형식 |

공을 탐내지 않고 '위공'한 리더에 대한 역사의 평가는 대단히 높았다. 주 왕조의 창업 초기 궂은일을 도맡아 처리했으면서도 조카 성왕(成王)에게 모든 공업을 돌린 주공(周公) 단(旦)에 대해 《회남자(淮南子)》는 "성왕이 성년이 된 다음 주공은 권력과 정치를 돌려주고 다시 신하의 예로 몸과 마음을 다해 성왕을 보필했다. …… 자기 멋대로 하겠다는 뜻도 없었고, 능력을 뽐내고 과시하려는 기색도 없었다."고 평가했다.

이제 '위공'을 실천한 구체적인 사례들을 통해 '위공'의 의미와 그 효과를 다시 한 번 새겨보자.

1. 아들에게 '위공'을 가르친 범무자(范武子)

춘추시대 진(晉)나라의 대신 범무자는 아들 범문자(范文子)에게 '위공'할 수 있는 리더가 되라고 엄격하게 가르쳤다. 하루는 아들 문자가 조정에서 늦게 귀가했다. 까닭을 물었더니 진(秦)나라 사신이 와서 이야기를 나누는 중 모르는 말들이 있어 자기가 그중 세 가지를 알기에 그걸 설명하느라 늦었다고 했다. 범무자는 크게 노하며 "대부들이 그걸 몰라서 대답을 못한 줄 아느냐. 그들은 선배들에게 기회를 양보한 것이다. 젊은 네 놈이 나서서 설치며 공을 다투었으니 내가 이 자리에 있을 수 없을 터인데, 우리 체면을 봐주지 않았더라면 진즉에 네 놈은 재앙을 만났을 것이다."라고 호통을 쳤다. 그러면서 몽둥이로 아들의 모자에 꽂는 비녀를 때려 끊어버렸다.

그 뒤 제(齊)나라와 분쟁이 발생하여 범문자는 극헌자(郤獻子)와 함께 출정했다. 범문자의 활약으로 진나라 군대는 승리를 거두고 개선했는데 범문자는 극헌자보다 늦게 귀국했다. 범무자가 이제나 저제나 기다렸다며 아들을 반기자 범문자는 이렇게 말했다.

"극헌자가 상관으로 군대를 통솔했는데 제가 먼저 개선하여 귀국하면 사람들의 시선이 제게 집중될 것이고 공도 제게 있다고 생각할 것 아닙니까? 제가 감히 어찌 그렇게 할 수 있겠습니까?"

범무자는 "이제 내가 마음을 놓아도 되겠구나!" 하며 기뻐했다.

2. 위(魏) 문후(文侯)의 '위공'

전국시대 위나라의 문후는 개혁정치에 박차를 가해 위나라를 일약 강대국으로 만들었는데, 특히 인재들에게 공을 돌린 그의 '위공' 리더십이 크게 작용했다. 당시 문후 밑에서 일한 인재들은 누구랄 것도 없이 저마다 있는 힘을 다해 자신의 역할에 최선을 다했다.

악양(樂羊)이 중산국(中山國)을 멸망시키고 개선하자 문후는 특별히 안읍(安邑)의 성 밖까지 나와 악양을 맞이했다. 문후는 악양의 손을 잡고 "이번 중산을 멸망시킨 일은 오로지 장군의 공로요. 장군은 나라를 위해 자식까지 희생했으니 이런 공덕은 천하에 둘도 없을 것이오."라고 치하했다. 이튿날 악양이 조정에 들어가 문후에게 감사의 인사를 올렸고, 문후는 악양에게 작위를 내리고자 했다. 악양은 두 번 세 번 사양하며 공로를 문후에게 돌렸다. 그러면서

"중산을 멸망시킬 수 있었던 것은 전적으로 주공의 힘입니다. 제게 무슨 공이 있다고 그러십니까?"라고 자신을 낮추며 말했다.

사실 악양이 중산국 공격에 애를 먹고 있을 때 조정 대신들은 장수를 교체하라며 문후에게 빗발치는 상소를 올렸다. 또한 중산국은 악양의 아들을 내세워 악양을 흔들었다. 그러나 문후는 악양을 믿었다. 전쟁에서 승리한 뒤 문후는 대신들이 올린 악양에 대한 비방 문서들이 가득 담긴 상자를 악양에게 보여주며 그간의 고충을 솔직히 토로했다. 그랬기 때문에 악양은 자신을 믿고 기다려준 문후에게 모든 공을 돌렸던 것이다.

3. 연(燕) 소왕(昭王)과 악의(樂毅)

전국시대 북방에 위치한 약소국 연나라는 소왕이란 젊은 군주가 즉위한 것을 계기로 부흥에 박차를 가했다. 소왕은 현자 곽외(郭隗)의 조언대로 자신을 낮추어 공경한 자세로 인재들을 초빙했다. 물론 경제적으로도 충분한 대접이 따랐다. 이에 인재들이 앞을 다투어 연나라로 몰려들었다.(여기서 '사쟁추연士爭趨燕'이란 유명한 고사성어가 탄생했다.)

조(趙)나라에서 건너온 명장 악의(樂毅)도 그중 한 사람이었다. 악의는 연나라 장군이 되어 오랜 숙적 제(齊)나라를 정벌하는 선봉이 되었다. 악의는 승승장구 제나라 70여 개 성을 단숨에 무너뜨렸다. 연나라에게 갖은 수모를 안겨주었던 제나라는 멸망 직전까지 몰렸다. 소왕은 악의에게 끊임없이 신뢰의 징표를 보냈고, 악의는 더 힘을 내서 소왕을 보좌했다. 그런데 태자가 악의를 시기하던 기겁(騎劫) 등의 꾐에 빠져 소왕 앞에서 악의가 제나라를 다 점령해 놓고 머뭇거리는 것은 왕이 되려는 욕심이 있기 때문이라는 모함의 말을 했다. 이에 소왕은 당장 태자를 붙잡아 들여 곤장 20대를 치면서 "그런 비방과 모함 때문에 악의가 제나라 왕이 되어도 할 말이 없다."며 악의를 아예 제나라 왕에 봉하여 소인배들의 말문을 막아버렸다. 그 뒤로도 악의를 헐뜯는 말들이 그치지 않자 소왕은 백관들이 다 모인 자리에서 제나라를 쳐서 연나라의 오랜 원한을 씻은 일은 악의의 공로라면서 악의를 헐뜯은 자의 목을 베었다.

소왕의 '위공'은 악의의 마음을 완전히 샀을 뿐만 아니라 여러 신하들을 감복시켰다. 더욱이 소왕이 죽고 난 다음 그 아들 혜왕이 끝내 악의를 믿지 못하고 장수 자리에서 내치는 바람에 전세는 역전되고 그간의 공들이 모두 헛수고로 돌아가 버린 사실을 대비시켜 보면 소왕의 '위공'이 얼마나 의미가 큰 것인지를 새삼 확인할 수 있다.

4. 왕분(王賁)에게 공을 돌린 진시황(秦始皇)

천하통일의 막바지에 진시황은 왕분을 시켜 연나라와 조나라를 잇달아 멸망시켰다. 왕분이 사신을 보내 승리의 소식을 알리자 진시황은 친히 왕분에게 편지를 써서 그의 공로를 전적으로 인정했다. 그러면서 2천 리가 넘는 먼 길을 달려 정말 힘들게 승리했으니 군대를 정돈하고 충분히 휴식한 다음 돌아오라고 격려했다. 왕분은 진시황의 '위공'과 격려에 감격하여 돌아오는 길에 하나 남은 제나라마저 공격하여 멸망시키고 돌아왔다. 진시황의 '위공'이 왕분을 감격시키고 나아가 천하통일을 앞당기게 했다.

5. 곽가(郭嘉)에게 공을 돌린 조조(曹操)

삼국시대 위나라 조조에게는 기라성 같은 인재들이 몰려들었다. 인재 풀로 말하자면 삼국 중에서 조조의 위나라가 단연 앞섰다. 그 많은 인재들 중 조조가 특별히 아꼈던 사람이 곽가였다. 곽가는 조조가 원소(袁紹)를 무너뜨린 뒤 내친김에 그 아들 원담(袁譚)과 원상(袁尚)을 마저 없애고자 했을 때 이들을 이간시키는 계책을 내서 일거에 이들을 섬멸하는데 큰 공을 세웠다. 이때 조조는 매우 기뻐하며 "원씨 부자와 형제를 없앤 것은 실로 경(곽가)의 계책에 의존했기 때문이오."라며 곽가에게 공을 돌렸다.

조조는 늘 곽가가 자신의 의도를 가장 잘 이해하는 사람이라며 칭찬을 아끼지 않았다. 그런 곽가가 38세 되던 해 중병을 얻어 쓰러지자 조조는 하루가 멀다 하고 사람을 보내 안부를 물었다. 곽가가 끝내 일어나지 못하고 죽자 조조는 직접 곽가의 장례를 주관했다. 그러면서 모든 사람들에게 "여러분들은 나와 나이가 비슷한 동년배이고 곽가만 가장 젊었다. 나는 늘 천하를 통일한 뒤 공을 널리 알리고 천하를 다스리는 큰일을 그에게 맡기려고 했는데 이렇게 젊은 나이에 세상을 버리다니 이것이 운명이란 말인가?"라며 비통해 했다.

'위공'은 사람의 마음을 움직이는데 가장 큰 효과를 발휘한다. 특히, 내게 돌아올 것 같지 않은 공이 내게 온다면 더욱 더 감동할 것이다. 제대로 된 리더는 '위공'의 능력을 정확하게 인식했고, 또 실천할 줄 알았다. 조조도 그런 리더의 한 사람이었다.

| '위공'의 형식 |

이상 '위공' 사례들을 종합하여 '위공'의 형식을 몇 가지로 추출해 보면 다음과 같다.

첫째, 구두(口頭)로 '위공'하는 형식으로, 가장 간편하고 쉽게 할 수 있다. 다만 그 말에 신뢰를 잃으면 아무리 자주 '위공'을 해도 효과가 없다. 돈 들지 않는다고 함부로 내뱉는 약속이나 포상은 역효과를 내기 마련이다.

둘째, 조서(공식문서)를 내리거나, 천하에 널리 알리거나, 방을 붙여 '위공'하는 형식이다. 이는 많은 사람에게 공식적으로 '위공'을 알리는 것으로 가장 확실하다. 다만, 이 역시 남발해서는 '위공'의 무게가 떨어질 수 있다. 따라서 주로 큰 공을 '위공'할 때 사용해야 한다.

셋째, 명예로운 호칭을 부여하여 '위공'하는 형식이다. '위공'은 실질적인 포상도 중요하지만 명예감을 주는 것도 그 못지않다. 따라서 그 공에 맞는 호칭을 부여하는 것도 '위공'의 좋은 방법이다. 오늘날 기업에서 '판매왕' 등과 같은 호칭을 붙여주는 경우가 여기에 해당한다.

넷째, 공을 기록에 남기는 '기공(記功)'이다. '기공'은 당사자에게도 영광이지만 다른 사람들에게 주는 파급효과가 대단히 큰 형식이다. 자신의 공을 기록으로 남긴다는 것 자체가 심리적으로 아주 크게 작용하기 때문이다. 또한 이 기록에 누가 되지 않기 위해 자기단속을 더욱 철저히 하게 된다.

다섯째, 작위와 상을 내리는 형식이다. 지위를 높여주고 물질적 보상을 해줌으로써 더욱 분발하게 하는 형식으로 과거 가장 많이 사용된 방법이다. 지금으로 보자면 성과금 지급이 이에 해당한다.

여섯째, 승진을 시키는 형식이다. 이 역시 가장 실질적인 '위공'의 형식이자 보편적인 방법이다.

일곱째, 비석을 세우고 전기를 쓰게 하는 형식이다. '위공'의 형식들 중에서도 가장 무겁고 큰 것이라 할 수 있다. 정말 크고 중요하며 실질적인 공을 세운 사람이 아니면 써서는 안 되는 방법이다. 자칫 후대에 큰 시비를 불러올 수 있기 때문이다.

| '위공'이 주는 교훈과 힘 |

이상 '위공'과 관련한 사례와 그 의미 및 형식 등을 짚어 보았다. 이를 통해 우리는 '위공'이 주는 가르침과 위력을 다음과 같이 간결하게 정리할 수 있다.

1. '위공'의 효능은 사람을 얻는 것 못지않게 크고 깊다. 당사자뿐만 아니라 주변 사람들의 마음까지 얻을 수 있기 때문이다.

2. 자신의 한계를 직시할 줄 아는 리더가 '위공'할 수 있다. 그런 리더는 공동 합작이 일을 성사시키고 나라를 바로 다스릴 수 있다는 것을 알기 때문이다. 이것이 바로 '위공'의 사상적 기초가 된다.

3. '명기'가 전제된 리더가 '위공'을 실천하고, 나아가 그것을 법과 제도로 보장할 수 있다. 반면 '무도(無道)'한 못난 리더는 '위공'하지 못하고, 또 '위공'하려 하지도 않는다.

4. '위공'은 상하단결의 고리 역할을 한다. 나의 공이 너와 연계되어 있고, 너의 공이 나와 밀접하게 관계되어 있다는 사실을 안다는 그 자체가 상하단결의 핵심이기 때문이다. '위공'은 조직의 응집력을 가늠하는 지표가 된다.

5. '위공'은 자기 공을 일방적으로 양보하는 '양공(讓功)'과는 다르다. '양공'은 왕왕 자기 이미지를 높이려는 위선적 행태로 나타나기 일쑤이기 때문이다.

6. '위공'은 미덕이다. 따라서 '위공'이 하나의 문화로 정착하면 그

조직은 무적의 조직이 된다. 나아가 사회를 바람직한 방향으로 이끄는 힘이 된다.

7. 따라서 모든 '위공'은 실사구시(實事求是)에 입각하여 시행되어야 한다. 조익(趙翼)이 《이십이사차기(二十二史箚記)》에서 "순욱(荀彧)과 정욱(程昱)이 조조를 위해 계책을 냈으나 사람들이 알지 못하자 조조는 하나하나 이를 밝히면서 절대 자신이 공을 가로채지 않았다."고 했듯이 사실에 정확하게 부합해야 한다. 달리 말하자면 윤리 도덕적으로 하자가 없어야 한다는 것이다. 그것이 진정한 '위공'의 권위이자 위력이기 때문이다.

8. 반면에 위공하지 않거나 못하는 리더의 행태를 분석하면 아래 몇 가지 원인이 도출된다.

① 자신이 큰 존재라는 자대(自大) 심리에서 비롯하는 유아독존(唯我獨尊)적 사고방식을 가진 리더.

② 전지전능(全知全能)적 사고방식을 가진 리더. 이런 리더는 천하를 적으로 만든다.

③ 역사의 교훈을 받아들이지 않는 리더. 리더에게 역사는 이제 선택이나 참고 사항이 아니라 필수이다.

④ 위공하면 리더 자신의 위엄과 영(令)이 서지 않는다고 생각하는 리더.

⑤ 전반적으로 사독(四獨), 즉 독선(獨善)·독단(獨斷)·독재(獨裁)·독점(獨占)에 중독되어 있는 리더.

| '위공' 관련 명언명구 |

> 자다기명(自多其名), 기명부족(其名不足);
> 자다기능(自多其能), 기능부족(其能不足)
>
> "자신의 명성을 떠벌리는 사람은 도리어 그 명성의 부족을 증명하는 것이요,
> 자신의 재능을 자랑하는 사람은 반대로 그 능력의 부족을 증명하는 것이다."
> – 명나라 때 사람 팽여양彭汝讓의《목궤용담木几冗談》

인간의 심리에는 자신의 능력에 대한 끊임없는 의심이 자리 잡고 있다. 그것을 감추기 위해 겉으로 자신의 명성과 능력을 과장한다. 이 약점을 극복하여 자신의 부족을 아랫사람이나 인재들의 재능으로 메우고 이들의 공을 인정하면 좋은 리더가 될 수 있다.

> 자고무비(自高無卑), 무비즉위(無卑則危);
> 자대무중(自大無衆), 무중즉고(無衆則孤)
>
> "자기만 높다 하면 아랫사람이 없고, 아랫사람이 없으면 위험하다.
> 자기만 크다 하면 대중이 따르지 않고, 대중이 따르지 않으면 고립된다."
> – 명나라 때 사람 이몽양李夢陽의《공동자空同子》〈논학論學〉 중에서

아무리 크고 높은 자리에 있어도 그것을 뒷받침하는 아랫사람과 대중의 지지가 없으면 사상누각이다. 특히 현재의 자신을 있게 한 근본과 어려울 때 자신을 도운 사람들을 잊고 잘난 척하면 사방에 적을 만드는 꼴이 된다.

  자신이 모시는 군주(리더)와 공을 다투면 틀림없이 군주의 부족한 점을 떠들게 되어 결국은 욕을 당하게 된다는 뜻이다. 오늘날로 보자면 이 말은 적절치 않다. 누가 세웠건 모든 공을 군주에게 돌리라는 봉건시대의 수동적 사유방식을 보여주고 있기 때문이다. 물론 예나 지금이나 자신이 세우지 않은 공을 가로채거나 남이 세운 공을 인정하지 않으려는 풍조는 여전하다. 하지만 백성들과 다투는 정치가 가장 못난 정치라 했듯이, 부하들과 공을 다투는 리더가 가장 못난 리더라 할 것이다. 그런 점에서 이 명구는 부하가 아닌 리더의 입장에서 되새겨 봐야 한다.

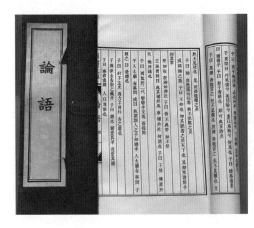

《논어》는 '중국인의 바이블'로 불린다. 리더로서 갖추어야 할 자기수양과 관련한 훌륭한 경구들로 가득 찬 '고전 중의 고전(Classic of Classic)'이다.

> ## 자벌자무공(自伐者無功), 자긍자부장(自矜者不長)
> "자신의 공을 스스로 떠드는 자는 공을 세울 수 없고,
> 스스로를 크다고 자부하는 자는 오래 발전할 수 없다."
> ─ 《도덕경》 24장

사마천은 이 대목을 '벌공긍능(伐功矜能)'이란 네 글자로 압축하면서 이런 오만함을 버려야만 사람 마음을 얻을 수 있다고 지적했다.

납간
納諫

받아들이는 힘

| '납간'의 의미와 인식 |

'납간'에서 '납'은 받아들인다는 뜻이며, '간'은 바른말로 권한다는 뜻이다. 바른말, 즉 직언(直言)하면 받아들인다는 것이다. '간'에는 직언을 위시하여 충언(忠言), 충고(忠告), 바르고 정확한 건의(建議)나 대책(對策), 앞날을 내다보는 깊이 있는 원모심려(遠謀深慮)의 정책 제안 등이 포함된다.

왕조 체제에서 '납간'은 제왕의 언행에 대해 신하들이 제기하는 다른 의견과 비평을 제왕이 경청하여 시비를 판단하고 좋은 것을 선택해 따르는 것을 의미한다. '납간'은 무엇보다 유능한 인재를 얻는 데 대단히 중요하게 작용한다. 인재의 건의와 직언을 받아들이면 인재는 더욱 적극적으로 대담하게 대책을 올리고, 용감하게 리더의 잘못을 바로잡으려 한다. 반대로 그들의 비평이나 건의를 받아들이지 못하고, 그들의 정확한 견해와 책략을 참고하지 않으면 인재의 적극적인 대책 건의는 제약을 받을 수밖에 없고, 결국은 리더 곁을 떠나게 된다. 이런 상황은 급기야 인재의 유출로 이어져 조직의 퇴보와 몰락을 초래한다.

기록에 따르면 '납간'의 역사는 저 멀리 전설 속 오제(五帝)시대로까지 거슬러 올라간다. 요(堯) 임금은 '납간'은 물론 자신의 의견을 과감하게 버리면서까지 신하들의 의견을 받아들였던 리더였다. 요 임금이 나라를 다스릴 당시 황하가 넘치는 큰 물난리가 났다. 황하를 다스리지 않으면 백성들이 삶을 영위할 수 없었다. 이에 요 임금은 황하를 다스릴 치수(治水) 사업의 책임자로 누가 적격이겠는가를 사악(四岳)을 대표하는 신하들에게 물었다. 모두들 곤(鯀)을 추천했다. 하지만 요 임금은 곤의 과격한 일처리 방식을 잘 알고 있던 터라 곤의 기용을 반대했다. 하지만 사악은 "기용해보고 아니면 다시 바꾸면 되지 않느냐."면서 자신들의 견해를 굽히지 않았다. 요는 이들의 의견을 존중하여 자신의 주장을 굽혔다.

하지만 곤의 치수 사업은 실패로 끝났다. 요의 판단이 옳았다. 요는 곤의 실패를 예상했지만 여러 신하들의 의견을 받아들이는 일이 더 중요하다고 판단했기 때문에 자신의 의견을 버렸던 것이다.

요로부터 임금 자리를 물려받은 순 임금은 백관들의 업무를 22개 분야로 분장하면서 용(龍)을 납언(納言)에 임명하여 정책의 하달과 백성들의 여론을 적극 청취하고자 했다. 그러면서 순 임금은 "용! 짐은 사람을 홀리는 교묘한 말과 도덕과 신의를 파괴하는 짓을 싫어하오. 그대를 납언에 임명하니 밤낮으로 짐의 명령을 전달하되 신의를 지키도록 하시오."라고 당부했다.

역사에는 '납간'에 대해서 다양한 기록들이 있다. 가장 오랜 기록인 《상서(尚書)》〈열명(說命)〉에는 이런 내용이 보인다.(〈열명〉은 상나라 무정武丁 임금이 부열傅說에게 내린 말들을 모은 것이다.)

"아침저녁으로 좋은 말로 나의 덕치를 도와주시오. 내가 쇠라면 그대는 숫돌이 되고, 내가 큰 내를 건너려 할 때면 그대는 배와 노가 되어 주시오. 어느 해에 큰 가뭄이 든다면 그대는 단비가 되시오. 그

대의 마음을 열어 내 마음을 비옥하게 해주오. 간언이란 약이 효과
가 강하지 않으면 질병은 낫지 않을 것이며, 맨발로 땅을 걸으면서
잘 살피지 않으면 발에 상처를 입게 되는 것이오."

"그대는 내가 뜻을 세울 수 있게 가르쳐 주되, 술이나 단술을 빚을
때는 누룩이 되어 주고(약작주예若作酒醴, 이유국얼爾惟麴蘗), 국을 만들
때는 소금과 식초가 되어 주오(약작화갱若作和羹, 이유염매爾惟鹽梅)."

이에 부열은 다음과 같은 말로 무정의 '납간' 요청에 화답했다.

"왕이시여! 사람이 많이 듣기를 원하면 일을 이룰 수 있습니다(인구
다문人求多聞, 시유건사時惟建事). (중략) 이 부열은 임금을 공경히 받들
면서 널리 뛰어난 인재들을 불러 여러 자리에 모시렵니다."

이처럼 무정은 부열에게 강력한 직언을 요청하고 있다. 직언과
'납간'의 중요성을 잘 알고 있지 않고서는 이런 문답이 나올 수 없
었을 것이다. 그래서 《묵자》(〈비유非儒〉 하편)에는 "잘하면 칭찬하고
(무선즉미務善則美), 잘못하면 지적하라(유과즉간有過則諫)."고 했다.
'납간'의 역사가 오래되었음을 말해주는 기록들이다.
  '납간'을 위해 제도적으로 보장하는, 즉 간관(諫官)이란 관직을 두
는 역사도 그만큼 오래되었다. 《여씨춘추》(〈자지自知〉)에 따르면 상
나라 탕 임금은 '유사과지사(有司過之士)'라 하여 황제의 잘못을 전

문적으로 감찰하고 바로잡는 사람을 두었다고 한다. 《주례(周禮)》에는 왕의 잘못을 바른말로 지적하는 전문직이 있었다고 기록되어 있다.

　최초의 통일제국 진(秦)은 많으면 수십 명에 이르는 간의대부(諫議大夫)를 두어 여론을 전달하고 황제의 잘잘못을 지적하게 했다. 한나라도 그 비슷한 간대부(諫大夫)를 두었다. 수 양제가 이런 제도를 폐지했지만 당나라 때 다시 회복되었고, 송나라는 아예 전문기구인 간원(諫院)을 설치하기까지 했다. 원나라 때는 기구가 설치되지 않았고, 명나라 때는 설치와 폐지를 반복했지만 청나라는 도찰원(都察院) 소속으로 두었다.

　중국 역사에서 어느 시대에나 이처럼 간관을 두었던 데는 역대 군왕들이 '납간'의 중요성을 충분히 인식하고 있었음을 말한다. 아

상나라 무정 임금은 민간에서 노동하고 있는 부열을 찾아내서 기용했다. 부열은 기대를 저버리지 않고 탕 임금을 제대로 보좌하여 상나라를 중흥시키는 데 큰 역할을 해냈다. 여기에는 탕 임금의 '납간'할 줄 아는 리더십이 큰 고리가 되었다. 초상화는 무정(왼쪽)과 부열이다.

울러 '납간'이 유능한 인재들을 확보하는데 중요한 작용을 했다는
점도 알 수 있다.

| '납간'의 다양한 사례들 |

1. 강태공(姜太公)의 말을 받아들여 은(殷)을 멸망시킨 주(周) 무왕(武王)

은나라는 주(紂) 임금 때 와서 총체적으로 정치가 난맥상에 빠졌다.
최고 통치자는 '주지육림(酒池肉林)'에 빠져 나라를 회생불능의 혼
란으로 몰아넣었다. 서백(西伯) 창(昌, 훗날의 주 문왕文王)은 강태공
을 기용하여 도광양회(韜光養晦)의 책략으로 때를 기다렸다. 문왕
의 아들 무왕 때는 주가 천하의 2/3를 차지할 정도로 전세가 기울
었다. 맹진(孟津)에서 군대를 사열할 때는 기별이 없었음에도 800
제후가 모여 주 임금을 치자고 아우성을 쳤다. 하지만 무왕은 때를
더 기다려야 한다는 강태공의 충고를 받아들여 준비를 더욱 완벽
하게 했다. 강태공이 결전의 시기를 택하여 은나라를 공격하자 은
나라는 맥없이 무너졌다. 거의 피를 보지 않은 이상적인 승리였다.
보다 완벽한 시기를 기다리라는 강태공의 충고는 평생을 기다림
속에서 보냈던 그의 깊은 책략에서 나온 것이었다. 완벽한 승리는
완벽한 준비가 결정한다.

2. 임장(任章)의 대책을 받아들인 위(魏) 환자(桓子)

춘추시대 말기 진(晉)나라의 실권자 지백(智伯)은 다른 세력들을 압박하며 땅을 요구했다. 위 환자는 지백의 무례한 요구를 받고는 벼락같이 화를 냈다. 그러자 임장은 "지백이 교만에 빠져 이유 없이 땅을 요구하니 대부들이 두려워합니다. 지백에게 땅을 떼어주면 지백은 더욱 교만해져 우리를 깔볼 것입니다. 두려워하는 대부들과 힘을 합쳐 군사적으로 동맹을 맺어 교만한 지백에 대항하면 지백의 명은 머지않습니다."라고 충고했다. 환자는 임장의 말을 받아들였다. 임장의 예상대로 다른 대부들도 지백에게서 등을 돌렸고, 이때 함께 힘을 합쳐 지백을 죽이고 땅을 나누어 가졌다.

3. 촉룡(觸龍)의 충언을 받아들인 조(趙) 태후

기원전 266년 조나라 혜문왕(惠文王)이 죽고 어린 효성왕(孝成王)이 뒤를 잇자, 효성왕의 어머니 조 태후가 섭정을 하게 되었다. 강대국 진(秦)나라가 이 틈에 조나라를 공격해왔다. 조 태후는 동방의 강국 제(齊)나라에 구원을 요청했다. 제나라는 구원병을 보낼 테니 장안군(長安君)을 인질로 보내라고 요구했다. 장안군은 조 태후가 끔찍이도 아끼는 어린 아들이었다. 조 태후는 제나라의 요구를 거절했다. 신하들이 모두 나서 태후를 설득했지만 태후는 꿈쩍도 하지 않았다. 그러면서 다시 이 문제를 꺼내는 사람이 있다면 그 얼굴에 침을 뱉겠다는 엄포까지 놓았다.

이때 좌사(左師) 벼슬에 있던 촉룡이 면담을 요청했으나 거부당했다. 촉룡은 그저 안부 인사만 여쭐 것이라 하여 간신히 태후를 만날 수 있었다. 태후의 얼굴에는 노기가 여전했다. 촉룡은 불편한 걸음걸이로 태후에게 가서 발에 병이 생겨 제대로 걷지를 못하니 용서해달라며 인사를 올렸다. 촉룡은 태후의 심기를 살핀 다음 자신의 건강과 자식 이야기를 꺼내 태후의 노기를 누그러뜨렸다. 그러면서 나이는 들고 몸은 점점 병들어 가는데 이제 겨우 열다섯 살밖에 안 된 어린 아들이 너무 걱정이라며 눈시울을 붉혔다. 태후는 안쓰러운 표정을 지으며 "아니, 남자들도 자식 걱정을 합니까? 아무래도 여자들의 자식 사랑이 더 깊지 않겠습니까?"라고 물었다. 이에 촉룡은 태후의 자식 사랑, 특히 아들에 대한 사랑은 자신에 비하면 한참 부족하다며, 연나라에 시집보낸 딸을 위해서는 눈물과 걱정으로 세월을 보내는 반면 어린 아들 걱정은 그만 못하다고 지적했다.

촉룡의 이 말에 태후는 그렇지 않다며 반박했다. 그러자 촉룡은 태후에게 정색을 하며 외손자들은 대대손손 연나라 왕이 되길 바라면서 이 나라의 존망이 걸린 위기상황에서 친아들은 전혀 생각하지 않는 것 아니냐며 태후에게 직언을 해댔다. 촉룡은 장안군이 조나라에서 특권을 누리고 대대손손 평안하게 높은 지위를 유지하려면 나라에 그만한 공을 세워야 한다면서, 이름도 없이 사라진 과거 왕손 귀족들의 사례를 보라고 했다. 자식의 먼 장래를 걱정한다면 지금 그 자식이 나라를 위해 자신이 할 수 있는 역할을 진정으로 해낼 수 있게 해야 하지 않겠느냐는 것이었다. 조 태후는 촉룡의 충심어린 직언을 받아들였고, 즉시 장안군을 제나라에 인질로 보냈다.

촉룡은 어떤 식으로 바른말과 충고를 해야 권력자가 기분상하지 않고 그 말을 받아들일 수 있는지를 잘 보여주고 있다.

4. 직언을 수용하여 성 쌓기를 중단한 정곽군(靖郭君)

전국시대 제나라의 유력자 정곽군(이름은 전영田嬰으로 유명한 맹상군孟嘗君의 아버지이다)이 자신의 봉지인 설(薛)에다 거창하게 성을 쌓기로 했다. 문객들 다수가 반대하자 정곽군은 사람까지 보내 이들의 의견을 물리쳤다. 그러자 누군가가 정곽군을 만나고 싶다면서 "세 글자만 말씀드리겠습니다. 한 글자라도 더 입에 올리면 신을 삶아 죽이십시오."라고 했다. 호기심이 발동한 정곽군이 그 사람을 불러 만났다. 문객은 "해대어(海大魚)"라고 말한 뒤 등을 돌려 자리를 떠나려 했다. 정곽군이 문객을 불러 세웠다. 문객은 "어찌 죽음을 가지고 희롱하겠습니까?"라며 서둘러 자리를 벗어나려 했다. 정곽군은 말을 더 해도 죽이지 않겠다고 약속했다. 그러자 문객은 이렇게 말했다.

"군께서는 큰 물고기 이야기를 듣지 못하셨습니까? 그물로도 낚시로도 잡을 수 없는 큰 물고기 말입니다. 그런데 물이 없으면 하잘것없는 개미 따위가 힘을 씁니다. 지금 제나라는 군에게 물과 같은 존재입니다. 군에게 제나라의 보살핌이 없었더라면 설 땅이 가당키나 하겠습니까? 제나라가 없으면 설 땅에다 아무리 높은 성을 쌓아 봤자 소용없는 것 아닙니까?"

정곽군은 즉시 명령을 취소했다. 문객은 절묘한 비유로 정곽군의 무리한 축성에 대해 간언했고, 정곽군은 흔쾌히 충고를 받아들였다.

5. 이사(李斯)의 건의를 받아들여 축객령(逐客令)을 취소한 진시황

진시황의 천하통일 정책이 한창일 때 진나라 조정을 뒤흔든 사건이 하나 터졌다. 진나라의 수리(水利) 사업을 책임진 한(韓)나라의 수리 전문가 정국(鄭國)이 간첩으로 지목되는 일이 벌어진 것이었다. 정국을 고발한 사람들의 주장은 그가 대규모 수리 사업을 부추겨 진나라의 국력을 소진시키려는 의도로 침투한 한나라의 첩자라는 것이었다. 이에 진시황은 진나라에서 일하고 있는 외국 출신들을 모조리 진나라 밖으로 내치라는 '축객령'을 내렸다.

그런데 진나라가 이토록 부강해질 수 있게 된 계기는 기원전 7세기 목공(穆公)이 낙후된 진나라를 발전시키기 위해 외국의 인재들을 차별 없이 기용한 남다른 전통 때문이었다. 이런 개방된 인재 정책에 힘입어 가장 뒤떨어져 있던 진나라는 중원으로 진출하는데 성공했다. 이어 기원전 4세기 효공은 개혁가 상앙을 기용하여 전면 개혁을 시행함으로써 진나라를 일약 초강대국의 반열에 올려놓았다. 그런데 상앙 역시 위(衛)나라라는 외국 출신이었다. 전문 연구에 따르면 이름이 남아 있는 진나라 재상 25명 중 17명이 외국 출신이라는 통계도 있다.(나머지 8명 중 7명은 국적불명이고, 단 한 명만 진나라 출신이라고 한다.)

　요컨대 진나라의 부국강병은 능력 있는 외국 인재들을 과감하게 등용한 인사정책의 덕이 컸다. 이런 상황에서 진시황의 '축객령'은 상당한 파장을 몰고 올 수밖에 없었다. 당시 진나라에서 활약하고 있던 외국 인재들은 그 수가 상당했고, 영향력도 만만치 않았기 때문이다. 실세 여불위(呂不韋)의 식객으로 있다가 그의 추천으로 조정에 들어가 객경(客卿)으로 활동하던 초나라 출신의 이사 역시 쫓겨날 상황에 몰렸다. 이에 이사는 진시황에게 '축객령에 관하여 드리는 말씀'이라는 '간축객서(諫逐客書)'라는 글을 올렸다. 이 글에서 이사는 진나라가 지금 이렇게 부강한 나라가 될 수 있었던 것은 목공 이래의 개방된 인재정책에 힘입은 바 크다면서 "태산이 그렇게 높은 것은 단 한 줌의 흙도 마다하지 않았기 때문이며, 강과 바다가 그렇게 깊은 것은 자잘한 물줄기를 가리지 않았기 때문입니다."라고 했다. 여기서 저 유명한 '태산불양토양(泰山不讓土壤), 하해불택세류(河海不擇細流)'라는 천하의 명언이 탄생한다.

　진시황은 이사의 글에 감동했다. 나라의 부강을 위해서는 물질적 기반도 중요하지만 인재가 없어서는 아무리 많은 재물도 의미가 없다는 이사의 지적에 공감할 수밖에 없었다. 재물이야 외국에서 수입하면 그만이지만 인재를 내치면 정작 부국강병을 위한 정책을 수행할 사람들은 어디서 충당할 것이냐는 지적도 가슴에 와 닿았다. 진시황은 바로 축객령을 취소했다. 진시황이 중국 역사상 최초로 천하를 통일할 수 있었던 원동력은 진나라의 활짝 열린 인재정

큰 권력을 가진 리더, 크게 성취한 리더일수록 직언을 흔쾌히 받아들이기 쉽지 않다. 특히 자신의 잘못을 지적하는 바른말은 더더욱 수용하지 못한다. 진시황은 천하통일 이전까지 만 해도 직언을 잘 받아들였지만 통일이라는 대업을 성취한 다음부터 변하기 시작했다. 직언의 수용이 얼마나 어려운가를 잘 보여주는 사례이기도 하다. 그림은 '간축객서'를 올리는 이사와 진시황의 모습이다.

책에 있었다. 진시황은 이 점을 충분히 인정했기에 이사의 간언을 바로 수용할 수 있었다.

| 당 태종의 '납간' 분석 |

역사학자 범문란(范文瀾)은 대표적인 저서 《중국통사》에서 "중국 역사상 봉건 제왕들 중에서 당 태종이야말로 '납간'을 가장 잘했던 인물이다."라고 평가했다. 엄연한 사실이다. 하지만 좀 더 역사적 사실을 파고 들면 당 태종의 '납간'에는 어두운 면이 적지 않음도 확인할 수 있다. '납간'을 시종 유지하기가 그만큼 어려웠다는 얘기이다. 이에 당 태종의 '납간'을 좀 더 분석해본다.

1. 당 태종이 '납간'을 중시한 까닭

당 태종은 정권 초기 누구보다 '납간'을 중시했다. 그 까닭은 대체로 다음 몇 가지로 요약된다.

첫째, 나라를 잘 다스려야겠다는 지극한 마음이 당 태종에게 충만했다.

둘째, 당 태종은 자신에게도 잘못이 없을 수 없다는 인식이 분명했다. 그래서 그는 자신에게는 세 개의 거울이 있다는 말을 입버릇처럼 했다. 즉, 의관을 바르게 할 수 있게 하는 동으로 만든 동감(銅鑑), 흥망성쇠의 이치를 깨닫게 하는 역사의 거울인 사감(史鑑), 직언으로 자신의 언행과 그 득실을 밝혀주는 사람 거울인 인감(人鑑)이 그것이었다. 이를 당 태종의 삼감(三鑑)이라 한다.

셋째, '두루 널리 들으면 밝아지고, 한쪽만 치우쳐 들으면 어두워진다'는 '겸청즉명(兼聽則明), 편청즉암(偏聽則暗)'의 이치를 마음으로 터득하고 있었다.

넷째, 가깝게는 수나라의 멸망을 자기 눈으로 직접 보고 몸으로 겪은 경험이 있기 때문이다.

다섯째, 직언을 물리치면 인재가 떠나고 받아들이면 모여든다는 이치를 잘 알고 있었다.

2. 당 태종의 '납간'과 직언 격려법

이런 이치를 잘 알고 있었기 때문에 당 태종은 직언을 격려하고 허심탄회하게 '납간'을 실천할 수 있었다. 이를 위해 그는 다양한 방법으로 직언을 격려했는데, 주요한 방법들을 정리해 보면 아래와 같다.

하나, '명기(明己)'편에서부터 계속 지적했듯이 끊임없는 자기학습이다. 이를 통해 자신의 식별 능력을 높였다.

둘, 직언하는 사람을 칭찬하고 격려했다.

셋, 필요하면 언제든지 자신을 굽혀가면서까지 '납간'을 실천했다.

넷, 신하들과 대화를 나누면서 수시로 직언을 유도했다.

다섯, 직언을 통한 충고는 기꺼이 받아들였고, 실제 행동으로 보여주었다.

여섯, 잘못을 지적하면 과감하게 잘못을 인정했다.

일곱, '납간'을 위한 제도적 장치를 마련했다.

여덟, 이와 함께 건전한 여론수렴 기구를 만들고 담당관의 지위를 높여주었다.

아홉, 직언하는 사람을 승진시켜 주위에 자극을 주었다.

열, 직언자를 적극 보호했다.

열하나, 자신의 명령을 무조건 시행하지 않았다. 충분히 의견을 수렴하여 타당치 않으면 명령을 바꾸거나 취소했다. 정책 실행을 위한 직언을 유도한 것이다.

3. 초심을 끝까지 지키지 못한 당 태종

이렇게 확고한 자기의지와 다양한 방법, 심지어 제도적 장치까지 마련해가며 직언을 유도하고 격려했던 당 태종이었지만 그는 '납간'을 끝까지 유지하지 못했다. '납간'의 지속성을 막는 가장 큰 요인이 다름 아닌 인성의 약점이란 사실을 당 태종은 누구보다 잘 보여준다.

특히, 성취 뒤의 교만은 '납간'을 방해하는 가장 큰 요인이다. 당

'시종일관 납간'을 유지한다는 것이 얼마나 어려운지 명군 당 태종의 사례가 생생하게 보여준다. 무엇보다 위징이 죽은 뒤 당 태종이 크게 달라졌다는 사실은 아이러니하게도 곁에서 충고하고 직언하는 인재가 얼마나 중요한가를 실감나게 한다. 초상화는 위징이다.

태종 역시 '정관(貞觀)의 치(治)'라는 전성기에 도취하여 통치 후반기로 갈수록 직언을 거부하는 것은 물론 직언하는 곧은 신하들을 내치고, 심하면 그들을 해치기까지 했다.

직간의 대명사로 불리는 위징(魏徵)이 죽자 당 태종은 닷새 동안 조회를 파하고 그 기간을 위징을 위한 추모 기간으로 삼을 정도로 비통해 했다. 그러나 위징의 시신이 채 식기도 전에 후군집(侯君集), 두정륜(杜正倫)의 모반 사건에 위징을 끌어들였다. 위징의 아들에게 공주

를 시집보내기로 한 혼사를 취소하고, 위징이 뛰어난 인재라며 추천했던 사람들을 내쳤다. 심지어 자신이 직접 지은 위징의 묘비명까지 훼손시켰다. 이것이 위징이 죽자 '인감(人鑑)' 하나를 잃었다며 애통해하던 당 태종의 모습이었다.

당 태종 자신이 직접 면담하고 선발하여 중용했던, 그리고 '성품이 가장 바르고 단단하다'고 칭찬했던 유루(劉洎)는 어떻게 했던가? 있지도 않은 죄명을 덮어씌워 자살하게 만들지 않았던가? 이런 사례는 얼마든지 있다.

| '납간'이 남긴 교훈과 힘 |

'납간'은 이처럼 시종여일(始終如一)하기가 대단히 어렵고 힘들다. 개인적인 인성의 약점뿐만 아니라 시대적 한계, 또는 조직 자체의 한계 등이 작용하기 때문이다. 왕조 체제에서는 이런 시대적 개인적 한계는 더 뚜렷했다. 무엇보다 '납간'을 자신(정권)의 멸망을 막고 부귀를 지키기 위한 수단으로 이용할 수밖에 없었다.

절대 권력을 가진 통치자에게 '납간'은 어찌 보면 자기 필요에 의해 작동될 수밖에 없는 근본적인 한계를 타고났는지 모른다. 따라서 '납간' 여부는 오로지 자신의 필요성만을 유일한 기준으로 삼았다. 그러다보니 자신을 따르는 자와 거스르는 자를 구별하고 차별하는 한계가 따라 나올 수밖에 없었다. 또한 당 태종의 사례에서 보았다시피 사업의 성취 정도에 따라 '납간'의 성격과 본질이 흐려지고 변질될 수밖에 없다는 한계도 뚜렷하다.

리더가 처한 조직의 한계도 지적하지 않을 수 없다. 리더 자신은 허심탄회하게 '납간'할 준비와 자세가 되어 있다 해도, 조직의 특성이 이를 막는 경우가 적지 않다. 의사 결정구조가 '납간'에 맞지 않는다거나, 리더를 떠받치는 임원들의 한계 등이 '납간'을 막는 경우 등이다. 따라서 개인적 차원의 '납간'을 조직적 차원의 '납간'으로 바꾸는 결단이 필요하며, 나아가 이를 시스템으로 정착시키는 단계까지 나아가야 진정한 힘이 된다.

그러나 '납간'의 한계를 극복하기 위해 가장 우선시되어야 할 것은 역시 리더 자신의 의지이며, 그 의지의 관철이다. 달리 말하자면 '인성의 약점을 극복하라'는 것이다.

이상 '납간'의 사례들과 이론들을 종합하여 '납간'이 리더와 조직 발전에 던지는 교훈을 정리해 본다.

1) 언로를 활짝 열면 현자들이 하고 싶은 말을 다하게 된다.

2) '납간'은 능력과 지혜 및 재능을 충분히 발휘하게 하는 관건이다.

3) '납간'은 뛰어난 인재를 고를 수 있는 통찰력을 준다.

4) '납간'에는 여러 전제 조건이 따른다.

　① 우선 리더의 허심탄회한 도량이 요구된다.

　② 상대적으로 직언이나 간언은 정확해야 하고 대안은 실현 가능해야 한다.

③ 감정과 이성 모두를 흔들 수 있는 진솔한 언변술이 필요하다.

④ 받아들이는 사람에 대해 성격과 취향 및 심리상태 등을 정확하게 파악하고 있어야 한다.

5) 인성의 약점을 극복하는 것이 '납간' 유지의 관건이다.

| '납간' 관련 명언명구 |

> 편작불능치불수침약지질(扁鵲不能治不受針藥之疾),
> 현성불능정불식간쟁지군(賢聖不能正不食諫諍之君)
> "편작이라도 침과 약을 거부하는 환자는 치료할 수 없고,
> 아무리 뛰어난 사람이라도 바른말을 듣지 않는 군주는 바로잡을 수 없다."
> – 《염철론》 〈상자相刺〉

죽은 사람도 살린다는 신의 편작의 의술도 치료를 거부하는 환자에게는 소용이 없듯이, 아무리 좋은 말이라도 받아들이는 주체가 거부하면 소용없다는 의미이다. '납간'의 주체인 리더의 자세를 지적한 명구이다.

> 문과즉희(聞過則喜)
> "잘못을 지적 받으면 그 자리에서 기뻐하다."
> – 《맹자》 〈공손추公孫丑〉 상

공자의 수제자들 가운데 자로(子路)는 개성이 남달랐다. 욱하는 성질 때문에 스승에게 늘 질책을 받았고, 끝내는 그 성질 때문에

제명에 죽지 못했다. 하지만 공자 곁을 지키면서 바른말을 서슴지 않았다. 그가 스승 앞에서도 당당하게 자신의 소신과 생각을 밝힐 수 있었던 것은 그 자신의 수양 정도와 관계가 깊다. 맹자는 자로의 이런 면을 두고 "누구든지 (자로의) 잘못을 말해주면 바로 기뻐했다."는 말로 정리했다.

> ## 불능수간(不能受諫), 안능간인(安能諫人)
> "남의 바른말을 받아들이지 못하는데
> 어떻게 남에게 바른말을 할 수 있겠는가?"
> – 《정관정요貞觀政要》〈구간求諫〉

당 태종이 신하들에게 한 말이다. 당 태종은 이 말에 앞서 바른말은 받아들여야 한다고 하면서 남의 말이 자기 뜻과 다르다고 해서 바른말을 거부함으로써 자신의 단점을 감추려 해서는 안 된다고 지적했다. 바른말을 받아들이는 것과 바른말을 하는 것은 서로 보완관계에 있는 두 개의 측면임을 잘 지적한 명언이다.

> ## 장흥지주(將興之主), 유공인지무언(惟恐人之無言) ;
> ## 장망지주(將亡之主), 유공인지유언(惟恐人之有言)
> "흥하는 리더는 남이 말해주지 않을까 걱정하고,
> 망하는 리더는 남이 무슨 말을 할까 걱정한다."
> – 명나라 초기의 충신 방효유方孝孺의 《누경婁經》

조직과 리더의 흥망을 바른말의 수용 여부와 연계한 명언이다.

참언교(讒言巧), 영언감(佞言甘), 충언직(忠言直), 신언과(信言寡)

"헐뜯는 말은 교묘하고, 아부하는 말은 달콤하며,
충성스러운 말은 곧으며, 믿음직한 말은 말수가 적다."
– 송나라 때 사람 이방헌李邦獻의 《성심잡록省心雜錄》 중에서

자아행자(刺我行者), 욕여아교(欲與我交) ;
자아화자(訾我貨者), 욕여아시(欲與我市)

"내 행동을 비평하는 것은 나와 친구가 되고 싶어서이고,
내 물건의 가치를 깎는 것은 나와 거래를 하고 싶어서이다."
– 《회남자》 〈설림훈說林訓〉

비판이나 깎아내림 뒤에 숨은 상대의 의도를 잘 살피란 말이다.

간우미형자(諫于未形者), 상야(上也) ;
간우이창자(諫于已彰者), 차야(次也) ;
간우기행자(諫于既行者), 하야(下也)

"문제가 아직 드러나지 않을 때 하는 간언이 최상이요,
이미 드러난 뒤 하는 간언은 그 다음이요,
이미 영향을 미치고 있을 때 하는 간언은 최하이다."
– 한나라 때 사람 마융馬融의 《충경忠經》 〈충간〉

지적과 바른말은 문제가 드러나기 전에 하는 것이 좋다는 의미이다. 이는 받아들이는 쪽도 마찬가지이다.

석원
釋怨

푸는 힘

| '석원'의 의미와 인식 |

전국시대 조나라는 강대국 진나라에게 끊임없이 시달렸다. 그나마 두 사람의 든든한 기둥이 건재하였기에 긴장된 국면을 그런대로 유지할 수 있었다. 바로 염파(廉頗)라는 백전노장과 진나라와의 외교에서 거듭 큰 공을 세운 인상여(藺相如)였다. 그리고 두 사람은 목숨을 내놓아도 아깝지 않을 '문경지교(刎頸之交)'의 우정을 나누는 사이다. 하지만 두 사람이 이런 경지의 우정에 이르기까지는 우여곡절이 있었다.

당초 인상여가 언변(言辯) 하나로 잇따라 승진하여 어느새 염파와 같은 반열에 오르자 염파는 화가 났다. 죽을 고비를 수없이 넘기며 지금의 자리에 오른 자신에 비해 인상여는 너무 쉽게 초고속 승진했기 때문이다. 단순하고 우직한 무장 염파는 이를 받아들이기 힘들었다. 염파는 인상여를 만나면 반드시 모욕을 주겠노라 주변에 큰소리를 쳤다. 인상여는 이런 염파를 피해 다녔다. 출근길에 염파의 마차가 보이면 자신의 마차를 돌려 다른 길로 갔고, 조정에서도 가능한 염파와 마주치지 않으려고 애를 썼다. 그럴수록 염파는 더 기고만장했다.

인상여가 염파에게 절절 매자 인상여의 식구들과 하인들은 기가 죽었다. 식객들은 인상여를 떠나겠다고 했다. 이에 인상여는 식솔들을 모아놓고 "지금 조나라가 풍전등화의 위기에 놓여 있는데 염파와 내가 싸우면 나라꼴이 뭐가 되겠는가? 내가 염파가 무서워서

피하는 것이 아니다. 나는 진나라 소왕 앞에서 죽음조차 불사하며 당당하게 맞서 조나라의 위신을 지킨 사람이다. 이런 상황에서 염파와 내가 싸우면 조나라는 끝장이다."라고 자신의 행동을 해명했다.

이 이야기를 전해들은 염파는 부끄러워 몸 둘 바를 몰랐다. 강직한 염파는 자신의 잘못을 솔직히 인정하고, 웃통을 벗은 채 가시나무를 짊어지고는 인상여를 찾아가서 깍듯이 사과했다.(여기서 '부형청죄負荊請罪'라는 고사성어가 나왔다.) 두 사람은 서로의 감정을 풀고 '목숨을 내놓는 우정'을 나누는 '문경지교(刎頸之交)'의 사이가 되어 조나라를 굳건하게 지탱했다.

염파와 인상여처럼 묵은 감정과 원망을 푸는 것을 '석원'이라 한다. '석원'은 묵은 감정이나 원망, 크게는 원한을 푼다는 뜻이다. 나아가 '석원'은 재능 있는 원수나 원수 집안의 사람을 기용함으로써 인재를 감화시키고 나를 위해 힘을 다하게 만드는, 다시 말해 뛰어난 인재를 구하고 기용하는 방법의 하나로 인식되었다.

인간관계에 있어서 감정은 일방적인 경우가 적지 않다. 자의적으로 감정을 엮기 때문이다. 염파가 그랬다. 그런데 일방적으로 감정을 엮고 원망하고 심지어 원한까지 품지만 그것을 허심탄회하게 푸는 경우는 아주 드물다. 자신의 잘못을 인정해야 하기 때문이다. 잘못을 인정하기 싫기 때문에 감정을 풀지 못하고, 감정을 풀지 않은 채 또 다른 잘못된 정보로 자신의 감정을 강화하기 때문에 단순한 개인적 감정이 눈덩이처럼 커져 상대를 증오하기에 이르는 것이다. 개인적인 관계라면 큰 문제가 없겠지만 조직이나 나라와 관련된 감정이나 원한이라면 보통 일이 아니다. 그런 점에서 염파의 솔직한 사죄는 한 차원 높은 '석원'의 경지를 보여준다.

내가 남에게 원한을 품지 않으면 누가 나에게 원한을 품겠는가? 원한은 풀어야지 맺어서는 안 된다. 특히 큰일을 하려는 사람은 사적인 원한을 따져서는 안 된다. '석원'은 묵은 감정과 원한을 풀어 관계를 화목하게 만들고, 나아가 조직을 단결시키는 강력한 힘이다. 이 때문에 역대로 좋은 리더들은 '석원'을 대단히 중시했고, 이 덕목을 실천한 리더는 예외 없이 민심을 얻었다. 나아가 '석원'을 유능한 인재를 얻는 중요한 방법으로 확실하게 인식하고 적극적으로 실천했다. 조직의 간부나 리더가 사사로운 감정에 얽매여 이를 풀지 못하고 묵혀두다가는 조직에 큰 악영향을 미치기 때문이다.

묵은 감정이나 원한을 푸는 '석원'은 결코 쉽지 않다. 하지만 조직과 인간관계의 큰 그림을 그릴 줄 아는 리더는 '석원'이 갖는 위력을 잘 알아야 한다. 염파는 인상여를 오해하여 좋지 않은 감정을 가졌지만 인상여의 진심을 알고 난 다음 바로 사죄하여 감정을 풀었다. 이는 훗날 '장수와 재상이 화합'하는 '장상화(將相和)'가 나라에 얼마나 중요한 역할을 하게 되는지를 상징적으로 보여주는 감동적인 고사로 정착했다. 사진은 염파의 '부형청죄'를 나타낸 것이다.

| '석원'의 방법과 사례 |

'석원'은 주로 유능하고 훌륭한 인재를 추천하고 기용하는 방법으로 중시되었다. 이제 '석원'의 구체적인 방법과 역사적 사례를 함께 엮어 소개한다.

1. 유능한 사람을 추천하여 감정을 푸는 방법

유능한 사람을 추천하는 것을 '천현(薦賢)'이라 한다. 인재를 구하는 가장 오래되고 유용하고 중요한 방법이었다. 그래서 예로부터 인재를 추천한 사람에게는 큰 상을 내려 추천을 격려했다. 묵은 감정이나 원한을 푸는 '석원'을 통해 인재를 추천하는 사례들은 인재 기용에 새로운 길을 열어 유능한 인재 기용의 중요한 수단으로 자리잡게 했다.

추천은 감정 해소의 중요한 방법일 뿐만 아니라 재능 있는 인재에게 길을 열어 줄 수 있는 효과적인 방법이기도 하다. 또 덕으로 사람을 감화시킬 수 있기 때문에 상하좌우의 관계를 융합시켜 안정단결의 국면을 창조하고 유능한 인재들이 더욱 분발하는 동력으로 작용할 수 있다. 구체적인 방법과 사례들을 알아본다.

1) 자신의 사사로움을 강구하지 않는 사람을 추천하다

전국시대 조나라의 세금 담당관 조사(趙奢)는 조나라의 실세인 평원군(平原君) 집안에 세금이 잔뜩 밀렸음을 확인하고는 평원군의 가신 아홉을 국법에 따라 처형했다. 보고를 받은 평원군은 불같이 화를 내며 당장 조사를 잡아들여 죽이려 했다. 하지만 조사는 조금도 두려움 없이 평원군을 향해 나라의 귀한 신분이자 막강한 권력을 가진 집안이 국법을 어기고 세금을 내지 않으면 나라가 어찌 되겠냐며 맞섰다. 조사는 나라가 있어야 당신 같은 귀한 사람도 존재할 수 있거늘 권력을 이용하여 불법을 저지르면 백성들이 뭘 보고 배우겠냐고 조근조근 따졌다.

평원군은 조사의 충심에 감동하여 그에 대한 감정을 풀었을 뿐만 아니라 그를 왕에게 추천하여 나라 전체의 세금을 담당하는 요직에 앉히게 했다. 조사는 평원군과 나라를 위해 혼신의 힘을 다했고, 후에는 군대까지 통솔하여 주변국의 침범을 막아냈다. 평원군은 사사로움을 추구하지 않는 조사를 높이 평가했다. 잠시 조사에게 원한을 품긴 했지만 바로 감정을 풀고 그를 왕에게 추천하는 큰 리더십을 발휘했다. 이에 조사는 평원군의 기대대로 나라에 큰 공을 세우는 것으로 보답했다.

2) 자신의 원수를 추천하다

자신의 원수를 추천하는 일은 더욱 어렵다. 정말 나라를 위하는 마음, 인재를 아끼는 마음, 인재가 조직과 나라에 미치는 작용과 의미를 심각하게 고민하는 인식이 없고서는 결코 오를 수 없는 경지다. 그래서 역사에서는 원한을 따지지 않고 인재를 추천한 사례와 사람을 극구 칭찬했다.

춘추시대 진(晉)나라의 정경 범소자(范昭子)의 가신 왕생(王生)이 장유삭(張柳朔)과 원한관계에 있었다. 범소자의 봉읍인 백인(柏人)의 장관 자리가 비자 범소자는 왕생에게 의견을 구했다. 왕생은 장유삭을 추천했다. 그러자 범소자는 두 사람이 원수지간이 아니냐며 의아해했다. 이에 왕생은 "사사로운 원한이 공적인 일에 개입하게 해서는 안 되며, 싫고 좋음이 선량함이나 잘못을 없애서는 안 되겠지요."라고 답했다. 훗날 조앙(趙鞅)이 백인을 공격해오자 범소자는 위기를 느끼고 백인을 떠났다. 장유삭은 그 아들에게 "너는 주공을 따라가서 힘껏 모셔라. 나는 여기 남아서 성과 운명을 함께 하겠다. 왕생이 위기와 죽음이라는 큰일을 내게 넘겼으니 내가 어찌 그의 믿음을 저버릴 수 있겠느냐."라 했다. 장유삭은 끝내 백인성과 함께 장렬하게 전사했다.(이상 《좌전》 애공 5년)

이 비장한 사실은 왕생이 사사로운 원한을 따지지 않고 장유삭을 추천한 일이 얼마나 큰 힘을 발휘했는가를 생생하게 보여준다. 기회와 상황이 왔을 때 자신의 감정이 아닌, 상대의 능력만을 객관적으로 정확하게 판단하여 추천하는 일이 결코 쉬운 일은 아니지만 그 효력과 결과는 우리의 상상을 초월한다.

3) 자신에게 불손한 사람을 추천하다

'석원'의 효과는 두 사람 또는 몇몇 사람에게만 한정되지 않는다. 역대로 많은 리더들이 '석원'을 중시하고 강조한 것은 그것이 갖는 큰 감화력 때문이었다. 당나라 무측천(武則天) 때의 누사덕(屢師德)

이라는 재상이 있었다. 그런데 당시 나라의 핵심 인재였던 적인걸(狄仁傑)은 누사덕을 인정하지 않았다. 늘 그에게 불손하게 굴고 사사건건 그를 깔보았다. 그러나 누사덕은 당대 최고의 인재인 적인걸을 아꼈고, 무측천에게 적극 추천했다. 한번은 무측천이 적인걸에게 누사덕이 인재를 알아보는 사람이냐고 물었다. 적인걸은 "신이 한때 그와 함께 일한 적이 있는데 인재를 알아보는 실력은 본 바가 없습니다."라고 답했다. 이에 무측천은 "짐이 그대를 알게 된 것은 누사덕의 추천 때문이니 사람을 알아본다고 할 수 있지 않겠소?"라고 반문했다. 그녀의 이 말에 적인걸은 부끄러워 얼굴을 들지 못했다. 그 뒤 적인걸은 많은 인재를 추천했고, 모두가 큰 공을 세웠다.

사람들은 "천하의 인재들이 죄다 적인걸의 집 안에 있다."며 칭찬하자 적인걸은 "나라를 위해 추천했을 뿐 사사로움이 아니었습니

적인걸은 세상이 알아주는 인재였다. 이 때문에 그는 거만해졌다. 누사덕은 이런 적인걸을 나무라거나 헐뜯지 않고 감쌌다. 이 때문에 적인걸은 스스로 크게 뉘우치고 많은 인재들을 추천했다. '석원'의 감화력은 크게는 나라의 기풍에까지 영향을 준다.

다.”라고 겸손해 했다. 누사덕이 사사건건 자신에게 오만불손하게 구는 적인걸임에도 불구하고 개인적 감정을 갖지 않고 그의 능력을 높이 평가하여 추천함으로써 적인걸을 감화시킨 결과였다. ‘석원’은 이처럼 상하좌우 모두에 큰 감화력을 갖춘 인재 기용의 한 방법이다.

4) 자신의 단점을 지적하는 사람을 추천하다

송나라 때 명신인 왕단(王旦)은 구준(寇准)을 재상으로 적극 추천했다. 하지만 구준은 인종(仁宗) 황제 앞에서 여러 차례 왕단의 단점을 지적했다. 하루는 인종이 왕단에게 “그대는 내 앞에서 늘 구준이 얼마나 뛰어난지 등 그의 장점만 이야기하는데 구준은 어째서 그대의 단점과 나쁜 점만 지적하여 그대를 도발하는지 이유를 모르겠소?”라고 물었다. 그러자 왕단은 “당연한 일입니다. 신은 재상 자리에 오래 있었고, 이런저런 일에 실수가 많을 수밖에 없었습니다. 구준은 이를 감추지 않고 폐하께 아뢴 것이고, 이는 그가 얼마나 충직한 사람인가를 잘 보여주는 증거가 아닐 수 없습니다. 제가 구준을 추천한 까닭도 거기에 있습니다.”라고 대답했다. 인종은 왕단의 덕에 감복할 수밖에 없었고, 그를 더욱 믿기에 이르렀다.

자신의 단점을 지적하는 사람을 추천하는 일은 상하좌우를 단합시킬 뿐만 아니라 한마음으로 조직의 역량을 한곳으로 집중시켜 큰일을 해낼 수 있는 힘찬 추동 역할을 한다. 당연히 리더의 강력한 힘이 된다.

2. 사람을 기용함으로써 감정을 푸는 방법

사적인 감정이나 원한에도 불구하고 유능한 인재라면 사심 없이 직접 기용하는 방법을 구체적으로 살펴보면 다음과 같다.

1) 원한을 가진 사람과 가까운 사람을 기용

연좌제(連坐制)가 하나의 관념으로까지 굳어진 동양 사회에서 은원(恩怨)은 이런 연좌 관념을 심화시키는 심각한 매개체였다. 이 때문에 동양 사회의 발전이 크게 저해된 것도 사실이다. 따라서 '석원'은 이런 동양 사회의 고질적 병폐를 해소하는 중요한 방법으로 자리 잡았다. 원한관계에 있는 당사자를 기용하는 것은 물론, 그와 가까운 사람을 기용함으로써 묵은 감정과 원한을 해소하는 것이다.

원한관계 당사자를 직접 기용하는 '석원'은 가장 직접적이고 효과적인 방법이지만 매우 어렵다. 따라서 간접적으로 원한을 진 사람과 가까운 사람을 기용하여 감정을 푸는 방법이 더 빠르고 유용할 때가 있다.

춘추시대 진(晉)나라 기(冀) 지역의 대부 극예(郤芮)는 어떤 사건에 연루되어 처형되고 그 가족은 서인으로 강등되었다. 그 뒤 정경 구계(臼季)가 기 땅을 지나가다가 극예의 후손을 보게 되었다. 풀을 뽑고 있는 극예의 아들 기결(冀缺)은 그 행동거지가 매우 단정했고, 새참을 내온 그의 부인도 남편을 극진히 받들고 있었다. 조정으로 돌아온 구계는 문공(文公)에게 기결을 추천했다. 문공은 구계의 말을 존중하면서도 기결을 기용하려 하지 않았다. 그 아버지가 죄인이었다는 이유 때문이었다. 이에 구계는 "순 임금은 치수 사업에 실패한 곤(鯀)을 죽였지만 그 아들 우를 기용했습니다. 아비의 잘못을 자식과 형제에게까지 미루어서는 안 됩니다."라며 연좌를 강력하게 반대했다. 그러면서 여러 가지 역사적 실례를 들어가며 군주의 성공 여부가 '석원'에 있음을 분명히 밝혔다. 문공은 기결을 하군대부에 임명하는 것으로 구계의 충언을 수용했다. 기결은 남다른 무공으로 전쟁에서 큰 공을 세워 조정 대사에 참여하는 공경에까지 올랐다.

원한을 가진 사람과 가까운 인재를 적극 기용하여 성공한 리더로는 단연 조조(曹操)와 당 태종을 꼽을 수 있다. 조조는 적장의 인재들에 눈길을 돌려 갖은 방법으로 그들을 끌어들였고, 당 태종은 형님 이건성(李建成) 밑에 있던 많은 인재들을 포섭하여 당 왕조의 기틀을 닦았다. 조조와 당 태종은 원한과 감정은 묵혀두면 저주로 심화되고, 저주는 주위 여론을 악화시켜 심하면 권력기반까지 흔들 수 있다는 이치를 몸으로 깨우친 리더들이었다.

'석원'은 갈등을 해소하고 민심을 안정시키는데 큰 역할을 할 수 있는 방법이다. 조직이나 나라의 '소치(小治)'와 '대치(大治)'의 갈림길이 '석원'의 실천 여부에 있다고 해도 과언이 아니다.

2) 원수나 적이라 해서 기피하지 않는다

역사에서는 의식 있는 리더라면, 자신이 원하는 정말 필요한 인재라면 원수라 해서 기피하지 않고 '석원'을 통해 기꺼이 중용했다.

자신을 활로 쏘아 죽이려 했던 관중(管仲)을 재상으로 기용한 제나라 환공(桓公)의 일화는 2,700년 동안 두고두고 칭송의 대상이 되고 있다.

천신만고 끝에 항우를 물리치고 천하를 재통일한 유방은 항우의 장수로 여러 차례 자신을 곤경에 빠뜨렸던 계포(季布)에 대한 수배령을 내렸다. 유방의 원한이 얼마나 사무쳤는지는 계포를 잡기 위해 1천금을 현상금으로 내걸고, 행여 계포를 숨겨주는 자는 3족을 멸하겠다는 엄명을 내린 것만 보아도 잘 알 수 있다. 결국 계포는 붙잡혀 유방 앞으로 끌려왔다. 당장이라도 목을 자르라는 명령을 내릴 것 같던 유방은 이 순간 계포의 늠름한 기상과 당당한 대응에 마음을 바꾸었다. 물론 이런 유방의 결정에는 공신들을 비롯한 좌우의 권유도 있었다. 유방은 계포를 낭중에 임명하는 파격적인 조치를 취했다. 계포는 크게 감동했다. 그 뒤 계포는 여 태후 때 흉노의 침공을 놓고 벌어진 대논쟁에서 논리정연하게 강경대응의 무리함을 역설했고, 이로써 한나라 정권 초기의 위기를 무사히 넘길 수 있었다. 유방이 '석원'이라는 통 큰 리더십을 발휘함으로써 나라의 위기를 넘기는데 큰 역할을 해내는 인재를 얻었다.

'석원'을 통해 인재를 얻은 사례는 이밖에도 많다. 조조는 자신이 기용한 장수 서흡(徐翕)과 모휘(毛暉)가 모반했음에도 이를 용서하고 다시 중용했다. 손책(孫策)은 과거 자신을 기습하여 말안장을 베는 등 사지로 몰았던 원수 조랑(祖郞)을 사로잡았지만 그의 손을 잡으며 자신을 도와달라고 요청했다. 당 태종 이세민은 수 양제 밑에서 벼슬을 하며 아버지 이연(李淵)을 괴롭혔던 이정(李靖)이 이연에게 잡히자 적극 구원에 나서 그를 석방시키고 중용했다.

원한을 풀고 원수를 전격 기용하는 '석원'은 그 자체로 대단히 극적인 리더십이고, 그 효과 또한 상상을 뛰어넘는다. 하지만 그만큼 힘든 결단이다. 리더의 식견과 넓은 아량이 조화를 이룰 때 가능한 고도의 리더십이라 할 것이다. 그런 만큼 그 위력 또한 대단하다.

3) 자신을 욕한 사람이라 해서 기피하지 않는다

자신을 욕한 사람을 흔쾌히 용서하고 기용한 대표적인 사례로는 《삼국지》의 조조와 진림(陳琳)의 경우를 들 수 있다. 진림은 관도(官渡) 전투에 앞서 조조를 토벌하자는 격문에서 조조는 물론 조조의 아버지와 3대조까지 끌어다 욕을 했다. 조조는 관도 전투에서 원소(袁紹)를 물리치고 승리하는 한편 진림을 포로로 잡았다. 모두들 진림이 능지처참을 당할 것으로 예상했다. 하지만 조조는 깍듯한 예의로 진림을 대하면서 나만 욕하면 됐지 조상까지 언급할 것까지 있었냐며 껄껄 웃고 넘어갔다. 나아가 조조는 진림을 기록을 담당하는 자리에 앉혔다. 훗날 조조의 조서는 대부분 진림의 손을 거쳐 나왔다.

춘추시대 제나라 환공은 자신을 활로 쏘아 죽이려 한 관중을 용서하고 재상에 기용한 '석원'의 훌륭한 사례를 남겼는데, 환공은 이뿐만 아니라 자신을 비난한 사람도 흔쾌히 중용했다. 위(衛)나라 출신 영척(寧戚)은 세상을 구하겠다는 큰 뜻을 품은 인재였다. 하지만 시기를 만나지 못해 울적한 나날을 보냈다. 그러다 제나라 환공이 인재를 아낀다기에 산에서 소를 키우면서 기회를 엿보고 있었다.

환공이 어느 날 군사를 이끌고 영척이 있는 산을 지나가게 되었다. 영척은 소뿔을 두드리며 세상을 조롱하는 노래를 불러댔다. 환공은 사람을 시켜 영척을 데려오게 했다. 영척은 환공에게 인사도 하지 않은 채 안하무인으로 노래를 불렀다. 환공은 "지금 천하는 위로 천자가 건재하고 또 과인이 제후들을 복속시킴으로써 백성들은 즐겁게 생업에 종사하는 등 요·순시대보다 더 좋은 나날을 보내고 있는데 당신은 어째서 '요·순을 만나지 못했다'느니 '밤은 기니 아침이 오지 않는다'느니 하는 노래를 부르는가?"라고 물었다. 이에 영척은 "내가 비록 촌놈에 지나지 않아 선생의 정치가 어떤지 보지는 못했지만, (중략) 공이 한 번 회맹하니 송나라가 배신하고, 또 한 번 회맹하니 노나라가 배반하여 군대를 일으키지 않는 날이 없어 백성은 힘들고 재물은 바닥이 나고 있거늘 백성이 즐거이 생업에 종사하고 있다는 것이 무슨 말입니까?"라고 반박했다.

영척의 꼬장꼬장한 반박에 환공은 화가 머리끝까지 뻗쳐 당장 영척의 목을 베라고 명령했다. 하지만 영척은 얼굴색 하나 변하지 않으면서 "걸(桀)이 관용봉(關龍逄)을 죽이고, 주(紂)가 비간(比干)의 심장을 도려내더니 이제 영척이 세 번째가 되겠구나!"라며 탄식했다. 이 말에 정신이 번쩍 든 환공은 서둘러 영척을 묶은 오랏줄을 풀게 하고는 예를 갖추어 그를 대했다. 그제야 영척은 관중이 써준 추천서를 내밀었다. 환공은 왜 진작 추천서를 보여주지 않았냐며 의아해했다. 영척은 "신이 듣기에 현명한 군주는 좋은 인재를 골라 자신을 보좌하게 하고, 현명한 신하는 군주를 골라 돕는다고 했습니다. 군주가 정직함을 싫어하고 아첨을 좋아하여 분노를 신하에게 푼다면 신은 죽을지언정 관중의 추천서를 내놓지 않았을 것입니다."라고 답했다. 환공은 바로 태도를 바꾸어 영척의 비난을 용서했다. 이는 환공의 남다른 담력과 인재를 목숨처럼 아끼는 마음이 없었으면 결코 불가능했을 것이다.

4) 자신에게 반대한 사람이라 해서 꺼리지 않는다

항우와 유방의 초한쟁패가 팽팽하게 맞서 있을 때 명장 한신(韓信)은 말 그대로 캐스팅보트를 쥘 수 있는 위치에까지 올랐다. 한신이 누구 편에 서느냐에 따라 천하 패권의 행방이 결정될 수도 있는 중요한 시기였다. 이때 항우는 사람을 보내 한신에게 '천하삼분(天下三分)'을 제안했다. 한신의 모사(謀士) 괴통(蒯通)은 역사상 '공로가 주인을 떨게 할(공고진주功高震主)' 정도로 큰 공을 세운 공신의 최후치고 순탄한 경우는 없었다면서 천하삼분을 적극 지지하고 나섰다. 한신은 마음이 흔들렸지만 망설이다 끝내 유방으로부터 등을 돌리지 못했다.

항우를 물리치고 천하를 재통일한 유방은 한신에게 천하삼분을 권한 괴통에 대한 체포령을 내렸고, 괴통은 바로 잡혀 유방 앞으로 끌려왔다. 유방은 어째서 한신에게 나를 배신하라고 부추겼냐고 따졌다. 괴통은 당시엔 모두 천하 패권을 놓고 다투는 때였으니 자신이 모시는 주군이 천하의 패주가 되길 바라는 것은 당연하지 않겠냐고 주장했다. 그러면서 그때 한신이 내 말을 듣지 않았기 때문에 3족이 멸하는 비참한 최후를 맞이한 것이라고 당당히 맞섰다. 성이 난 유방은 괴통을 가마솥에 처넣어 삶아 죽이라고 명령했다. 이에 괴통은 "원통하게 삶겨 죽임을 당하는구나!"라며 혀를 찼다. 이에 유방은 "한신에게 나를 배반하라고 부추겨놓고 뭐가 원통하다는 것이냐?"며 괴통에게 호통을 쳤다. 그러자 괴통은 "천하의 영웅호걸들이 죄다 일어나 패권을 다툴 때 모사들은 각자 자신이 원하는 주군을 택해 그를 모시거늘, 당신 논리대로라면 천하의 모사들을 다 죽여야 할 판 아니오?"라고 대들었다. 그 순간 유방의 마음이 움직였고, 괴통의 논리를 수긍했다. 유방은 바로 괴통을 풀어주는 한편 조참의 참모가 되게 했다.

5) 자신을 해치려고 한 사람조차 기용하다

춘추시대 진(晉)나라의 공자 중이(重耳)는 장장 19년을 외국에서 망명 생활 끝에 최고 리더 자리에 오른 입지전적 인물이다. 그때 그의 나이 무려 62세였다. 이 사람이 바로 진 문공(文公)이다. 중이가 즉위하자 그 전 국군 혜공(惠公)과 전전 국군 회공(懷公)을 지지했던 잔여세력은 당연히 위기를 느꼈다. 자신들에게 보복을 할 것이라고 우려했던 것이다. 그들의 우려는 곧 중이의 궁전에 불을 질러 불태워 죽여 버리자는 음모로 이어졌다. 이때 중이를 두 차례나 죽이려고 했던 사인(寺人) 피(披)가 이 음모에 대한 정보를 주워들었다. 그는 이 급박한 정보를 중이에게 보고하기 위해 접견을 요청했다. 그러나 중이는 그의 요청을 일언지하에 거절했다. 대신 자신을 두 번이나 죽이려 한 사실에 대해 강하게 질책했다. 사인 피는 그에 굴하지 않고 어쩔 수 없었던 자신의 입장을 피력했다.

"저는 과거에 당시 국왕의 명령을 받들어 대왕을 해치려 했습니다. 정말 어쩔 수 없었습니다. 지금 대왕께서는 과거의 원한 때문에 저를 만나지 않으려고 하십니다. 그건 괜찮습니다. 그러나 저는 이로 인해 다시 재난이 몰려오지 않을까 두렵습니다. 만약 그렇게 되면 저처럼 대왕에게 일찍이 죄를 지은 사람들은 대왕을 위해 충성을 다하려고 하지 않을 것입니다."

중이는 사인 피의 이 말에 태도를 바꿔 그를 만났고 모반 음모가 있음을 알았다. 그는 신속하게 도성인 강(絳)을 떠나 비밀리에 진(秦)나라에 구원병을 요청했다. 진나라의 목공(穆公)은 중이의 기대를 저버리지 않았다. 궁전을 불태운 후 중이를 찾지 못하자 바로 군대를 이끌고 추격을 해온 쿠데타 세력들을 황하의 기슭으로 유인해 전부 섬멸해버렸다.

중이는 반란을 평정한 다음 즉각 민심을 안정시키는 조치를 취했다. 그런데 그가 쿠데타 주동세력이 이미 섬멸된 만큼 나머지 추종세력에 대해서는 죄를 불문에 붙인다고 선포했음에도 혜공과 회공을 지지했던 대신들은 그의 말을 믿지 않았다. 민심은 여전히 불안할 수밖에 없었다. 그가 이 일로 노심초사 걱정을 하고 있을 때였다. 수년 전 그의 행장을 가지고 도주를 했던 집사 두수(頭須)가 갑자기 나타나 배알을 요청했다. 중이는 두수를 만나기는 했으나 성질을 이기지 못하고 마구 욕을 퍼부었다. 그의 배신으로 인해 사방으로 돌아다니면서 구걸을 하던 옛날이 생각이 난 것이다. 이때 두수는 전혀 예상 외로 정색을 하면서 말했다.

"저는 지금 대왕을 반드시 만나야 할 때라서 왔습니다. 지금 사방에서 유언비어가 난무하고 있습니다. 대왕께서 대왕에게 죄를 지은 사람들을 용서해줄 것이라고 말했으나 그걸 믿는 사람은 아무도 없습니다. 만약 대왕께서 저에게 어가를 몰게 하신다면 저는 직접 시내에 나가 어가 위에 앉아 몇 바퀴를 돌겠습니다. 사람들은 저같이 대왕을 배신한 사람도 용서를 받는다는 사실을 알 것입니다. 그러면 자신이 용서받지 못할 것이라고 걱정할 사람은 아마 없어질 것입니다."

중이는 두수의 말이 그럴 듯하다고 생각하여 즉각 그의 말대로 했다. 과연 유언비어는 언제 그랬냐는 듯 바로 꼬리를 감췄다. 민심은 곧 안정됐다. 문공은 과거 자신을 해치려 한 사인 피와 자신을 섭섭하게 대했던 두수에 대한 묵은 감정을 풀고 그들의 의견을 받아들임으로써 정국 초기의 혼란상을 잠재울 수 있었다. 진나라는 이후 문공의 뛰어난 지도력을 바탕으로 대단히 빠른 속도로 제

진 문공 중이는 장장 19년 동안 망명 생활을 한 이력의 소유자다. 여덟 개 나라를 전전했다. 이 과정에서 그는 인재의 중요성을 절실하게 깨달았고, 최고 통치자가 되어서도 이 문제에 각별한 주의를 기울였다. 사진은 패주의 당당한 풍모를 지닌 문공을 나타낸 조각상이다.

후국 중에서도 내로라하는 강국이 되었고, 문공은 패주까지 오를 수 있었다.

6) 자신에게 (개인적) 정을 주지 않았다 해서 내치지 않는다

보통 사람들은 자신에게 잘 대해주는 사람을 좋아한다. 심지어 자신이 잘못했는데도 이를 옹호해주면 그 사람이 좋다며 칭찬한다. 사적인 감정이 상호작용하기 때문이다. 하지만 어느 경우든 사적인 감정을 앞세우지 않는 사람들 중에 충직한 사람이 많다는 사실을 인식해야 한다. 사심이라는 인성의 약점을 극복한 사람이야말로 일을 제대로 해낼 수 있기 때문이다.

삼국시대 오나라의 실권자 손책은 여범(呂範)에게 재정을 맡겼다. 여범은 사적인 감정에 전혀 매이지 않고 법과 규정에 따라 자

신의 책임을 다했다. 손책의 동생 손권은 아직 어린 나이라 늘 사사로이 여범에게 돈을 빌려다 썼다. 여범은 그가 손책의 동생이라 해서 특별히 봐주지 않고 반드시 손책의 지시를 받은 다음 돈을 내주었다. 손권은 형님 손책에게 말하지 않고 돈을 내주길 바랐지만 여범은 시종 원칙을 견지했다. 이 때문에 손권은 손책에게 여러 차례 질책을 받았다. 젊은 손권은 여범에게 불만을 품었고, 심지어 자신이 실권자가 되면 절대 용서치 않으리라 마음을 먹었다. 그러나 손권은 권력자가 된 뒤 여범에 대한 묵은 원한을 풀고 그를 더욱 중용했다. 신료들에게 여범을 배우라고까지 말했다. 물론 여범은 손책 때처럼 충성을 다해 손권을 도왔다.

7) 자신에게 무례하게 굴었다고 무시하지 않는다

'무례'는 모호한 개념이다. 체면을 극히 중시했던 동양 사회에서는 이 무례에 대한 반작용이 왕왕 극단적 결과를 초래하곤 했다. 심하면 자기 체면을 무시한 사람을 죽이기까지 한 사례가 적지 않았다. 이 때문에 자신의 뜻에 맞지 않았던 못난 리더에게 무례했던 인재들이 많은 핍박을 당하지 않으면 안 되었다. 하지만 이와는 반대로 자신에게 무례한 인재를 용납하고 기용하여 큰일을 해낸 리더도 많았다.

전국시대에 권문세족들 사이에 유행병처럼 번진 일종의 사회 현상들 중 양사(養士) 풍습이란 것이 있었다. 자신의 집에서 식객들을 받아들여 인재로 양성하는 것이었다. 약간의 재능이나 장기가 있는 사람들은 경쟁적으로 이들의 문하로 들어가 밥을 먹는 식객이 되고는 했다. 이런 식객들을 거둬들인 이들은 당연히 이를 자신의 이름과 지위를 높이거나 세력을 공고히 하는데 이용했다. 식객들이 공짜 밥을 먹지 않았다는 얘기다. 실제로 당시의 식객들은 자신이 신세지고 있는 권문세족들이 위급한 순간이 되면 적극적으로 나서서 적지 않은 도움을 주었다.

식객을 받아들인 권문세족 중에 가장 유명한 이들은 이른바 '전국 4공자'였던 제(齊)나라의 맹상군(孟嘗君), 위(魏)나라의 신릉군(信陵君), 초(楚)나라의 춘신군(春申君), 조(趙)나라의 평원군(平原君)이었다. 그들이 받아들인 식객이 많을 때 각자 3,000명에 이를 정도였다. 맹상군의 식객들은 맹상군이 제나라의 재상이 되자 더 늘어나 급기야 오는 대로 다 받아들이기 어려울 지경에 이르렀다. 그래서 할 수 없이 식객들을 3등급으로 나누게 됐다. 등급을 나누는 기준은 간단했다. 우선 1등급은 밥 먹을 때 고기반찬을 먹고 외출할 때 마차를 쓰는 식객이었다. 2등급 역시 밥을 먹을 때 고기반찬은 제공을 받으나 외출할 때 마차 사용은 할 수 없었다. 3등급은 조금 차이가 났다. 그저 별 볼 일 없는 수준의 식사를 제공받기만 했을 뿐이다.

바로 이 3등급의 식객 중에 풍훤(馮諼)이라는 사람이 있었다. 그는 식객으로 온 지 며칠이 되지 않았음에도 칼집을 두들기면서 "내 칼이여, 돌아가야 하겠구나. 우리는 고기반찬도 먹지 못하는데 여기에 있어 뭐하겠는가!"라고 노래를 불렀다. 맹상군은 그 말을 듣고 그의 식객 등급을 2등급으로 올려줬다. 그는 또 얼마 지나지 않아 장검을 두드리면서 "칼이여, 우리 돌아가자꾸나. 외출할 때 마차도 없으니!"라고 노래를 불렀다. 맹상군은 그 사실을 알고 다시 그의 등급을 1등급으로 올려줬다. 이제는 풍훤이 더 이상 노래를 부르지 않을 것이라고 생각했다. 그러나 며칠이 지나지 않아 살림을 총괄하는 집사가 황급히 달려와 그에게 보고를 했다.

"풍훤이 다시 노래를 불렀습니다. 집에 노모가 있는데도 부양을 하지 못한다는 내용입니다."

맹상군은 즉각 사람을 보내 그의 노모가 여생을 잘 보내도록 조치를 취했다. 이후 풍훤은 칼을 두들기면서 노래를 부르는 행동을 하지 않았다.

어느 날 맹상군에게 설(薛) 지방에 가서 빚을 수금할 사람을 찾을 일이 생겼다. 그는 즉각 풍훤을 생각해 내고 풍훤에게 이 일을 맡겼다. 풍훤은 다소 무례하게 "빚을 받아 돌아올 때 뭘 사 와야 합니까?"라고 물었다. 기분이 상한 맹상군은 "선생이 우리 집에 없는 것이 있다고 생각이 되는 것을 사 오시오!"라며 버럭 고함을 질렀다.

당시 맹상군의 3,000명 식객의 생활은 사실 설 지방에서 보내오는 고리의 이자로 충당하고 있었다고 해도 과언이 아니었다. 당연히 백성들의 부담은 대단히 과중했다. 풍훤이 현지에 도착하자 빚을 진 백성들은 하나같이 그와 마주치려 하지 않았다. 그는 순간

꾀를 생각해냈다. 술과 고기를 사서 빚을 진 백성들을 초대하는 잔치를 마련하는 것이었다. 빚을 진 백성들이 모이자 그는 자세하게 상황을 파악한 다음 채무자들을 빚을 갚을 수 있는 부류와 그럴 수 없는 부류로 나눴다. 그리고는 그들에게 말했다.

"맹상군께서는 백성들을 자식처럼 생각합니다. 어떻게 여러분들을 상대로 고리대금업을 하겠습니까? 나를 이곳에 보낸 것은 여러분들을 돕기 위해서입니다. 능력이 있는 사람은 빚을 갚으십시오. 그러나 천천히 갚으세요. 능력이 없는 사람은 갚을 필요가 없습니다. 그 사람들의 채권은 지금 모두 불살라 버리겠습니다. 영원히 갚을 필요가 없습니다."

말을 마친 풍훤은 진짜로 채권을 불살라버렸다. 설 지방의 백성들은 감동해 눈물을 흘리지 않을 수 없었다. 나중에는 너나없이 맹상군을 적극적으로 추대해야겠다는 생각을 갖기에 이르렀다.

빈손으로 돌아온 풍훤에게 맹상군은 비꼬듯 "선생은 나를 위해 뭘 사 오셨소?"라고 물었다. 풍훤은 당황하는 기색 없이 "승상께서는 저에게 이 집에 없는 물건을 사 오라고 하셨잖습니까. 그런데 이 집에는 없는 물건이 거의 없더군요. 오로지 '의(義)'라는 것 말고는 다 있더군요. 그래서 저는 승상을 대신해 '의'를 사 왔습니다."라고 답했다. 그리고는 풍훤은 자신이 행한 의로운 일에 대해 설명을 했다.

"빚을 갚을 수 있는 백성들은 당연히 갚을 것입니다. 반면 빚을 갚을 수 없는 백성들은 아무리 죽일 듯 쥐어짜봐야 갚을 수가 없습니다. 그저 그들을 도망가게 할 뿐입니다. 그런데 그렇게 할 필요가 있겠습니까?"

맹상군은 불쾌한 표정을 지을 뿐 다른 말은 하지 않았다. 맹상군의 명성은 갈수록 커졌다. 제나라의 라이벌이던 위(魏)나라의 혜왕(惠王)은 전혀 예상치 못한 이런 사태에 기분이 상할 대로 상했다. 나중에는 몰래 사람을 풀어 유언비어를 퍼뜨리는 고육책까지 쓰지 않으면 안 됐다.

"세상 사람들은 오로지 맹상군만 알 뿐 제나라에 왕이 있다는 사실은 전혀 모른다. 맹상군은 조만간 왕이 될 것이다."

혜왕은 이 정도에서 그치지 않았다. 초나라 회왕이 마침 세상을 떠난 틈을 이용해 바로 초나라와 결탁하는 순발력을 보였다. 그리고는 맹상군이 즉위를 할 경우 우선 초나라를 공격할 것이라는 유언비어를 퍼뜨렸다. 초나라 역시 맹상군에 대한 감정이 좋을 까닭이 없었다. 그에 대한 좋지 않은 말이 도처에 퍼졌다. 아둔한 제나라 민왕(湣王)은 유언비어를 듣자 바로 의심이 생겨 맹상군의 승상자리를 박탈해버렸다.

맹상군이 득세했을 때 그의 집은 그야말로 문전성시를 이뤘다.

그러나 권력에서 멀어지자 참새들만이 문 앞에서 노닐 뿐이었다. 그럼에도 풍훤은 맹상군의 곁을 한시도 떠나지 않았다. 어느 날 그는 맹상군과 함께 설 지방을 방문했다. 백성들은 맹상군이 왔다는 소식을 듣자 난리가 났다. 먹을 것과 술, 안주 등을 싸든 채 거리로 몰려나와 환영했다. 맹상군은 감동을 주체하지 못하고 풍훤에게 말했다.

"이것이 선생이 사 왔다고 한 의리가 아니오! 나는 내 몸을 의탁할 곳이 있다는 생각이 드는구려!"

풍훤이 대답했다.

"이건 아무것도 아닙니다. 좋은 속담도 있지 않습니까. '교활한 토끼의 세 굴'이 바로 그것이 아니겠습니까. 승상께서 비록 몸을 편안하게 의탁할 곳이 생겼으나 충분하지 않습니다. 저에게 마차 한 대를 주십시오. 제가 위나라에 한 번 갔다 오겠습니다. 혜왕에게 승상을 중용하라고 부탁을 하겠습니다. 그때가 되면 승상의 봉지인 이곳 설과 제나라의 도성인 임치(臨淄), 위나라의 도성 대량(大梁)은 모두 승상이 몸을 편안하게 의탁할 곳이 되리라고 생각합니다."

풍훤은 대량에 도착하는 즉시 위나라 혜왕에게 말했다.

"지금 천하의 재능 있는 사람들은 제나라에 몸을 의탁하지 않고 위나라에 몸을 의탁합니다. 인재가 많은 나라가 강력해지는 것은 만고불변의 진리입니다. 따라서 천하를 얻는 나라는 제나라가 아니라 위나라가 될 것입니다. 제나라가 오늘날 이렇게 된 것은 솔직히 맹상군이 기른 인재들 때문에 그런 것이 아니겠습니까? 그런데도 지금 제나라 민왕은 유언비어만 믿고 어질고 능력 있는 그를 마구 질투하고 있습니다. 도량이 정말 좁기 이를 데 없습니다. 급기야는 그의 승상 자리까지 박탈했습니다. 만약 그가 제나라 민왕을 원망하고 있을 이럴 때 대왕께서 그를 불러 잘 대우를 한다면 그는 위나라를 위해 진력을 다할 것입니다. 제나라가 나중에 위나라에 귀부하지 않을 것이라고 걱정할 필요가 있겠습니까? 그러나 만약 지금 결정을 내리지 못하고 제나라 왕이 자신의 조치를 후회하면 곤란해집니다. 그가 맹상군을 다시 기용할 경우 대왕께서는 후회해도 늦습니다."

혜왕은 마침 안 그래도 천하의 인재들을 찾고 있는 중이었다. 풍훤의 말을 듣는 즉시 맹상군을 부르고 싶다는 의사를 피력했다. 이때 위나라의 조정에는 맹상군의 등용을 반대할 만한 안목을 가진 신하들이 단 한 명도 없었다. 혜왕은 사신을 보내 맹상군을 불러오도록 명령을 내릴 수 있었다. 그는 맹상군에게 줄 10량의 마차와 황금 100근도 따로 준비하도록 했다. 맹상군을 맞을 의식을 완전히 갖춘 셈이었다.

풍훤은 자신의 계책이 완전히 주효한 것을 확인하고는 바로 제나라로 돌아갔다. 그는 그러나 맹상군에게 보고를 할 생각도 하지 않은 채 민왕을 만나러 그대로 임치로 달려갔다. 그가 민왕에게 말했다.

"인재는 천하의 패권을 차지하기 위해 노력하는 제나라와 위나라가 가장 신경을 기울여야 하는 결정적인 요인입니다. 먼저 인재를 차지하는 나라가 천하의 패권을 차지할 수 있습니다. 저는 임치로 오다 길에서 위나라 혜왕이 비밀리에 마차 10량과 황금 100근을 보내 맹상군을 승상으로 맞이하려 한다는 얘기를 들었습니다. 만약 진짜 이렇게 되면 제나라는 어찌 위험해지지 않겠습니까?"

민왕은 풍훤의 말에 초조해지지 않을 수 없었다. 황급히 풍훤에게 어떻게 하면 좋겠는지를 물었다. 풍훤은 기다렸다는 듯 대답했다.

"대왕께서 맹상군의 승상 지위를 회복시켜주고 땅과 금은보화를 상으로 주면 됩니다. 그러면 맹상군은 감격할 것입니다. 절대로 위나라로 가겠다는 생각을 하지 않을 것입니다. 설사 위나라가 그를 승상으로 맞이하려고 해도 빼앗기지 않을 수 있습니다. 저는 대왕께서 지금 망설이다 일이 잘못 되지 않을까 걱정입니다."

민왕은 풍훤의 말이 그럴 듯했으나 완전히 믿기엔 뭔가 미심쩍은 구석이 있었다. 사신을 보내 상황을 알아보도록 한 것은 바로 그래서였다. 이때 마침 묘하게도 위나라의 마차는 맹상군을 맞으러 길을 나서고 있었다. 민왕이 파견한 사신은 바로 임치로 달려와 사정을 전했다. 모든 것이 사실임을 확인한 민왕은 즉각 맹상군의 지위를 회복시키라는 명령을 내렸다. 이어 1,000호의 땅도 상으로 하사해 도성인 임치에 살도록 부르겠다는 결정도 내렸다. 이때 위나라의 마차는 설 지방에 도착하려 하고 있었다. 공교롭게도 민왕의 명령 역시 막 도달한 시점이었다. 위나라의 입장에서는 자신들이 한 걸음 늦었다고 자책하는 외에는 달리 방법이 없었다! 이렇게 해서 맹상군의 정치적인 '세 굴'은 완성될 수 있었다. 그는 이후 베개를 높이 한 채 편안한 일생을 누릴 수 있었다.

동양 사람들은 사소한 일에 감정을 상하는 경우가 많다. 남에게 보여주기 위한 체면 문화 때문이다. 맹상군이 뛰어난 리더로 평가 받는 이유는 이런 체면에 얽매이지 않고 인재를 우대했기 때문이다. 풍훤은 맹상군이 실각했을 때도 맹상군 곁을 끝까지 지키며 보답했다. 사진은 맹상군 무덤 입구에 조성되어 있는 맹상군 일대기의 기록화 중 맹상군이 인재를 우대하는 양사(養士)의 모습이다.

맹상군은 자신에게 여러 차례 무례한 언행을 한 풍훤을 포용했고, 풍훤은 결정적인 순간에 맹상군에게 크게 보답했다. 《전국책》은 이를 두고 "맹상군이 수십 년 재상을 지내는 동안 작은 화조차 입지 않았던 것은 풍훤의 계책 때문이었다."라고 촌평했다.

| '석원'이 주는 교훈과 힘 |

완벽한 리더는 없지만 완벽에 가까운 리더가 될 수는 있다. 리더는 창조되는 존재다. 자신과 주변의 노력과 관심이 따른다면 더욱 바람직한 리더로 창조될 수 있다. 묵은 감정 풀기, 개인감정 해소라는 의미를 함축하고 있는 '석원'의 실천에는 합리적이고 이성적인 판단력이 요구되지만 뜨거운 가슴을 절대 포기해서는 안 된다는 또 다른 명제도 포함되어 있다. 강렬한 애정과 신뢰가 밑받침되지 않으면 냉혈한이 될 수밖에 없기 때문이다.

'석원'에도 엄격한 공사구분이 필요하다. 해묵은 감정이 풀리거나 화해하고 나면 더 가까워진다. 이것이 인간관계의 오묘함인데, 이때 개인감정이 개입되기 쉽기 때문이다. 어렵게 '석원'을 실천하고도 공사 구분을 소홀히 함으로써 일을 그르칠 수 있다. 요리사는 자신이 만든 음식을 먹지 않음으로써 요리사가 될 수 있는 것이다.

지금까지 소개한 사례들에서 보다시피 석원의 효과와 위력은 매우 극적이다. 그 과정에 있어서 인간의 감정이 강하게 개입되어 있기 때문이다. 묵은 감정이 풀리면 관계는 더욱 친밀해진다. 따라서 묵은 감정의 농도가 진하고 강할수록 '석원'의 효과는 한결 커진다.

원한은 대개 패권 다툼이나 창업 단계에서 많이 발생한다. 무한 투쟁이나 극한 경쟁에서는 서로 인재를 필요로 하고, 이에 따라 인재 쟁탈전도 치열해질 수밖에 없다. 인재들은 각자 자신이 모시는 주군에 충성을 다하게 되고, 그 역할 여부와 작용 여하에 따라 승부가 갈린다. 승리한 쪽은 이 과정에서 자신을 힘들게 하거나 괴롭혔던 사람에게 좋지 않은 감정을 가지게 되고, 이것이 원한으로 발전하는 경우가 많다.

하지만 현명한 리더는 원수조차 활용한다. 경쟁 과정에서 발생한 묵은 감정을 해소하고, 나아가 자신에 반대하거나 적대했던 인물들을 과감하게 내 편으로 끌어들이는 놀라운 용인술을 실천해 보인다. 창업에서 수성 단계로 가는 과정에서 이 같은 '석원'을 통한 용인술(用人術)의 힘은 대단히 의미심장하다. 한 조직이나 정권의 수명까지 좌우하기 때문이다. 이를 실천한 개국 군주나 창업주들이 역사에 깊이 이름을 남긴 것도 이 때문이다. 이제 앞의 사례들을 분석해서 '석원'이 우리에게 어떤 교훈을 주는지 정리해본다.

1. 적을 나의 팔다리로 만들 수 있다

제나라 환공과 관중이 그랬고, 당 태종과 위징이 그랬다. 이 문제는 더 이상의 말이 필요 없을 것이다.

인간에게는 감정이란 것이 있다. 선악이 무엇인지 알고, 좋고 나쁜 것을 가릴 줄 안다. 누군가와 원한이 져서 그 사람에게 보복할 기회와 힘이 있다면 대개는 서슴없이 복수의 칼을 휘두를 것이다. 하지만 그렇게 하지 않고 그 사람의 능력을 아끼고 인정하여 과거의 묵은 감정을 털어내고 그를 중용한다면 그 사람은 분명 당신을 부모형제만큼, 아니 그보다 더 소중하게 여기며 몸과 마음을 다할 것이다. 물론 그 반대의 경우도 마찬가지이다. 이것이 바로 '석원'을 통해 원수를 나의 팔다리로 만드는 기초가 된다.

2. 유능한 인재를 얻는 길을 크게 열 수 있다

인간의 감정이 복잡하고 복합적인 만큼 인간관계도 그렇다. 나를 모르면, 또 나와 경쟁관계에 있다면 인재들은 나를 무시하거나, 무례하게 대하거나, 욕하거나, 반대하거나 심지어 죽이려고까지 한다. '석원'은 이런 복잡하고 복합적인 관계를 화해시키는 작용을 할 뿐만 아니라 이를 통해 좋은 인재들을 얻을 수 있게 한다. 이로써 인재의 길이 활짝 열린다. 이런 방법을 도외시한다면 뛰어난 인재들은 배척당하고 세상은 삭막해진다. 누구든 이 '석원'의 방법을 실천한다면 많은 인재를 얻고 하는 일을 크게 성공시킬 것이다. '석원'으로 인재를 얻은 리더치고 실패한 경우가 거의 없다는 사실이 이를 여실히 입증하고 남는다.

3. 대단히 강력한 감화력을 가질 수 있다

괜히 싫은 사람이 있다. 다른 사람은 몰라도 그 사람만큼은 싫고,

그 사람에게는 굽히기 싫은 경우가 있다. 사람이 감정의 동물이기에 그렇다. 그런 만큼 '석원'의 작용도 크다. 삼국시대 촉(蜀) 지역의 유력자 유파(劉巴)는 한사코 유비(劉備)를 거부했다. 유비는 그를 중시했지만 유파는 유비를 반대하고 유비를 깎아내렸다. 그럴수록 유비는 더 정성을 들였고, 성도(成都)를 공격할 때도 '유파를 해치는 자는 삼족을 멸한다'는 특별 엄명을 내렸다. 지성이면 감천이라 했다. 유비의 정성에 유파는 감격했고, 죽어도 유비와는 함께하지 않겠다던 유파는 죽을힘을 다해 유비를 보좌하기에 이르렀다.

4. 안정과 단결을 촉진할 수 있다

당연한 말이지만 '석원'의 실천은 교육적 효과까지 동반한다. 나아가 조직이나 나라를 안정시키고, 상하좌우를 단결시키는데 큰 작용을 한다. 만약 묵은 감정이나 원한을 해소시키지 못하고 서로를 원망하고 비판하고 해친다면 그 골은 더욱 깊어져 큰 혼란에 빠질 것이다. '석원'은 서로 큰 국면을 중시하게 하고, 나라와 국민이 중요하다는 점을 인식하게 하여 안정과 단결로 나아가게 한다. 예로부터 이 점을 빠트리지 않고 지적한 까닭이 여기에 있다.

광무제 유수(劉秀)는 동마(銅馬)를 공략하여 승리를 거두고 상당히 많은 병사들을 포로로 잡았다. 하지만 그 자신도 큰 부상을 입는 등 손실이 적지 않았다. 그럼에도 불구하고 유수는 살육과 약탈로 한을 풀지 않고 포로로 잡은 장병들을 성심으로 대함으로써 서로의 불신을 해소하고 군심을 크게 안정시켰다.

5. 도덕적 차원으로 사람을 이끈다

'석원'은 인간관계의 단계를 한 차원 높게 도약시키는 계기로 작용하기도 한다. 또 다른 차원의 리더십(leadership)과 팔로우십(followship)을 경험하게 한다. 예로부터 '석원'이 큰 덕의 차원으로 인식된 까닭도 여기에 있다. 이른바 도덕적 차원으로 사람을 이끈다는 것은 이 방법을 실천하는 구체적 방법이기도 한데, 이를 통해 사람들의 묵은 감정을 풀고 함께 노력하게 만든다는 것이다.

'석원'으로 도덕의 힘을 실감하게 하고, 덕이 없는 사람은 이를 실천하지 못하는 것을 깨닫게 하는 것이다. 석원의 실천 자체가 강력한 도덕적 역량으로 한 차원 승화되는 것이다. 그리고 그 주된 내용은 '공(公)'이다. 위아래가 모두 이렇게 할 수 있다면 유능한 인재를 얻는 것은 물론 사회풍속까지 순수하고 좋게 바꿀 수 있기 때문이다.

누사덕의 진심을 뒤늦게나마 알게 된 적인걸이 누사덕의 큰 덕은 자신으로서는 그 언저리조차 엿볼 수 없다고 탄식한 것이 그 단적인 사례다.

6. '석원'은 리더의 포부와 자질에 의해 결정된다

인재를 구하고 기용하는 방법의 하나로서 '석원'이 세상에 선을 보이자 유능하고 어진 인재들을 거대한 힘으로 끌어들이는 한편, 상하좌우의 마음을 크게 움직였다. 그 거대한 융합력은 아무리 깊은 원한도 녹였고, 아무리 커다란 원망도 해소시켰다. 이의 실천을 통해 유명한 인재들이 많이 길러져 나왔다. 그 거대한 감화력으로 상하좌우의 관계를 화합시켜 단결과 안정을 보장하는 중요한 작용을 했다. 이 때문에 전설시대 요·순으로부터 명·청에 이르기까지 현명한 군주, 유능한 재상, 어진 학자, 뜻있는 선비들이 모두 이의 실천을 위해 노력했다. 지금까지의 실천 경험을 종합해볼 때 이 방법을 제대로 활용한 사람들은 예외 없이 다음 몇 가지 자질을 갖추고 있었다.

첫째, 세상을 구제하겠다는 큰 뜻을 갖고 있었다.
둘째, 백성을 안정시키고자 하는 강력한 바람을 갖고 있었다.
셋째, 타인을 포용하는 아량을 갖추고 있었다.
넷째, 뛰어난 인재를 부릴 줄 아는 담력과 식견을 갖추고 있었다.

'석원'의 경지는 대단히 오르기 어렵다. 동양 사회에서는 전통적으로 '원한을 갚지 않으면 군자가 아니다'라든가 '아버지의 원수와는 같은 하늘을 지고 살 수 없다'는 따위의 윤리도덕이 사람의 관념을 지배해왔다. 이런 황당한 논리와 관념 때문에 정말이지 어처구니없는 싸움과 갈등이 수천 년 동안 횡행했고, 이것이 동양 사회의 가장 큰 폐단으로 지적되어 왔다. 따라서 '석원'은 이런 큰 모순을 해결할 수 있는 귀중한 방법으로 자리 잡았던 것이고, 현명한 리더의 지표로 인식되었던 것이다.

| '석원' 관련 명언명구 |

사구불급공(私仇不及公), **호불폐과**(好不廢過), **오불거선**(惡不去善)

"사적 원한이 공적인 일에 개입되어서는 안 되는 바,

좋아한다고 해서 잘못을 감출 수 없고,

미워한다고 해서 잘한 행동을 없앨 수 없다."

– 《여씨춘추》〈거사去私〉

'석원'의 전제조건이 엄격한 공사구별에 있음을 지적한 명구이다.

부형청죄(負荊請罪)

"가시나무를 짊어지고 죄를 청하다."

– 《사기》〈염파인상여열전〉

인상여의 진의를 오해한 염파가 자신의 잘못을 빌기 위해 웃통을 벗고 가시나무를 진 채 인상여를 찾아 잘못을 빌었다는 고사에서 비롯된 사자성어이다. 원한이나 묵은 감정을 풀기 위해서는 잘못이 있는 사람이 진정으로 사과를 할 수 있어야 한다. 두 사람은 그후 '목숨을 내놓아도 아깝지 않을 우정', 즉 '문경지교(刎頸之交)'의 사이가 되었다.

춘추시대 대부 기황양(祁黃羊)이 원수 해호(解狐)를 추천한 사례에서 비롯된 명구이다. 단, 그 자리에 맞는 사람이어야 한다는 절대적 조건을 전제한 명언이다. 《좌전》 원문에는 '외거불기구(外擧不棄仇), 내거불실친(内擧不失親)'으로 되어 있다.

이어지는 대목은 '구비기인(苟非其人), 수친불수(雖親不授)', 즉 "정말 그 사람이 아니다 싶으면 친인척이라도 받아들이지 말라."는 뜻이다. 인재는 조직은 물론 국가의 안위를 좌우할 수 있는 중요한 요인이다. 따라서 공사구분의 자세가 필수적이다.

원망이나 울분은 아무리 작아도 무섭게 폭발할 수 있으므로 조심스럽게 대처해야 한다는 의미이다. 사소한 일이라고 무시하고 억누르면 그 반발과 원한으로 훨씬 큰 후유증을 남기기 쉽다.

춘추시대는 격변기였다. 많은 나라가 순식간에 사라졌고, 각국은 무한경쟁에 돌입했다. 인재들이 국경을 자유롭게 넘나들었고, 수많은 관계가 형성되었다. 《좌전》은 공자가 정리한 《춘추》에 좌구명이 주석을 달았기 때문에 붙여진 이름으로, 《춘추좌전》이 온전한 이름이다. 춘추시대를 알고 이해하는 기본 자료다. 기원전 700년 무렵부터 약 250년간의 역사다.

남과

攬過

끌어안는 힘

| '남과'의 의미와 인식 |

전국시대 식객 3천으로 명성을 떨치던 조(趙)나라의 유력자 평원군 (平原君)이 지나가는 말로 한 약속을 지키지 않아 크게 혼이 난 적이 있다. 사건의 전말은 이렇다.

평원군이 총애하던 미녀 한 명이 지나가던 곱사등이를 보고는 크게 비웃었다. 곱사등이는 수치심을 못 이겨 평원군을 찾아가 "듣기에 평원군은 미색보다는 인재를 더 아낀다고 하던데, 오늘 당신의 미녀 한 명이 불구자인 내 모습을 비웃으며 능욕했으니 진정 당신이 인재를 아낀다면 그 미녀의 목을 베어 증명하시오!"라고 항의했다. 평원군은 이 어처구니없는 항의를 대수롭지 않게 여기며 곱사등이에게 그러 마 약속하고는 그냥 웃어 넘겨버렸다.

그로부터 며칠 뒤 무슨 이유인지 식객들이 하나둘 평원군을 떠나더니 이내 절반 이상 줄었다. 그 까닭을 추적해보니 곱사등이와의 약속을 지키지 않았기 때문이라는 사실을 확인할 수 있었다. 평원군은 자신의 잘못을 인정하고 그 미녀의 목을 베어 곱사등이를 찾아가 사죄했다. 그러자 떠난 식객들이 다시 모여들었다.

다소 살벌한 일화이긴 하지만 지나가는 말로 한 약속을 지키지 않은 자신의 잘못을 솔직히 인정한 평원군의 허심탄회한 풍모를 전하는 유명한 고사이다.

리더가 자신의 잘못을 인정하고 그것을 끌어안는 것을 '남과'라 한다. 자기의 잘못 또는 자기 때문에 비롯된 잘못을 부하나 동료에게 떠넘기지 않고 자신이 나서 책임을 지는 '남과'는 오래전부터 유능한 인재들의 적극성을 이끌어내고, 교육하고, 격려하고, 자극하는 중요한 방법의 하나였다. 남과의 탁월한 성과는 리더가 주체적으로 책임을 지는 모습을 통해 리더십을 강하게 발휘할 수 있다는 데 있다.

'남과'는 자연스럽게 '공을 동료와 부하들에게 돌린다'는 '위공(委功)'과 함께 짝을 이루는데, 이 두 방법을 잘 실천한 사람은 누가 되었건 인심을 크게 얻을 수 있었다.

앞서 '명기'에서 누누이 강조했듯이 현명한 군신은 일반적으로 자신을 정확하게 인식한다. 이런 사람들은 자신에게도 실수와 잘못이 있을 수 있다는 점을 인정한다. 또 잘못을 남에게 미루면 인심을 잃을 수밖에 없다는 사실도 잘 안다. 그래서 이런 사람들은 자신이 져야 할 책임이라면 기꺼이 짊어짐으로써 인심을 자기 쪽으로 끌어들일 줄 아는 높은 도덕심과 용인술을 갖췄다.

자신의 잘못을 자기가 끌어안는 '남과'는 인재에 대한 최대의 애정이자 존경의 표현이 되기도 한다. 오랜 실천적 경험을 통해 선인들은 '남과'야말로 진정으로 인재를 끌어안는 가장 유용하고 유력한 방법임을 확인했다.

춘추시대의 유명한 정치가 정자산(鄭子産)은 "애막가지과(愛莫加之過), 존막위지죄(尊莫委之罪)"라는 말로 '남과'의 중요성과 실효성을 간명하게 요약했다. "사랑이란 잘못을 더하지 않는 것이고, 존중이란 죄를 미루지 않는 것이다."는 뜻이다. 의미심장한 '남과'가 지금 우리에게 던지는 시사점을 몇 가지로 요약해보면 다음과 같다.

1. '남과'는 인심을 얻는 가장 강력한 힘이다

인재를 기용함에 있어서 그 사람의 마음을 얻는 것보다 더 큰 것은 없다. 송나라 때 사람 소동파(蘇東坡)는 당시 황제였던 인종(仁宗)에게 '황제가 잘못을 끌어안음으로써' 인심과 인재의 마음을 사서 국세를 다시 떨치라고 직격탄을 날렸다. 이것이 저 유명한 '죄기이수인심(罪己以收人心)'이라는 명언이다.(《걸교정육지주의상진찰자乞校正陸贄奏議上進札子》) 소동파는 천하를 제대로 다스리지 못하는 원인을 '남과' 여부에서 찾았다. 그것이 되지 않으면 송 왕조에 희망이 없다는 뜻이기도 했다.

2. '남과'하면 조직이 흥한다

시찰을 나갔다가 오랏줄에 묶인 채 끌려가는 백성을 본 우 임금은 "백성의 죄는 나 한 사람 때문이다."(백성유죄재아일인百姓有罪在我一人)라면서 눈물을 흘렸다. 《좌전》(장공 11년)에서는 이를 두고 "우·탕 임금은 자신에게로 죄를 돌렸기에 흥할 수 있었다."라고 논평했다. 반면 걸·주는 자신의 잘못을 인정하지 않은 것은 물론 남 탓을 해서 망했다고 보았다. 요컨대 '남과' 여부를 나라의 흥망과 연계시켰다. 리더의 '남과' 여부가 어디까지 영향을 미칠 수 있는지를 심사숙고하지 않을 수 없게 하는 대목이다.

3. '남과'는 큰 덕이다

'석원'이 그랬듯이 '남과'를 리더의 남다른 덕목으로 보았던 또 하나의 이유는 '남과'가 실천하는 리더의 큰 덕성으로 평가되었기 때문이다.

춘추시대 진(晉)나라 영공(靈公)은 백성의 삶을 돌보지 않고 백성에게 과중한 세금을 부과해 저 혼자 호화 사치스러운 생활에 빠졌다. 높은 누각을 지어 그곳에 올라가서는 지나가는 사람들을 향해 탄환을 쏘아 숨거나 다치는 모습을 보며 즐겼다. 심지어 주방장이 곰발바닥을 제대로 익히지 않았다고 그를 죽여서 그 시신을 키에다 던져놓고는 여자들에게 머리에 이고 궁궐을 나가게 했다.

영공의 방약무도한 행태를 보다 못한 대부 조돈(趙盾)이 바로 충고하자 영공은 이를 받아들여 고치겠노라 약속했다. 그러자 조돈은 "사람이 누군들 잘못이 없을 수 있겠습니까? 잘못을 했더라도 고칠 수 있다면 그보다 더 좋은 일은 없습니다."라고 했다.(《좌전》 선공 2년) 조돈은 잘못을 고치는 '개과(改過)'를 큰 덕행으로 본 것이다. 공자의 제자 자공(子貢)은 '개과'를 모든 사람이 우러러보는 지극한 덕으로까지 보면서 이렇게 말했다. "군자의 잘못이란 일식이나 월식과 같다. 잘못하면 모든 사람이 보고, 고치면 모든 사람이 우러러본다." (《논어》〈자장〉) 모두 '개과'와 '남과'를 큰 덕으로 본 것이다.

4. '위과(委過)', 즉 '잘못을 미루면' 실패한다

'남과'의 반대말은 '위과'이다. 잘못을 남에게 미룬다는 뜻이다. 앞서 우·탕과 걸·주를 대비시켜 '남과'와 '위과'의 결과가 궁극적으로

진 영공은 자신의 잘못을 지적하는 조돈의 충고를 받아들이는 척만 했을 뿐이다. 즉 '남과'하지 않은 것이다. 영공은 도리어 조돈을 여러 차례 죽이려다 실패하고 결국은 조천에게 살해당했다. 그림은 영공이 사나운 개를 풀어 조돈을 물어 죽이려는 장면을 나타낸 벽돌 그림이다.

나라의 흥망과 연계된다고 지적한 바 있듯이 '위과'는 결국 '남과'의 필요성을 반면교사로 보여준다고 하겠다.

자신의 잘못이나 자기 때문에 빚어진 실책을 동료나 아랫사람에게 떠넘기는 '위과'는 인재를 떠나게 만들고 백성의 마음을 등 돌리게 만들어 결국에는 조직과 나라의 패망을 초래하는 치명적인 결과를 낳는다.

| '남과'의 역사적 사례들 |

1. 굴하(屈瑕)의 기용을 사죄한 초 무왕(武王)

기원전 699년, 초나라 무왕은 굴하에게 나국(羅國)을 공격하게 했다. 두백비(斗伯比)가 군대를 전송한 다음 돌아와 자신의 마부에게 "굴하가 틀림없이 패할 것이다."라 하고는 무왕을 만나 적을 경시하는 굴하의 태도를 지적했다. 그러면서 "군사를 더 보내지 않으면 초나라 군대가 틀림없이 욕을 볼 것입니다."라고 경고했다. 그러나 무왕은 두백비의 건의를 받아들이지 않았다.

후궁으로 돌아온 무왕이 부인 등만(鄧曼)에게 두백비가 너무 소심하다며 험담을 늘어놓았다. 그러자 부인 등만은 "교만한 군대는 패할 수밖에 없습니다. 두백비의 말이 백번 옳으니 속히 군대를 더 보내도록 하십시오."라고 충고했다. 뒤늦게 긴장한 무왕은 급히 군대를 증원하라고 했다. 하지만 초나라 군대는 이미 나국에 대패한 뒤였다. 시체가 들판에 널렸고, 살아남은 패잔병들은 부모를 울부짖으며 숨기에 바빴다. 굴하는 돌아가 처벌 받을 것이 두려워 황량한 계곡에서 목을 맸다. 살아남은 장수들은 스스로를 옥에 가두고 처벌을 기다렸다.

이를 본 무왕은 가슴을 치며 후회했다. 그리고는 "이 모두가 나의 잘못이지 그대들과는 무관하다."라며 장수들을 용서했다. 이 모습을 지켜본 장병들은 모두 감격해하며 왕을 부모 대하듯 했다. 당초 품었던 장수들의 불만은 연기처럼 사라지고 하나같이 왕을 위해 목숨을 바치겠노라 결심했다.

무왕은 잘못을 자신에게로 돌림으로써 장병들을 감동시키고 민심을 얻었다. 신료들은 무왕 밑에서 일하는 한 억울한 일은 당하지 않겠다는 믿음으로 모두가 있는 힘을 다했다.

2. 진(晉) 도공(悼公)의 자책이 군신들을 단합시키다

기원전 570년, 중원의 패주 진나라 도공이 제후들을 불러 회맹을 거행했다. 회맹이 열리는 장소 주위는 진나라 군대가 물샐 틈 없이 경비를 서며 지키고 있었다. 도공의 동생 양간(楊干)은 국군의 동생이라는 지위만 믿고 수레를 타고 군영을 마구 돌아다니며 군법을 깔보는 등 그 오만함이 하늘을 찔렀다. 중군의 장수 위강(魏絳)은 즉시 양간의 수레를 억류시키는 한편 군법으로 양간을 다스릴 준비를 했다. 그러나 당시 규정이나 양간의 높은 신분 때문에 양간을 직접 처벌할 수 없었던 위강은 양간의 수레를 모는 마부의 목을 베어 뒤숭숭한 군심을 다잡았다.

한편 자존심이 상할 대로 상한 양간은 형님 도공 앞에서 울며불며 법석을 떨었다. 성이 난 도공은 중군의 책임자 양설적(羊舌赤)에게 제후들이 다 모인 자리에서 양간의 마부 목을 베는 등 국군의 체면을 손상시킨 위강의 목을 즉시 베라고 명령했다.

위강의 됨됨이를 잘 아는 양설적은 위강의 행동은 누구든 지켜야 하는 군기의 중요성을 보여준 것이지 국군의 체면을 손상시킨 것은 아니며, 오히려 만천하에 국군의 위신을 세운 것이라며 극구 변호했다. 그것이 진정한 충성심 아니겠냐며 조만간 위강이 직접 찾아와 상세한 보고를 올릴 것이라 했다.

양설적의 예상대로 바로 위강이 조정에 도착하여 자신의 행동과 생각을 담은 보고서를 올리는 한편 검을 빼들고 자신의 목을 그으려 했다. 위강의 돌발 행동에 양설적 등이 급히 나서서 말렸다.

위강의 보고서를 읽은 도공은 부끄러워 낯을 들 수 없었다. 양설적이 말한 그대로였다. 위강의 충정심에 깊이 감명을 받는 도공은 통곡을 하며 버선발로 뛰어나와 자결하려는 위강을 끌어안은 채 부끄러움의 눈물을 하염없이 흘렸다. 그러면서 이렇게 말했다.

"과인의 명령은 형제에 대한 사사로운 감정에서 나온 것이요, 그대가 마부의 목을 벤 것은 군법을 집행한 것이다. 과인이 동생을 제대로 교육시키지 못해 군령을 어긴 것이니 이는 오로지 과인의 잘못이다. 제발 자결일랑 하지 마시오. 그건 내 죄를 더 무겁게 하는 것이니, 내가 진심으로 그대에게 사죄하겠소."

도공은 회맹이 끝난 뒤 태묘에서 특별히 연회를 베풀어 위강을 표창하는 한편 신군의 부통수로 승진시켰다. 이 일을 계기로 위강은 목숨을 바쳐 국군을 보좌하리라 결심했음은 말할 것도 없다.

3. 전금(展禽)의 질책에 글로 '남과'한 장문중(臧文仲)

'애거(愛居)'라는 바닷새가 해상에서 날아와 노나라 동문 밖에 사흘 동안 가지 않고 앉아 있었다. 점복을 믿고 좋아하던 정경 장문중은 이 일로 나라 사람에게 제사를 지내게 했다. 그러자 대부 전금이 나서 "장문중이 어찌 이리 어리석을 수가 있단 말인가? 제사란 나라의 큰 제도이고, 제도는 정치의 성공 여부를 결정하는 요소이거늘, 지금 아무런 이유 없이 제사를 지내자 하니 이는 정치하는 옳은 방법이 아니다."라며 항의했다.

그런데 그해 이상 기후가 나타났다. 겨울은 따뜻하고 여름이 서

늘한가 하면 큰바람과 큰비가 수시로 내리는 이상 현상이 나타났다. 그러자 누군가가 제사를 지내자고 한 장문중의 비위를 맞추느라 전금이 한 말을 장문중에게 전하며 "전금이 그대에게 한 말은 한 푼의 가치가 없습니다. 뭣도 모르고 그렇게 오만하게 굴었으니 엄벌에 처해야 합니다."라고 했다. 그러자 장문장은 이렇게 말했다.

"전금이 한 말이 옳고 내가 틀렸거늘 어찌 그를 처벌할 수 있겠는가? 그의 말을 따르지 않을 수 없다. 처벌해야 한다면 내가 그 대상이다. 내가 그의 가르침을 지킴으로써 속죄해야 할 것이다."

장문중은 전금이 한 말을 죽간에 옮겨 적게 한 다음 수시로 보며 자신의 언행을 바로잡았다. 장문중의 언행일치에 나라 사람들이 모두 장문중을 칭찬했다.

4. 이혁(里革)의 질책에 '남과'한 노(魯)나라 선공(宣公)

노(魯)나라 선공(宣公)이 여름날 사수(泗水)에 그물을 쳐서 깊은 곳에 사는 물고기를 잡으려 했다. 이혁이 이 사실을 알고는 몹시 화가 나서 즉시 칼로 그물을 찢은 다음 선공의 잘못을 따졌다. 이처럼 무례한 이혁의 태도를 나무라며 누군가 이혁이 국군을 가르치려 든다며 엄벌로 다스려야 한다고 주장했다. 하지만 선공은 바로 자신의 잘못을 인정하고 자신을 심하게 질책하면서 "이혁의 말이 너무나 옳다. 잘못은 모두 내게 있다. 그가 제때 내 잘못을 바로잡아 주었으니 경들도 이를 배워야 할 것이다."라고 했다. 이어 선공은 그물을 자르게 하고는 또 이렇게 말했다.

"이 그물은 의미가 아주 깊은 그물이다. 나로 하여금 나라 다스리는 방법을 깨우치게 했다. 담당 관리에게 이 그물을 보존하게 하여 내가 이혁의 충고를 영원히 잊지 않게 하라."

이때 존(存)이란 악사가 곁에 있다가 "이 그물을 보존하는 일도 매우 필요합니다만 이혁을 국군의 곁에 두고 수시로 그의 충고를 듣는 것이 더 좋습니다."라 했다. 선공은 흔쾌히 이를 받아들였고, 신료와 백성들 모두 이 이야기에 고무되었다.《국어國語》〈노어魯語〉상)

5. 정(鄭) 문공(文公)이 '남과'하자 촉지무(燭之武)가 감격하다

기원전 630년 진(秦)·진(晉)이 연합하여 정나라 정벌에 나섰다. 두 나라의 기세가 하도 흉흉하여 정나라 문공은 어찌 할 바를 몰랐다. 대부 숙첨(叔詹)이 나서 "언변이 뛰어난 사람을 보내 진(秦)나라 군대를 철수하게 하면 될 것입니다."라고 건의했다. 문공이 누구를 보내면 좋겠냐고 하자 숙첨은 촉지무를 추천했다.

문공은 바로 사람을 보내 촉지무를 모셔오게 했다. 조정으로 들어서는 촉지무를 본 대신들은 모두 깜짝 놀라지 않을 수 없었다. 나이가 7,80은 들어 보이는 괴상한 늙은이였기 때문이다. 등은 굽었고, 걸음걸이는 곧 쓰러질 듯 위태위태했다. 한시가 급했던 문공은 다짜고짜 촉지무에게 "내가 당신을 청한 것은 진나라 국군을 만나 군대를 철수시키고자 함인데 노인장께서 한번 수고 좀 해주겠소."라고 말했다. 이 말에 촉지무는 불쾌하다는 표정을 지으며 "내가 젊고 힘이 있었을 때는 쳐다보지 않다가 지금 앞뒤 생각도 없이 말 한마디로 일을 해결하려 하니 그게 가능하겠습니까? 사나운 진나라를 상대로 이 늙은이의 목을 그들의 칼날에 갖다 바치겠다는 겁니까?"라고 문공을 나무라듯 응수했다. 꼬장꼬장한 촉지무의 행동거지에 문공은 화를 내기보다는 순간 경외심이 생겨 황급히 이렇게 말했다.

"그대와 같은 인재를 내가 제때 기용하지 못한 것은 내 잘못이오. 지난 잘못에 대해서는 정중히 용서를 구하는 바이오. 지금 큰 위기가 코앞에 닥쳐 모두가 당황해서 미처 생각을 못했소이다. 부디 나라의 존망이 중요하니 선생께서 수고해주길 바라오."

문공이 진심으로 잘못을 인정한 데다 나라의 위기가 긴박하니 촉지무는 흔쾌히 임무를 수락했다. 촉지무는 그날 밤으로 진나라 군영으로 들어가서 진 목공을 설득하여 군대를 철수시켰다.(《동주열국지東周列國志》)

| '남과'가 주는 교훈과 힘 |

삼국시대의 젊은 명장 마속(馬謖)이 제갈량(諸葛亮)의 명령을 듣지 않아 요충지 가정(街亭)을 잃자 제갈량은 눈물을 흘리며 마속의 목을 베어 군령의 지엄함을 보여주었다. 바로 '읍참마속(泣斬馬謖)'의 고사이다. 그런데 이 고사에서는 자신이 아끼던 장수 마속의 목을 벤 제갈량의 단호한 결단도 중요하지만 이후 제갈량이 자신의 잘못을 거리낌 없이 인정하며 두 계급이나 자신을 강등시킨 사실 또한 중요하다. 바로 제갈량의 '남과'에 주목하라는 것이다.

앞서 여러 사례들에서 보았듯이 '남과'에도 여러 형식이 있다. 공개적으로 책임을 지는 것을 비롯하여 자신을 깎아내리는 형식, 여러 사람 앞에서 잘못을 인정하는 형식, 부하를 책망하지 않는 형식, 예를 갖추어 사과하는 형식 등등이다. 이런 점들을 생각하며 '남과'에서 어떤 교훈과 힘을 얻을 수 있는지 정리해본다.

1. 자아희생 정신이 있어야 한다

속담에 '불이 몸에 붙으면 자연스레 털어내기 마련이다'라고 했다. 이 속담에는 소인배에게 책임을 떠넘길 구실을 준다는 뜻이 내포되어 있다. 하지만 현명한 리더나 뜻이 깊은 인재들은 그렇지 않다. 자기 희생정신으로 기꺼이 실수나 실책을 떠안음으로써 상하좌우의 적극성을 지켜낸다.

자기 하나만 잘되면 그만이라는 극단적 이기심이 횡행하고 있는 우리 사회에서 '남과'를 실천한다면 더욱 의미 깊고 빛날 것이다.

2. 남을 사랑하는 마음이 있어야 한다

한나라 초기 명장 이광(李廣)은 부하 장병들을 제 몸처럼 아꼈다. 부하 장병들이 마시거나 먹기 전에 먼저 마시거나 먹는 적이 없었고, 같은 군장으로 행군하고, 같은 조건에서 함께 잤다. 이광이 작전에서 작은 실수를 하자 정치군인들은 이를 트집 잡아 이광의 부하들을 다그치려 했다. 이광은 모든 일을 자신이 책임지겠다며 스스로 목을 그어 자결했다. 부하 장병들을 사랑하는 마음 없이는 불가능한 행동이었다.

3. 용감하게 자책할 줄 아는 고귀한 품격이 있어야 한다

독재자로 악명이 높은 진시황도 천하통일의 과정에서 장수를 잘못 기용한 실수를 거리낌 없이 인정했다. 심지어 진시황은 자신에게 냉대당한 장수 왕전(王翦)의 집까지 찾아가 사죄하고 그의 요구 조건을 있는 대로 다 들어주는 '남과'를 실천한 바 있다.

'남과'는 그 자체로 쉽지 않은 실천 덕목이며, 리더에게는 더욱 힘든 항목이 아닐 수 없다. 그래서 그 자체로 고귀한 인품을 요구하는 것이다.

4. 사람을 끌어 사력을 다하게 한다

삼국시대 위나라가 오나라 정벌에 실패하자 조정에서는 패장들에 대한 문책론이 대두되었다. 그러자 경왕(景王) 사마사(司馬師)가 직접 나서 "내가 제갈탄(諸葛誕)의 말을 듣지 않아 이렇게 된 것이오. 내 잘못이거늘 장수들에게 무슨 죄가 있겠소!"라며 잘못을 모두 자신에게로 돌렸다. 그 뒤 또 한 번의 패배가 있었는데 이때도 경왕은 잘못을 자신의 탓으로 돌렸다. 조정 안팎에서 경왕의 인품을 칭찬했고, 백성들의 인심은 사마씨에게로 기울었다.

실수와 잘못을 허심탄회하게 인정하고 책임지면 사람들은 실수와 잘못은 잊고 '남과'에 따른 그 인품을 더욱 우러러보게 된다. '남과'가 사람을 끄는 힘이 막강하다는 말이 바로 이런 뜻이다.

5. 상하좌우를 단결시킨다

춘추시대 진(秦)나라 목공(穆公)은 주위의 만류에도 불구하고 무리하게 벌인 효산(崤山) 전투에서 진(晉)나라에 대패하여 많은 병사와 장수를 잃었다. 목공은 패전의 책임을 자신에게로 돌렸다. 장수들은 감격하여 더욱 힘을 합쳐 얼마 지나지 않아 이 패배를 설욕했다. 목공은 상복을 입고 지난 전투에서 전사한 장병들을 애도하면서 다시 한 번 자신을 반성했다.

시련은 사람을 좌절시키기도 하고 분발하여 더욱 성장하게도 한다. 조직에서 리더가 '남과'할 줄 알면 작은 시련이든 큰 시련이든 모두 힘을 합쳐 극복할 수 있는 중대한 계기로 작용하게 된다. 이와 함께 리더의 위신은 더욱 증대되고, 큰일이 성사될 확률도 그만큼 커진다. 모두 '남과'의 위력이다.

6. 시종일관하기 어렵다

'남과'는 좋은 덕목이자 훌륭한 자질이지만 이를 시종일관 견지하기란 여간 어렵지 않다. 앞서 보았다시피 천하의 성군으로 평가받는 당 태종조차 이를 지켜내지 못했다. '남과'는 오늘날로 보자면 '자아비평' 내지 '자기반성'이다. 이를 잘 활용하면 유능한 인재를 얻고 자신의 자질을 향상시키는 무기가 될 수 있다. 이는 마치 얼굴에 무엇이 묻으면 얼굴을 씻고, 땅에 쓰레기가 흩어져 있으면 청소를 하는 것과 같은 이치다.

| '남과' 관련 명언명구 |

죄기이수인심(罪己以收人心)
"잘못을 자신이 짊어짐으로써 민심을 수습한다."

송나라 때 소동파가 황제에게 직언한 글 중의 한 대목으로, 리더의 '남과'가 민심을 얻는 지름길임을 지적한 말이다.

애막가지과(愛莫加之過), 존막위지죄(尊莫委之罪)
"사랑이란 잘못을 더하지 않는 것이고, 존중이란 죄를 미루지 않는 것이다."

누군가를 아끼고 사랑한다는 것은 주동적으로 책임을 진다는 뜻으로, 자신의 잘못을 절대 부하에게 미루지 말라는 것이다. 즉, 인재를 아끼고 존중한다면 잘못을 덧씌우지 말고, 죄를 미루지 말라는 의미이다. 정자산(鄭子産)의 말이다.

> 백성유죄(百姓有罪), 재여일인(在予一人)
> "백성들이 죄를 지은 것은 나 한 사람 때문이다."
> – 《상서》〈태서泰誓〉

시찰에 나섰다가 끌려가는 백성을 보고 우 임금이 한 말이다.

> 군자지과야(君子之過也), 여일월지식언(如日月之食焉).
> 과야(過也), 인개견지(人皆見之) ; 갱야(更也), 인개앙지(人皆仰之)
> "군자의 잘못은 일식이나 월식과 같다.
> 잘못하면 사람들이 다 보게 되고, 고치면 사람들이 모두 우러러 본다."
> – 《논어》〈자장〉

공자의 제자 자공은 잘못을 인정하고 고치는 것이야말로 큰 덕이라 했다.

> 백옥수진구(白玉雖塵垢), 불식환광휘(拂拭還光輝)
> "백옥에 먼지가 앉고 오물이 끼일 수 있으나 닦고 털어내면 빛이 난다."
> – 당나라 사람 위응물韋應物의 〈답영호시랑答令狐侍郎〉이란 시의 한 대목

아무리 고상한 인품의 소유자라도 잘못이 없을 수 없으나 고치고 바로잡으면 그 이미지에 손상이 가지 않는다는 의미이다.

마음이 넓고 기백 있는 사람은 자신의 잘못을 선뜻 인정할 줄 안
다. 또 남이 잘한 일에 대한 칭찬도 아끼지 않는다.

춘추시대 진나라 대부 조돈이 영공에게 한 충고이다.

춘추시대 최고의 정치가 중 한 사람으로 꼽히는 정자산은 "나는 공부한 다음 벼슬한다는 말은 들었지만 벼슬한 다음 공부한다는 말은 듣지 못했다."는 명언으로 유명하다. 즉, 인간이 된 다음 권력을 잡아야지 인간이 되지 못한 상태에서 권력을 잡으면 권력과 부를 이용하여 자신의 잘못을 감춘다는 지적이다. 청나라 때 화가 김농(金農)이 그린 정자산의 초상화다.

신범
身範

소리 없는 힘

| '신범'의 의미와 인식 |

'명기'가 이론에 가깝다면 '신범'은 '명기'의 이론을 행동으로 옮기는 실천 강령이다. '명기'와 함께 가장 기본적인 리더십 항목이라 할 수 있는 '신범'은 자신의 모범적 언행으로 인재를 감화시켜 그들의 적극성을 끌어내 인재를 구하고 기용하는 방법의 하나이다.

선인들은 '신범'이 인재를 구하고 기용하는데 특별한 작용을 한다는 사실을 일찍부터 인식하고 있었다. 이에 이 방법을 칭찬하고 널리 알리기 위해 여러 방면에서 이론을 개발하고 선전해왔다. 이러한 인식들을 몇 가지로 정리해보았다.

첫째, 윗사람의 기호와 행위가 아랫사람에게 미치는 영향을 심각하게 고려하여 좋은 인재를 얻거나 나라의 좋은 기풍을 조성하기 위해서는 반드시 '신범'해야 한다는 사실을 강조해왔다.

춘추시대 남방의 초(楚)나라 영왕(靈王)은 허리가 가는 여인을 탐했다. 이 때문에 온 나라 여자들이 가는 허리를 만들기 위해 굶기를 예사로 했고, 심지어 굶어 죽는 사람까지 생겼다. 이런 다이어트 열풍은 남자들에게도 영향을 주었다. 어찌나 굶었든지 앉았다가 일어나려면 담장이나 벽 따위를 짚어야만 간신히 일어날 수 있었고, 일어나지 못하면 어지러워 쓰러졌다고 하니 다이어트 풍조가 어느 정도였는지 짐작이 간다.

이 고사는 윗사람이 무엇을 좋아하면 아랫사람들은 거기에 맞추기 위해 온갖 애를 다 쓴다는 점을 생생하게 보여준다. '신범'의 작용이 어떤 것인가를 반면교사로 보여주는 사례가 아닐 수 없다. 《예기》〈대학〉는 역대의 이런 사례와 실천들을 통해 윗사람의 기호가 아랫사람에 어떤 영향을 미치는가를 종합함으로써 신범의 작용을 논증한 바 있는데 다음 대목이 바로 그 내용이다.

"위에서 노인을 공경하고 사랑하면 아랫사람들이 부모와 어른들에게 효도하고 존경한다. 윗사람이 서로 화목하게 돌보고 아끼면 아랫사람들이 형제와 단결하고 아낀다. 위에서 외로운 사람들을 가엾게 여기고 보살피면 아랫사람들은 서로를 속이지 않고 우애 있게 지내면서 앞장서서 가난하고 약한 사람들을 돌본다."

춘추시대 최초의 패주로 천하를 호령했던 제(齊)나라 환공(桓公)은 보라색 옷을 유달리 선호했다. 이 때문에 귀족은 말할 것 없고 일반 백성들까지 너도나도 보라색 옷을 찾는 진기한 상황이 벌어졌다. 이 때문에 전국적으로 보라색 옷감이 품절되고 값이 폭등하는 사태가 벌어졌다. 물가는 불안해졌고, 백성들의 생활도 요동을 쳤다. 환공이 이럴 줄 몰랐다며 걱정을 하자 관중(管仲)은 국군께서 보라색 옷을 입지 않으면 그만이라면서 그에 앞서 보라색 옷에 싫증이 났다고 주위 사람들에게 공개적으로 말씀을 하라고 대책을 알려주었다. 보라색 옷을 입지 않고 조정에 나타난 환공은 보라색 옷을 입은 신하들에게 보라색 옷이 보기 싫으니 저쪽으로 가라며 내쳤다. 아니나 다를까, 그날 당장 보라색 옷을 입고 나타난 관리들을 찾아 볼 수 없었고, 이튿날 도읍 안에 보라색 옷을 입은 사람을 볼 수 없었고, 사흘째는 전국에 보라색 옷을 입은 사람이 사라졌다. 훗날 맹자는 이를 두고 다음과 같이 논평했다.

"위에서 무엇인가를 좋아하면 아래서는 틀림없이 그보다 더 심하게 따라 한다. 군자의 덕은 바람이요, 소인의 덕이 풀이다. 풀은 바람을 따라 눕기 마련이다."
– 《맹자》〈등문공〉

맹자의 말뜻인 즉, 리더가 무엇인가를 하고 싶을 때는 반드시 자신의 몸이 모범이 된다는 점에 주의하라는 것이다. 그것이 아랫사람에게도 좋아야만 유능한 인재의 적극성을 자극하여 자신의 통치를 제대로 실현할 수 있다는 말이다.

둘째, 현명한 리더와 곧은 신하가 인재의 적극성을 움직일 수 있다는 점을 인식하여 '신범'을 강조했다. 사마광(司馬光)은 《자치통감》〈당기(唐紀)〉에서 군주가 천하를 잘 다스리고 싶다면 그 관건은 '용인(用人)'에 있으며, '용인'은 반드시 '신범'이 뒷받침되어야 한다고 강조했다. 사마광의 말을 들어보자.

"옛사람의 말씀에 '군주가 밝으면 신하가 정직해진다'고 했다. 배구

(裴矩)가 수나라에서는 아부하다가 당나라에서는 충성을 다했는데 이는 그의 본성이 변했기 때문이 아니다. 군주가 자신의 잘못을 지적하는 말을 싫어하면 충성이 아부로 변하고, 직언을 즐거이 받아들이면 아부가 충성으로 변한다. 군주는 해시계의 기둥이고, 신하는 그림자이다. 기둥이 움직이면 그림자는 그 기둥을 따라 움직이는 법이다."

그렇게 영명했던 당 태종도 말년에 판단력이 흐려져 적지 않은 실수를 범했다. 그러자 바른말을 하던 신하들이 아첨꾼으로 변했다. 저수량(褚遂良)이 그 대표적인 인물이다. 위징(魏徵)과 대주(戴胄) 등의 후원에 힘입어 바른말 잘하기로 유명했던 저수량이었지만 태종의 판단력이 갈수록 흐려지자 태종의 비위를 맞추느라 올곧은 신하들을 모함하여 해쳤다. '군주가 밝으면 신하가 정직해진다'는 '군명신직(君明臣直)'의 심각한 반대 이치를 잘 보여주는 사례다. 이런 점에서 '신범'은 리더 개인뿐만 아니라 조직이나 나라 전체의 좋고 나쁜 풍토에 영향을 주는 결정적 요인이 아닐 수 없다.

셋째, 아랫사람은 늘 윗사람의 행위를 보고 일을 한다는 점에서 '신범'의 중요성을 지적해왔다. 예로부터 한 사람의 말은 그 몸이 반듯하다는 전제하에서 적극적인 작용과 위력을 발휘할 수 있었다. 그 몸이 바르지 못해 옳지 않은 행동을 하면 아무리 좋은 말을 많이 해도 믿지 않는다. 그 행동을 보기 때문이다. 아래에서는 위가 하는 대로 따라 한다. 이와 관련하여 《예기》에서는 이렇게 지적한다.

> "무릇 아랫사람이 윗사람을 섬길 때는 그 명령을 따르는 것이 아니
> 라 그 행동을 따른다."

'신범'의 의미를 이토록 간명하고 정확하게 파악한 명언도 없을
것이다. 사마광도 '신범'의 의의에 관해 언급하면서 "사람들이 그
명성을 사모하는 것은 마치 물이 아래로 흐르는 것과 같다. 위에서
뭐라 하던 아래에서는 그렇게 따라 한다."고 했다. '위 대들보가 바
르지 못하면 아래 기둥이 휜다'는 속담도 같은 뜻이다. 물론 이 이
치가 절대적인 것은 아니지만, 한 가지 분명한 사실은 어리석고 못
난 리더의 결말은 예외 없이 몰락 아니면 멸망이었다.

넷째, 자기는 어리석으면서 다른 사람에게 밝으라고 요구하면 안
된다는 점을 '신범'을 통해 일깨워 주었다. 이 점에 있어서는 맹자
의 사상이 눈길을 끈다. 그는 위에서 좋은 언행으로 아래에 영향을
주어야 한다는 점을 강조하면서, 리더의 '신범'이야말로 천하를 크
게 다스리는 관건임을 암시했다. 맹자의 말이다.

> "현명한 사람은 자신의 밝음으로 다른 사람의 밝음을 요구한다. 지
> 금 보면 자신은 어리석으면서 다른 사람은 밝기를 원한다."
> ─《맹자》〈진심盡心〉 하

리더의 솔선수범은 소리 없는 명령이다. 리더의 언행이 바르면 명령하지 않아도 따른다. '신범'은 말없이 조직을 통솔할 수 있는 훌륭한 리더십 항목의 하나다. 그림은 초 영왕이 '가는 허리의 여자들을 아주 좋아했다'는 고사를 그린 '탐연세요도(貪戀細腰圖)'이다.

　다섯째, '그 몸이 바르면 명령하지 않아도 행한다'는 이치를 통해 '신범'으로 인재를 얻어야 한다는 이치를 보여주었다. 충직함으로 당 태종을 보필한 위징은 역사 속 리더들의 '신범' 사례를 끊임없이 상기시키면서 "남의 위에 있는 사람은 그 몸이 바르면 명령하지 않아도 행해지지만 그 몸이 바르지 못하면 명령해도 따르지 않는다."고 했다.

　이에 호응하여 당 태종도 "천하를 안정시키려면 먼저 그 자신을 바르게 해야만 한다. 그 몸이 반듯하지 못하면 그림자가 굽고, 위에서는 다스리고자 하지만 아래에서는 난리가 난다."고 했다.(《정관정요》 권1 〈군도君道〉)

| '신범'의 실천 사례 |

이렇듯 선인들은 여러 방면, 다양한 각도에서 생생하고 생동감 넘치게, 그리고 합리적 논리로 '신범'이 갖는 중대한 작용을 드러내 보여주었다. 이제 역사 속 인물들의 솔선수범을 통해 '신범'의 구체적 사례들을 살펴보기로 한다.

1. 요·순·우의 청빈한 삶과 '신범'

전설 속 제왕들인 요·순·우는 생활 자체가 모범이었다. 아무런 장식 없는 풀로 엮은 초가집에서 살았고, 짚신을 신고 다니며 백성들과 동고동락했다. 특히 우 임금은 치수 사업 때문에 무려 13년 동안 외지에서 생활하면서 백성들과 함께 삽을 들고 일했다. 그사이 자기 집 앞을 세 번이나 지나갔지만 한 번도 들르지 않았다.(여기서 '삼과이불입문三過而不入門' 줄여서 '삼과불입三過不入'이란 유명한 고사성어가 유래되었다.)

　우 임금은 이렇게 몸과 마음을 다해 백성들의 본보기가 되었기 때문에 순 임금으로부터 임금 자리를 선양 받을 수 있었다. 더욱이 우 임금의 '신범'은 많은 인재들을 자극했다. 백익(伯益)은 노동을 통해 우물 파는 기술을 발명하여 생산력을 높였고, 해중(亥仲)은 수레바퀴를 발명하여 노동력을 절감했다.

2. 한나라 문제(文帝)와 경제(景帝)의 '신범'

서한 초기의 전성기를 흔히들 '문경지치(文景之治)'라 한다. 문제와 경제가 이룩한 전성기란 뜻이다. 두 황제는 각기 근검절약, 감세, 청렴한 관리 선발, 가혹한 형벌 제도 폐지, 건전한 여론 수렴 등의 정책을 실천함으로써 백성의 신뢰를 얻고 나라 경제를 부흥시켰다. 기간산업인 농업을 중시하여 농업을 천하의 근본으로 선포함으로써 백성들의 의욕을 북돋우었다.

특히 문제는 죽기에 앞서 사치스러운 장례를 절대 하지 말도록 신신당부했다. 생전에는 황후조차 땅에 끌리는 옷을 입지 못하게 할 정도로 근검절약을 생활화했다. 호화사치가 혼란과 멸망을 초래하는 근원임을 깊게 자각했기 때문이다.

3. 수나라 문제의 '신범'

수나라가 남북조라는 오랜 분열을 끝내고 천하를 다시 통일할 수 있었던 데는 문제 양견(楊堅)의 리더십이 큰 작용을 했다. 문제는 무엇보다 근검절약을 치국의 방략으로 삼아 엄격하게 자신을 단속하여 신료와 백성들의 모범이 되었다. 이런 수 문제의 '신범'을 몇 가지로 정리해보았다.

1) 솔선수범하여 근검절약

앞서 말한 바대로 문제의 치국방략은 크게 근검절약과 엄격한 징벌로 요약된다. 그중 근검절약은 문제가 특별히 신경을 쓴 일인데, 식사 때 반찬 수를 대폭 줄이게 하고, 복장도 소박하게 입게 했다. 심지어 후궁들에게 분조차 못 바르게 했다. 이를 통해 관료들의 청렴을 요구하는 한편 솔선수범하여 후궁들의 간소한 생활을 관리했다.

2) 앞장서서 법대로 집행하다

문제는 관리들의 비리와 부정을 극도로 증오했다. 이런 일이 발각되면 그 즉시 엄벌로 다스렸다. 친인척도 용서하지 않을 정도로 엄격했다. 아들 양준(楊俊)의 사치향락이 발각되자 즉시 연금시켜 버린 일은 그중 한 예에 지나지 않았다. 대신 양소(楊素)가 용서를 빌었지만 황제의 아들과 백성의 법이 다를 수 있냐며 물리쳤다.

3) 백성들을 아끼다

현명한 리더들은 자신의 기반이 어디에서 오는지 잘 안다. 봉건 체제에서 통치의 기초는 백성이었다. 문제도 이 점을 제대로 인식하여 백성들을 무척 아꼈다. 황궁을 나서 민간을 시찰하다 노인이나 어린아이를 만나면 얼른 길을 양보하고 열정적으로 그들을 위로했다. 문제의 이 같은 '애민(愛民)'은 관리들에게도 영향을 주어 백성들을 위해 자기 녹봉을 깎아서 그들에게 주고자 하는 사람까지 나타났다. 문제의 '신법'은 또 어질고 유능한 관리들을 길러내는 데 적지 않은 영향을 주었다. 덕분에 그가 재위한 약 20년 동안 천하는 별 탈 없이 편안하고 즐거운 세월을 보낼 수 있었다.

남북조라는 장장 300년에 걸친 대분열에 마침표를 찍은 수나라는 개국 군주 양견의 '신범'이라는 리더십 발휘가 큰 역할을 했다. 그는 통일왕국의 구석구석을 살피면서 솔선수범하려 애를 썼다. 비록 후계자 선정에서 양제에게 농락당해 수나라가 멸망의 길을 걷긴 했지만 양견의 리더십은 리더들의 반면교사가 되기에 충분하다. 그림은 양견의 초상화다.

4. 당 태종의 '신범'

당 태종의 '신범' 사례는 역대로 끊임없이 거론되었고, 또 다양한 각도에서 분석의 대상이 되어왔다. 이를 통해 수많은 리더에게 마르지 않는 통찰력을 제공했다. 중국 역사상 최고의 명군이란 명성과 평가에 걸맞게 그는 다양한 '신범' 사례를 후세에 남겼다.

당 태종은 "군주는 나라에 기대고, 나라는 백성에 기댄다."는 민본(民本) 사상에다, 수나라가 짧은 시간에 멸망하는 모습을 지켜보고 얻은 교훈과 계발을 종합하여 자신의 통치철학을 확립했다. 그 중에서 '신범'은 이런 태종의 통치철학을 가장 잘 반영하는 부분이라 하겠다.

1) 애민(愛民)

이 부분은 수 문제와 크게 다르지 않았다. 기간산업인 농업을 근본으로 한다는 기조를 견지하면서 백성들의 노동력을 아끼고 중시했다. 그러면서 자신이 솔선하여 절약과 검소를 실천했다. 물론 세금을 가볍게 하는 조치도 뒤따랐다.

2) 전투에서 앞장서다

수나라 말 천하가 대혼란에 빠졌다. 각지에서 군웅들이 출몰하여 패권을 다투었다. 당 태종 역시 아버지 이연(李淵, 당 고조)과 함께 대권의 기치를 높이 치켜들었다. 이후 당 태종은 여러 차례 중요한 전투를 치르게 되는데, 그때마다 장병들보다 먼저 앞장서서 전투를 지휘하고 싸웠다. 이를 '신선사졸(身先士卒)'이라 하는데, 리더의 '신범'이란 덕목 중에서 중요한 요소의 하나다.

당 태종은 전투에서 누구보다 앞장서서 싸웠을 뿐만 아니라 전투 후 군심과 민심을 다독거리는데 상당한 주의를 기울였다. 그 결과 백성들 사이에는 혼란을 싫어하는 마음이 자리 잡았고, 이어 통일이라는 역사의 대세가 당나라 쪽으로 기울고 있음을 확신하기에 이르렀다. 요컨대 당 태종은 '신범'을 통해 민심을 크게 얻는데 성공했고, 그것이 천하대세의 흐름을 당나라 쪽으로 돌리게 했다.

3) 엄정하고 효율적인 법 집행으로 '정관지치(貞觀之治)'를 열다

당 태종은 정관 원년인 627년 중앙 관리들에 대한 대대적인 인원 감축을 단행했다. 당시 2,000명이 넘던 인원을 무려 70%나 줄여 단 643명만 남겼다. 이에 따른 업무의 효율적인 분배와 처리를 위해 태종은 그 자신이 정무에서 모범을 보였다. 결재를 미루지 않았으며, 업무 시간을 따로 정해 놓지 않고 수시로 일을 처리했다. 심지어 밥을 먹으면서 보고를 받거나 결재했다. 또 정무가 돌아가는 상황을 정확하게 파악하기 위해 능력이 뛰어난 관리들을 눈여겨보아 두었다가 그들의 견해를 경청하는가 하면, 필요한 사항은 병풍에다 적어 수시로 익혔다. 어떤 정무는 담당관보다 상황을 더 잘 파악하고 있을 정도였다.

입법과 법 집행은 엄정하되 풍속을 교화시키는 인의(仁義)와 예제(禮制)의 중요성을 인식하여 서로 조화되도록 노력을 기울였다. 특히 법령의 간편성과 안정성을 강조하면서 번거롭고 중복되는 조항, 수시로 바뀌는 법령 등이 생기지 않도록 주의를 주었다. 이로

당 태종이 구가한 '정관지치'는 당나라를 세계 최고의 나라로 만드는 데 결정적인 작용을 했다. 7세기 당시 당나라 도성 장안(長安)의 인구가 100만을 넘었고, 수많은 나라들이 장안에 와서 교역하고 포교했다. 사진은 '정관지치'를 나타낸 조형물로, 지금의 씨안 대안탑(大雁塔) 앞 불야성(不夜城) 당나라 거리에 조성되어 있다.

써 수나라 때 2,000조항이 넘던 법령이 700조항으로 크게 줄었다.

당 태종의 '신범'은 관리들의 적극성을 크게 자극함으로써 군주와 신하가 합심하여 천하를 크게 다스리겠다고 하는 새로운 기운을 조성할 수 있었다. 중국 역사상 그 유례가 없는 최고 전성기라는 '정관지치'가 괜히 도래한 것이 아니다. 당 태종은 '신범'의 중요성과 그 힘을 가장 제대로 보여준 리더였다.

| '신범'이 주는 교훈과 힘 |

'신범'은 소리 없는 명령이다. 밑으로 조용히 흘러 모두를 적시는 소리 없는 흐름 같은 것이다. '신범'은 조용하지만 엄청난 위력으로 주위를 감화시킨다. 남에게 무언가를 시키고 싶으면 자신이 먼저 행하라고 했다. 공자는 "내가 하고 싶지 않은 것을 남에게 베풀지 말라(기소불욕己所不欲, 물시어인勿施於人)."고 했다. 모두 '신범'에 대한 나름의 계시를 주는 귀중한 생각들이다. 이제 '신범'이 주는 교훈과 그 힘, 즉 영향력과 위력을 정리해보겠다.

1. '신범'하면 인재를 유능하게 만든다

위에서 행하면 아래에서 본받는다. 리더가 자신의 몸으로 실천해 보이면 아랫사람은 당연히 그를 따르게 된다. 리더가 바른 방법으로 좋은 행동을 보이면 조직원이나 아랫사람들도 그만큼 의식과 실력이 향상될 수밖에 없다. '신범'을 제대로 실천하는 리더 밑으로 기라성 같은 인재들이 모여드는 까닭이 여기에 있다.

당 현종(玄宗) 이융기(李隆基)는 집권 초기 '신범'으로 많은 인재를 모으고, 이른바 '개원지치(開元之治)'라는 당나라 제 2의 전성기를 구가했다. 그러나 통치 후반기에 사치 음탕에 빠져 '신범'을 포기함으로써 나라를 혼란에 빠뜨렸다. 인재들은 박해를 받았고, 속속 세속을 등지고 초야로 숨어 버렸다. 리더의 '신범' 여부는 늘 인재의 질과 진퇴에 크게 영향을 줄 수밖에 없다.

2. 인재들이 전력을 다해 기꺼이 보좌한다

리더가 '신범'하면 인재들이 그를 본받아 자신의 능력과 재능을 한껏 발휘한다. 순 임금은 요 임금을 모범으로 삼아 덕을 쌓는 한편, 22개의 자리를 만들어 업무를 분장한 다음 그에 맞는 인재들을 앉히니 한결 같이 맡은 바 일에 최선을 다했다.

주 문왕은 밥 먹는 것도 잊어가며 인재들을 접대했고, 70세가 넘은 강태공조차 우대하여 주 왕조의 기틀을 잡을 수 있게 했다.

앞서 소개한 대로 당 태종은 업무의 효율성을 위해 자신이 할 수 있는 업무를 정확하게 파악한 다음 2천이 넘던 중앙 관료를 600여 명으로 줄였다. 그러고도 업무의 능률은 오히려 올라갔다. 태종 자신이 업무에 모범을 보였기 때문이다.

청 왕조가 중국 역사상 최대 판도를 소유하고 전 세계 GNP의 25%가 넘는 경제력을 자랑할 수 있었던 이유도 청 왕조의 황제들

대부분이 한시도 게으름을 부리지 않고 정무에 힘을 썼기 때문이다. 리더의 '신범'이 작게는 조직, 크게는 한 나라의 부강을 가늠하는 잣대가 될 수 있음을 잘 보여준다.

3. 구하지 않아도 인재들이 모여든다

유능한 인재일수록 리더를 고르려 한다. 당연한 이치다. 따라서 리더의 '신범'은 인재를 끌어들이는 유력한 조건이 된다. 주 문왕이 노인을 공경하고 덕으로 인재를 대한다는 소문을 듣고 백이(伯夷)와 숙제(叔齊) 형제가 주나라를 찾아갔다는 일화는 유명하다. 강태공을 비롯하여 산의생(散宜生), 신갑(辛甲) 등과 같은 인재들도 모두 자기 발로 문왕을 찾았으니 천하의 인재들이 물처럼 문왕에게로 흘러들었다는 말이 과장이 아니다.

장병이 되었건 말이 되었건 농민들의 논밭을 밟지 않도록 하라는 엄명을 내린 조조(曹操)가 자기 말이 밭에 뛰어들어 곡식을 망가뜨리자 자신의 머리카락을 자르는 것으로 죄를 받았다는 일화는 조조의 '신범'을 잘 보여준다. 조조는 모든 일을 이렇게 처리했고, 그 결과 곽가(郭嘉), 가후(賈詡), 장수(張繡) 등이 스스로 조조를 찾아왔다. 곽가는 조조를 만난 뒤 "진짜 나의 주인이다!"라며 기뻐했다.

4. 아랫사람을 격려하는 중요한 수단이 된다

철저한 계급·등급 사회였던 봉건 왕조 체제에서도 사람들은 늘 평등을 추구했다. 일찍이 진(秦)나라 말기의 진승(陳勝)은 "왕후장상

강태공이 문왕을 만났을 때 그는 이미 60을 넘긴 나이였다. 강태공은 각지를 전전하며 천하정세를 분석한 끝에 덕을 갖춘 문왕에게로 대세가 기울었음을 확신했고, 이에 위수 근처에서 빈 낚싯대를 드리운 채 문왕을 기다렸다. 리더의 '신범'은 이렇듯 인재를 끌어들인다.

의 씨가 따로 있더란 말이냐(왕후장상영유종호王侯將相寧有種乎)!"며 신분해방의 기치를 높이 치켜든 바 있다. 봉건 사회에서 윗사람에게 대놓고 맞서거나 반대하기란 쉽지 않았지만 사람들은 늘 마음에 불만을 품고 윗사람을 대했다. 따라서 리더나 상사의 언행 하나하나가 주목의 대상이 될 수밖에 없었고, 그것이 아랫사람에게 미치는 영향력은 대단했다. 이 점은 오늘날에도 크게 달라진 것이 없다.

그러므로 리더가 아랫사람을 예로 대하고 평등하게 대우하면 리더를 우러러 볼 수밖에 없다. 리더의 '신범'이 아랫사람을 격려하여, 그것이 결국에는 리더에 대한 존경심으로 귀착된다는 말이다. 그리고 그 자체가 강력한 리더십으로 자리를 잡는다. 역사상 높은 평가를 받은 리더들치고 이 점에서 계시를 받지 않은 사람은 없다.

| '신범' 관련 명언명구 |

> ## 부하사상야(夫下事上也), 부종기소령(不從其所令),
> ## 종기소행(從其所行)
> "무릇 아랫사람이 윗사람을 섬김은 그 명령을 따르는 것이 아니라
> 그 행동을 따르는 것이다."
> – 《예기》〈치의緇衣〉

리더의 말보다는 그 행동이 아랫사람에게 직접 영향을 미친다는 뜻으로, 리더의 '신범'이 얼마나 중요한가를 절묘하게 지적한 명구이다.

> ## 군명신직(君明臣直). 군자표야(君者表也),
> ## 신자경야(臣者景也), 표동즉경수의(表動則景隨矣)
> "군주가 밝으면 신하가 정직해진다.
> 군주는 해시계의 기둥이고. 신하는 그림자이다.
> 기둥이 움직이면 그림자는 그 기둥을 따라 움직이는 법이다."
> – 《자치통감》〈당기〉

리더가 바로 서야만 아랫사람도 바르게 된다는 점을 해시계와 그림자를 가지고 절묘하게 비유한 위징의 명언이다.

> 기신정(其身正), 불령이행(不令而行);
> 기신부정(其身不正), 수령부종(誰令不從)
> "그 몸이 올바르면 명령하지 않아도 일이 이루어지지만,
> 그 몸이 바르지 못하면 아무리 명령해도 일이 이루어지지 않는다."
> — 《논어》〈자로〉

리더의 '신범'이 명령이나 정책의 수행에 미치는 영향을 지적한 공자의 명언이다.

> 상노노이민흥효(上老老而民興孝),
> 상장장이민흥제(上長長而民興弟),
> 상휼고이민불배(上恤孤而民不倍).
> "위에서 노인을 공경하고 사랑하면 아랫사람들이 부모와 어른들에게
> 효도하고 존경한다. 윗사람이 서로 화목하게 돌보고 아끼면
> 아랫사람들이 형제와 단결하고 아낀다. 위에서 외로운 사람들을
> 가엾게 여기고 보살피면 아랫사람들은 서로를 속이지 않고
> 우애롭게 지내면서 앞장서서 가난하고 약한 사람을 돌본다."
> — 《예기》〈대학〉

윗사람이나 리더의 '신범'이 사회적 기풍조성에 큰 영향을 미친다는 점을 지적한 명구이다.

상유호자(上有好者), 하필유심언자의(下必有甚焉者矣).
군자지덕(君子之德), 풍야(風也); 소인지덕(小人之德),
초야(草也). 초상지풍(草尙之風), 필언(必偃)

"위에서 무엇인가를 좋아하면 아래서는 틀림없이
그보다 더 심하게 따라 한다.
군자의 덕은 바람이요, 소인의 덕은 풀이다.
풀은 바람을 따라 눕기 마련이다."
-《맹자》〈등문공〉 상

윗사람의 기호나 취미가 아랫사람에게 미치는 영향의 관계를 바
람과 풀로 비유한 맹자의 명언이다.

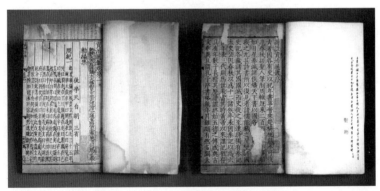

《자치통감》은 기원전 403년부터 오대시대 후주 세종 6년인 959년까지 16개 왕조 1362년의
역사를 기록한 편년체 통사다. 역대 제왕들은 이 역사서를 제왕학의 교과서처럼 평가하며 필
독서로 꼽았다. 오늘날 리더들이 읽으면 도움이 될 내용과 교훈들이 넘쳐난다. 사진은 《자치
통감》 판본이다.

Leader's
20 Hammers

제2부

관계론

리더십 20단계론 중 관계론에 해당하는 일곱 가지 자질의 핵심은 리더의 겉으로 드러내는 자질 표현의 방법들이다. 인재에게 양보하고, 사심 없이 추천하며, 인재를 존중해 다양한 롤 모델을 만들어내는 것이 관계론의 주요 실천 덕목들이다. 관계표에 의해 양현(讓賢), 성구(誠求), 천거(薦擧), 적대(赤待), 문병조휼(問病弔恤), 예존(禮尊), 수해(樹楷)의 대표 덕목을 살펴보면 오른쪽과 같다.

관계론의 범주에 속하는 일곱 항목은 리더와 인재의 관계가 그 핵심을 이룬다. 대부분 리더가 인재를 구하고 기용하는 방법에 관한 내용인데, 리더의 자질론에서 제기된 리더십 함양의 결과에 따라 관계론의 항목도 질적인 차이를 보일 수밖에 없다.

분야	항목	핵심 요지	비교
리더십			
자질론	명기(明己)	'명기'는 자신을 투명하게 만드는 고통스러운 과정이다.	리더 개인적 차원의 자질 함양 방법론
	위공(委功)	진심으로 '위공'을 하면 당사자뿐만 아니라 주변 사람들의 마음까지 얻을 수 있다.	
	납간(納諫)	흥하는 리더는 남이 말해주지 않으면 어떡하나 걱정하고, 망하는 리더는 남이 무슨 말을 하지나 않을까 걱정한다.	
	석원(釋怨)	'석원'은 확고한 공사구분의 자세와 정신이 전제되어야 가능하다.	
	남과(攬過)	잘못을 끌어안으면 민심을 끌어안을 수 있다.	
	신범(身範)	마음에 앞서 내 몸(행동)이 표본임을 잊지 마라.	
관계론	양현(讓賢)	유능한 사람에게 양보하는 것은 가장 고귀한 품덕이다.	겉으로 드러나는 리더의 객관적 자질 표현의 방법론
	성구(誠求)	간절히 구하되 실질적으로 동원할 수 있는 모든 방법을 동원할 줄 알아야 한다.	
	천거(薦擧)	사심없는 추천은 도미노 현상을 일으킨다.	
	적대(赤待)	진정으로 마음을 주되 맹목적인 심복을 만들어서는 안 된다.	
	문병조휼(問病弔恤)	세심한 배려야말로 큰일을 성취할 수 있는 밑거름으로 작용한다.	
	예존(禮尊)	예를 갖추어 인재를 존중하는 것은 동서고금의 변치 않는 최선의 방법이다.	
	수해(樹楷)	진취적이고 다양한 롤 모델을 적극 발굴하여 제시하라.	
조직론	시관(試官)	인재의 적극성을 자극하는 합리적 시스템으로 정착되어야 한다.	실적 검증과 그에 따른 격려·상벌·징계의 방법론
	과거(科擧)	정기적으로 시행하되 융통성과 창의성을 가미한 인재 선발 시스템을 만들어라.	
	고적(考績)	공정, 공개, 공평에 입각한 '3공'의 원칙으로 성과와 실적을 평가하되 과정을 무시하지 않도록 하라.	
	포양(襃揚)	'포양'은 상하좌우 관계의 협조를 끌어낼 수 있어야 한다.	
	장상(獎賞)	상은 선도(善導)와 격려(激勵)의 기능을 끝까지 견지해야 한다.	
	경벌(輕罰)	벌은 가볍되 왜 벌을 받는지 확실하게 알고 기꺼이 받아들이게 하라.	
	엄징(嚴懲)	징계는 벌과는 다르되 엄정해야 한다.	

'명기'로부터 '신범'에 이르는 여섯 덕목의 자질론이 추구하는 바는 한
결같이 유능하고 좋은 인재를 얻고자 하는데 있다. 요컨대 리더십은
리더 개인의 덕목일 뿐만 아니라 좋은 인재를 구하고 기용하는데 가장
중요한 조건이 된다는 뜻이다. 이 단계가 이루어지면, 이제 리더를 중
심으로 인재와 조직원 상호간의 관계설정이 중요한 과제 내지 문제로
제기된다. 이를 관계론(또는 인재론)으로 개관했는데, 위 표를 통해 다시
한 번 관계론의 위치와 주요 항목들을 눈에 넣어두자. 다른 범주와 그
에 딸린 항목들도 함께 개관해두면 더 좋다.

관계론의 항목들은 그 자체로 자질론과 겹치는 부분이 적지 않다. 이
는 달리 말해 자질론과 상당 부분에서 관계론이 중복된다는 의미이다.
20개에 이르는 항목들을 현대에 맞게 분류하다보니 발생한 불가피한
중복임을 양해하기 바란다. 이제 '양현'을 시작으로 '수해'까지 관계론
의 일곱 개 항목들을 하나하나 사례 중심으로 살펴보고 그를 통해 어
떤 가르침을 얻을지, 그것들이 주는 영향력과 위력 등을 함께 생각해
보자.

양현
讓賢

양보의 힘

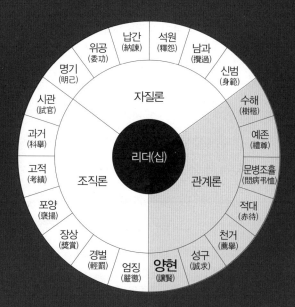

| '양현'의 의미와 인식 |

'양현'이란 개념은 《예기》〈표기(表記)〉편의 "검우위(儉于位), 이과 우욕(而寡于欲), 양우현(讓于賢)."이라는 대목에서 나왔다. "지위에 검소하고, 욕심을 덜 부리며, 유능한 사람에게 양보한다."는 뜻이 다. '양현'이란 자신의 직위를 자기보다 더 적합한 인재에게 양보한 다는 뜻으로, 이 역시 좋은 인재를 구하고 기용하는 방법의 하나로 인식되어 왔다. '양현'의 가장 큰 특징은 양보하는 사람의 '공심(公 心)'에 있다. 사사로운 감정이나 욕심을 버리고 오로지 백성과 사회 와 나라를 위한다는 '공심'에서 출발한다. 정말 고상한 정신적 품격 이 아닐 수 없다. 이런 품격으로 좋은 인재를 추천하고 자신의 자 리를 양보함으로써 함께 손잡고 앞으로 나아가는 것이다. 따라서 '양현'의 감화력, 응집력, 촉진력은 무궁하다.

'양현'은 방법이자 도덕이다. '양현'이 만들어내는 중요성과 특수 성은 다른 방법과는 비교가 안 된다. '양현'에 대한 이런 의미를 염 두에 두고 '양현'에 대한 선인들의 인식을 살펴보자.

첫째, 《상서》〈주관(周官)〉에 보면 "유능한 인재를 추천하고 그에게 양보하면 관리와 백성이 화합한다. 관민이 화합하지 못하면 정치 가 난잡해질 수밖에 없다."고 하여 '양현'을 관민 화합의 한 요인으 로 보았다. 나아가 그것을 정치의 잘잘못으로 연계시켰다. 《좌전》 (양공 13년)에 보면 기원전 570년 진(晉)나라의 사개(士丐) 등의 양현에 대한 다음과 같은 논평이 있다.

"진나라 백성들은 이로써 크게 화합했고, 제후들도 친목하게 되었
다. 군자들이 말하길 '양보(겸양)는 예의 주체다'라 했다."

사개가 '양현'하니 그 아랫사람들도 모두 양현했다. 이로써 진나
라가 단결하고 몇 세대에 걸쳐 그 이익을 누렸다.

둘째, 선인들은 '양현'을 자신을 편안하게 하고 나라를 이롭게 하
는 주효한 방법으로 인식했다. 자기 힘으로 감당해내지 못하거나
적합하지 못한 자리를 끌어안고 억지로 지키려 하면 틀림없이 실
수하게 된다. 이는 나라에 해가 될 뿐만 아니라 자신에게도 손해
다. 따라서 주도적으로 '양현'하면 자신은 자리에 따른 실수를 피하
게 되고, 또 제때에 나라를 위한 인재를 추천하게 되어 모든 일이
순조롭게 진행된다. 이와 관련하여 법가 사상을 집대성한 순자(荀
子)는 이렇게 말한다.

"신하된 자가 자신의 자리와 일을 자기 것으로 여기지 않고 힘이 미
치지 못할 때 주동적으로 '양현'하면 상하가 화합하고 마음이 하나로
안정된다. 이렇게 했기에 요·순·우의 치세가 있었고, 왕업이 일어
날 수 있었던 것이다."
 ─《순자》〈왕패王霸〉

순자는 '양현'을 나라를 잘 다스리는 치세의 한 방법으로 보았다. 그러면서 힘이 미치지 못하거나 능력이 안 된다고 생각하면 기꺼이 '양현'하라고 권한다. 요와 순은 임금 자리조차 생전에 양보하지 않았던가? 그것도 자식이 아닌 유능한 인재에게.

셋째, 선인들은 '양현'을 지극한 덕으로 찬미했다. 지금도 여전하지만 직위는 권세이자 부의 원천으로 인식된다. 그래서 많은 사람들이 권세와 부를 좇아 자리를 탐한다. 갖은 수단과 방법을 동원하여 더 높은 자리를 훔치려 한다. 이 때문에 상하좌우가 안전하지 못하고 심하면 집안이 망하고 나라가 깨진다.

공자는 윗사람들이 '양현'을 중시하고 앞장서면 겸양의 도가 일어나 아랫사람들이 다투지 않는다고 했다. 정확한 관점이다. 윗사람들이 '양현'을 중시하지 않는데 누가 나서서 '양현'하려 하겠는가? 자리는 부의 의지처이다. 자리가 있으면 부가 따른다. 내가 사사로운 이익을 중시하면 아랫사람의 이익을 침탈하게 되고, 아랫사람들은 자신의 이익을 지키기 위해 틀림없이 서로 다툰다. 반대로 윗사람들이 '양현'을 중시하면 상황은 달라진다. 자기 자리조차 기꺼이 양보하려는데 아랫사람들이 자기가 손해 본다고 걱정할 필요가 있겠는가? '양현'이 여러 사람을 안심시키고 자기 자리와 일에 최선을 다하도록 격려한다는 뜻이 바로 이것이다.

| '양현'을 실천한 리더들의 사례 |

1. '양현'과 '선양(禪讓)'

역사적 사례들을 종합해보면 '양현'에는 '선양'이라는 형식이 더 포함될 수 있다. '선양'이란 간단히 말해 군주 자리를 양보하는 것이다. 하지만 역사적으로 볼 때 '선양'은 그 예가 드물었을 뿐만 아니라 순수한 '선양'은 거의 없었다. 대부분 강압적인 상황에서 억지로 이루어진 정치 쇼에 지나지 않았다. 따라서 '선양'을 '양현'의 개념에 포함시키기에는 다소 무리한 측면이 있다. 하지만 전설이나 일부 역사적 사실에 순수한 '선양' 사례가 포함되어 있기에 큰 의미에서 '양현'의 범주에 넣어 간략하게 언급하고 넘어간다.

2. '선양'의 사례들

가장 유명한 사례라면 역시 '요·순 선양'이다. 요 임금은 자신의 후계자로 아들 단주(丹朱)가 아닌 민간의 홀아비 순을 지명하여 20년 넘게 후계자 교육을 시킨 다음 생전에 임금 자리를 물려준다. 주위에서 말들이 많자 요는 아들 단주는 그 자리를 감당할 인물이 못된다며 "한 사람의 이익을 위해 천하가 손해를 볼 수는 없지 않냐!"고 일갈했다.

'요·순 선양'은 중국 역사상 가장 이상적이고 아름다운 '양현'의 사례로 칭송되어왔다. 요 임금의 선양을 받은 순 임금 역시 아들이 아닌, 당시 최대의 현안이었던 치수 사업을 성공시킨 우에게 '선양'

함으로써 '요·순 선양'과 함께 유능한 사람에게 자리를 양보한다는 이상적 '양현' 사례를 남겼다.(《사기》〈오제본기〉)

이밖에 형제들 중 막내 계력(季歷)의 아들 창(昌,주 문왕)이 남달리 영특한 자질을 보이자 창에게 임금 자리가 돌아가도록 계력의 두 형인 태백(太伯)과 중옹(仲雍)이 계력에게 임금 자리를 양보한 사례도 있다. 태백과 중옹은 아예 멀리 남쪽 지방으로 이주하여 새로운 나라, 즉 오(吳)나라를 여는 시조가 되었다. 공자는 태백의 '양현'(선양)을 지극한 덕이라고 높이 평가했다.(《사기》〈오태백세가〉)

3. '양현'의 사례들

'양현' 사례들 중에서 그 내용이 가장 풍부한 것은 역시 자리(직위)를 양보한 경우다. 대표적인 사례들을 간략하게 소개한다.

1) 포숙(鮑叔)의 '양현'

너무나 유명한 '관포지교(管鮑之交)'의 핵심은 관중(管仲)과 포숙의 우정이라기보다는 포숙의 '양현' 실천이라 할 수 있다. 포숙은 제나라를 부국강병으로 이끌고 패주가 되려면 관중 없이는 안 된다고 환공(桓公)을 설득하여 자신에게 돌아올 재상 자리를 관중에게 양보했다. 환공도 자신을 죽이려 한 관중과의 원한관계를 잊고 관중을 재상으로 발탁함으로써 춘추시대 최초의 패주로 우뚝 서는 발판을 마련했다.

2) 자피(子皮)의 '양현'

자피는 춘추시대 정나라의 상경(上卿)이란 고위직에 있었다. 자피는 자산(子産)과 교류하던 중 자산의 재능이 자신을 훨씬 뛰어넘는다는 것을 알게 되었다. 약한 정나라를 바로 다스리기 위해 자피는 국군을 설득하여 자산으로 하여금 상경 자리를 이어받게 했다. 자산은 정나라 정치를 주관하여 좋은 인재들을 두루 기용함으로써 정나라를 작지만 강한 강소국으로 거듭나게 변모시켰다. 백성과 나라를 위해 자피가 결단한 '양현'은 후세 모범으로 길이 전한다.

3) 우구(虞丘)의 '양현'

춘추시대 초나라 재상 우구는 손숙오(孫叔傲)의 능력을 알아보고 장왕(莊王)에게 자신의 자리를 대신하게 해달라고 추천했다. 손숙오는 세 차례 재상 자리에 나가 백성들을 교화하고 상하를 화합시키니 풍속은 아름답게 바뀌고 도적은 근절되었다. 백성들은 모두 기쁘게 생업에 종사하니 초나라의 국력이 크게 신장되었다. 우구의 '양현'은 자신의 이익을 희생함으로써 나라와 백성에 큰 이익을 가져다준 사례였다.

4) 백리해(百里奚)의 '양현'

춘추시대 진(秦)나라 목공(穆公)은 백리해를 얻은 뒤 그의 식견을 높이 사서 상경(上卿)에 임명하려 했다. 그러자 백리해는 손사래를 치며 "신의 친구인 건숙(蹇叔)이 저보다 백배는 낫습니다. 건숙을

상경으로 삼으십시오. 저는 그를 돕겠습니다."라며 양보했다. 목공
이 "그대의 재능은 과인이 직접 보았지만 건숙의 뛰어남은 들은 바
없소."라고 염려하자 백리해는 다음과 같은 사실을 목공에게 들려
주었다.

"신이 제나라에 가서 공자 무지(無知)에게 의지하려고 한 적이 있
었습니다. 그러자 건숙은 제나라에 곧 난리가 날 것 같으니 그곳
에 머무르지 말라고 했습니다. 제가 제나라를 떠나자 정말 형제간
에 난리가 났습니다. 또 주 왕실로 가서 왕자 퇴(頹)에게 몸을 맡기
려 하자 건숙은 주 왕실의 정국이 불안하니 오래 머물지 말라고 했
습니다. 제가 주를 떠나오자 왕자 퇴가 화를 당했습니다. 우(虞)나
라에서는 그 국군과 일을 도모하려 하자 건숙은 우나라 국군은 사
리사욕을 탐하는 사람이라 보좌하기 힘들다고 충고했습니다. 당시
저는 너무 어려운 상황이라 그 충고를 듣지 않았다가 우나라는 진
(晉)나라에 망하고 저는 포로가 되었습니다. 두 번째까지는 건숙의
말을 들었지만 세 번째 말을 듣지 않았다가 하마터면 목숨까지 잃
을 뻔했습니다. 이렇듯이 건숙의 지혜는 제가 도저히 따르지 못할
경지에 있습니다."

　목공은 백리해의 말에 따라 바로 후한 조건과 정중한 예를 갖추
어 건숙을 모셔왔다.

5) 한헌자(韓獻子)의 '양현'

기원전 536년 진(晉)나라 상경 한헌자는 자신의 나이, 체력, 지력 등이 상경 자리를 감당할 수 없다는 것을 깨달았다. 그래서 무기(無忌)를 자신의 자리에 추천했다. 질병이 있던 무기는 국군을 보좌하여 백성들을 위해 일을 하고 싶은 마음은 굴뚝같았으나 질병 때문에 앞장서서 일을 해내기에 역부족이라면서 기(起)를 추천했다. 기가 백성들을 아끼고 정직했기 때문이다. 국군은 이들의 '양현'에 깊이 감동하여 한헌자의 퇴직을 받아들이는 한편 기를 상경에, 무기를 공족 대부의 우두머리에 임명했다.

6) 꼬리에 꼬리를 문 '양현'

춘추시대 진(晉)나라 국군이 사냥을 나가면서 군대를 사열키로 했다. 국군이 사개(士匃)를 보내 중군을 거느리게 하자 사개는 사양하면서 "순언(荀偃)이 저보다 낫습니다. 과거 신이 지백(智伯)을 잘 알아 그를 보좌한 것이지 제가 잘나서가 아닙니다. 순언을 보내십시오."라고 청했다. 국군은 순언에게 중군을 이끌게 하고, 사개로 하여금 순언을 보좌하게 했다. 국군이 또 한기(韓起)에게 상군을 이끌게 하자 한기는 조무(趙武)를 추천했다. 이에 국군은 난염(欒黶)을 하군의 수장으로 삼고 위강을 보좌로 삼게 하자 모두들 이 인사 조치를 환영했다. 사실 난염은 뛰어난 부장이었지만 자기주장이 강하고 독단적인 면이 없지 않았는데 사개와 한기 등이 자청해서 '양현'함으로써 난염 역시 스스로를 낮추면서 조무에게 '양현'했던 것

'관포지교'의 실제 주인공은 포숙이다. 그의 담대한 '양현'이 없었더라면 이 천고의 아름답고 감동적인 고사는 전해지지 못했을 것이다. 관중은 세상을 떠나기에 앞서 "날 낳아주신 분은 부모님이고, 날 알아준 사람은 포숙이다"라고 했다. 그림은 《동주열국지》 삽화 중 하나로, 왼쪽부터 포숙, 관중, 환공(앉은 인물), 조말이다.

이다. '양현'이 또 다른 '양현'을 낳게 한 대표적인 사례였다. 이것이 '양현'의 강력한 감화력이다.

| '양현'이 주는 교훈과 힘 |

'양현'에 대한 인식과 사례들을 종합 분석하여 그것이 보여주는 교훈과 그 위력을 정리해보도록 하자.

1. '양현'은 백성과 나라를 위하는 고귀한 품덕이 있어야만 한다

'양현'은 쉽게 되는 것이 아니다. 역사상 '양현' 사례가 드문 것이 이를 잘 보여준다. 명성과 이익을 추구하고, 자리가 돈이요 권세인 사회 풍토에서 내 자리를 나보다 나은 인재에게 양보하기란 결코 쉽지 않다. 그렇다면 어떤 사람이 '양현'할 수 있는가? 역사적 사례들은 오직 한마음으로 백성과 나라를 위한 사람만이 이를 실천했음을 잘 보여준다. 그래서 '양현'을 숭고한 덕이라 칭송하는 것이다. 포숙이 관중에게 '양현'하자 세상 사람들은 관중이나 환공보다 포숙을 더 칭찬했다고 하지 않았던가?

2. 사회적 기풍이 바로잡혀 있어야만 '양현'할 수 있다

다시 말해 사회적 기풍이 '양현'의 보증이다. 유능한 인재들이 엄연히 존재함에도 왜 '양현'하지 못하거나 하지 않는가? 그런 사회적 기풍이 없기 때문이다. 이런 기풍이 없으면 '양현'해도 손가락질 받고 조롱 받기 십상이다. 이런 분위기에서는 '양현'을 하고 싶어도 못한다. '양현'을 위한 사회적 기풍을 조성하는 일은 모두가 함께 힘을 보태야 한다.

3. '양현'은 대대적으로 선전하고 칭찬해야 한다

누구 한 사람이 좋은 일을 하면 만 사람이 조롱하는 것과 누구 한 사람이 좋은 일을 하면 사회 전체가 칭찬하는 것의 차이는 실로 엄청나다. 사회적 기풍을 조성하기 위해 '양현'은 모두가 나서 장려하고 선전해야 한다.

4. '양현'은 리더들이 나서 시범을 보여야만 한다

'양현'의 기풍이 일지 않고 오히려 쇠퇴하는 것은 리더들이 나서지 않고, 리더들이 '양현'하려 하지 않기 때문이다. 리더가 나서면 만사 걱정할 일 없다는 말이 있듯이 각계각층 리더들의 솔선수범이야말로 '양현'이란 기풍조성의 중요하고 핵심적인 요소이다.

5. '양현'은 유능한 인재를 구하고 기용하는 가장 권위 있는 방법이다

'양현'의 기풍이 크게 일어나면 세상이 변한다. 이기주의가 판을 치는 세태에서 자기 이익과 명성과 권세를 포기하는 '양현'보다 더 권위 있고 강력한 실천 강령이 어디 있겠는가? '양현' 그 자체가 강력한 권위이자 사회적 요구에 다름 아니기 때문이다.

6. 다음의 상황에서는 반드시 '양현'해야 한다

① 나이가 들었을 때이다. 나이는 숫자에 불과하다고 하지만 연령이란 생물학적 한계를 인간이 뛰어넘기란 불가능에 가깝다. 따라서 적절한 나이에 물러나 후진에게 '양현'할 수 있어야 한다.

② 병이 생겼을 때이다. 신체의 병은 육체적 능력은 물론 정신력과 판단력 등에 영향을 줄 수밖에 없다. 나은 인재에게 '양현'하고 쉴 수 있어야 한다.

③ 내 능력이나 재능이 다른 사람만 못하다고 판단되면 즉각 '양현'해야 한다.

④ 전체적인 국면을 크게 고려해서 '양현'해야 할 때 '양현'할 수 있어야 한다.

⑤ 조직과 사회 전반의 원활한 신진대사를 위해서 사심 없이 '양

현'해야 한다. 이렇게 되면 큰 미덕으로 작용하여 건전한 사회적 기풍조성에 지대한 영향을 미치게 된다.

| '양현' 관련 명언명구 |

> **추현양능(推賢讓能), 서민내화(庶民乃和)**
> "유능한 인재를 추천하고 능력 있는 사람에게 양보하면
> 관리와 백성이 화합한다."
> – 《상서》〈주관〉

'양현'이 실천으로 옮겨지면 관민이 화합하여 나라가 편해진다는 뜻이다. 그 반대 경우라면 정치가 혼란에 빠진다고 경고하고 있다.

> **종불이병천하이이일인(終不以病天下而利一人)**
> "한 사람의 이익을 위해 천하가 손해 볼 수 없다, 결코!"
> – 《사기》〈오제본기〉

요 임금이 아들에게 자리를 물려주지 않고 순에게 물려주자 주위에서 불만이 많았다. 이에 요 임금은 단호하게 이 말로 이들의 불만을 일축했다. '양현'의 실천은 오로지 '공심(公心)'에서 비롯된다. 사리사욕을 단호히 배격하고 '양현'한 요 임금의 '공심'이 잘 드러난 명언이다.

> ## 생아자부모(生我者父母), 지아자포숙(知我者鮑叔)
> "날 낳아주신 분은 부모요, 날 알아준 사람은 포숙이다."
> – 《사기》 〈관안열전〉

관중은 자신에게 돌아갈 재상 자리를 자기에 양보한 포숙의 커다란 '양현' 실천을 이렇게 칭송했다. 포숙의 사심 없는 '양현'으로 춘추시대 제나라는 일류 국가로 발돋움할 수 있었다.

> ## 지현(知賢), 지야(智也); 추현(推賢), 인야(仁也); 인현(引賢), 의야(義也). 유차삼자(有此三者), 우하가언(又何加焉)
> "인재를 아는 것은 지혜요, 인재를 추천하는 것은 어짐이요,
> 인재를 이끄는 것은 의로움이다. 이 세 가지가 있는데 무엇이 더 필요할까?"
> – 《한시외전韓詩外傳》

'양현'을 실천하기 위한 단계를 구체적으로 지적하고 있는 명구이다. 유능한 인재에게 양보하기 위해서는 인재를 알고, 추천하고, 이끌어야 완성된다는 의미이다. 알고 추천했더라도 그 인재가 쓰이지 못하면 '지현'과 '추현'의 미덕도 헛일이 된다.

'양현'의 방법들 중 가장 어려운 것이 '선양'이라고 한다. 임금 자리를 양보하는 일이다. 적장자 부자계승을 원칙으로 하는 왕조 체제에서 '선양'은 거의 불가능에 가까웠다. 이 때문에 많은 문제와 폐단이 일어났다. 사마천은 군주 자리의 양보야말로 최고 최상의 '양현'이라고 생각해서 요·순의 선양을 《사기》 첫 권인 〈오제본기〉를 통해 강조했다. 그림은 요·순의 선양을 나타낸 벽돌 그림이다.

성구

誠求

갈구하는 힘

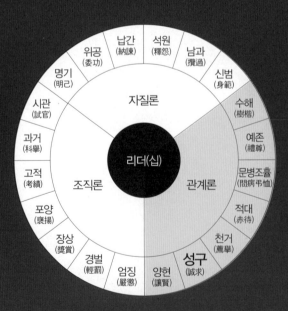

| '성구'의 의미와 인식 |

'성구'란 진심으로 간절히 구한다는 뜻이다. 물론 인재에 대한 갈망이다. 그래서 예로부터 '목이 마른 듯 인재를 갈구한다'는 말이 있었다. '성구'에서 '성(誠)' 자는 글자대로 '말을 이룬다'는 것이다. 내뱉은 말을 진짜 성사시킬 때 '성' 자를 갖다 쓸 수 있다. 이런 점에서 '성구' 역시 인재를 구하고 기용하는 방법론의 범주에 속한다.

'성구'는 진심과 정성으로 인재를 구함으로써 인재를 감동시키고, 인재를 끌어들이고, 인재를 격려하고, 인재를 움직여 몸과 마음을 다하도록 하는 인재 용인술의 유용한 방법 중 하나이다. '성구'의 가장 큰 특징은 인재를 구하는 사람이 상대에 대해 '정성(精誠)'으로 대하고 절대 신뢰로 상대를 안심시키는 데 있다.

《전국책(戰國策)》을 편찬하여 유명한 한나라 때 학자 유향(劉向)의 《신서(新序)》(〈잡사雜事〉 4)에 보면 이런 이야기가 실려 있다.

옛날 초나라의 웅거(熊渠)가 밤길을 가다가 옆으로 누운 돌을 보고는 호랑이가 엎드려 있는 줄 착각하여 활로 쏘아 명중시켰다. 가서 보니 화살이 박히긴 했는데 호랑이가 아닌 돌이었다. 제자리로 돌아와 다시 화살을 날렸으나 화살은 튕겨 나왔다. 웅거는 '성심이 있으면 쇠와 돌도 열리거늘 하물며 사람이야'라는 생각을 했다.

'성심'으로 사람을 얻을 수 있음을 극단적으로 비유한 이야기이다. 이와 비슷한 이야기는 《사기》(〈이장군열전〉)에도 나오고, 동진시대 갈홍(葛洪)의 《서경잡기(西京雜記)》(제5)에도 보인다. 모두 사람을 얻으

정성과 진심이 함께하면 '성구'는 더욱 효력을 발휘할 수 있다. 아무리 사소한 일이라도 정성을 다해야 이루거나 얻을 수 있거늘 인재를 얻는 일이야 말해서 무엇 하겠는가? 지극한 정성이면 하늘도 감동시킨다는 말은 그래서 나온 것이다. 그림은 한나라 때 명장 이광이 바위를 호랑이인 줄 알고 집중해서 화살을 날렸더니 화살이 바위에 가서 박혔다는 일화를 형상화한 것이다.

려면 반드시 '성심'을 다해야 한다는 이야기를 하고자 함이다. 양웅(揚雄)은 이를 "지성이면 금석도 열리는 법이다."라는 말로 요약했다.

역사적 사례와 실천들은 '성구'야말로 좋은 인재를 얻는 절묘한 방법임을 끊임없이 강조하고 있다. '성구'는 오랜 시간과 경험을 거치면서 계속 그 내용이 충실해지고 다듬어져 후세에 훌륭한 인재 용인술로 빛날 수 있었다.

| '성구'의 실천 사례들 |

1. 얼굴을 그려 찾다

민간에서 생활하다 임금이 된 상나라 무정(武丁)은 조정 내에 마땅한 권력 기반이 없어 임금 노릇을 제대로 할 수 없었다. 무정은 3년을 말없이 상황을 지켜보았다.(여기서 '삼년무언三年無言' 또는 '삼년불언 三年不言'이란 성어가 나왔다. 차분히 돌아가는 형세를 지켜보며 다음 수순을 준비한다는 뜻이다.) 그리고 어느 날 무정은 다음과 같은 정치적 쇼를 벌였다.

조정 회의를 주관하던 무정이 갑자기 졸도했다. 신하들이 침소로 모셔 눕히고 의관을 불러 돌보게 했지만 깨어날 줄 몰랐다. 하루가 지나고 이틀이 지났지만 무정은 깨어나지 않았다. 신하들은 임금이 이러다 죽는 것 아니냐며 후계자를 물색하려고 했다. 사흘 째 되던 날 무정이 기적처럼 깨어났다. 신하들은 안도의 한숨을 내쉬었다.

깨어난 무정은 신하들에게 꿈에서 천신을 보았다고 했다. 신하들은 귀를 쫑긋 세웠다. 모든 일을 점복에 의존하던 상나라의 풍습으로는 무정의 졸도와 천신의 꿈은 신비 그 자체였다. 무정은 꿈에서 천신이 열(說)이란 이름의 훌륭한 인재 한 사람을 소개했다며 화공을 시켜 얼굴을 그리게 한 다음 찾게 했다. 신하들도 이구동성으로 하늘이 상나라를 돕는 것이라며 열을 찾아 나섰고, 결국 부험(傅險)이란 곳에서 성을 쌓고 있는 열을 찾아 모셔왔다. 무정은 열에게 부열이란 이름을 내렸다.

부열은 정말 뛰어난 인재였다. 무정을 도와 쇠퇴일로에 있던 상나라를 중흥시키는데 큰 역할을 했다. 무정이 꿈속에서 찾던 부열은 사실 무정이 민간 시절에 알던 인물이었다. 무정은 임금이 되어 부열을 바로 모셔오고 싶었지만 기득권 귀족세력의 반발 때문에 서두를 수 없었다. 그래서 3년 동안 차분히 형세를 살피며 때를 기다렸던 것이다. 무정은 당시 보편적인 미신 습속을 이용하기로 마음을 먹고 갑자기 졸도하여 천신을 만나고 왔다는 쇼를 연출했던 것이다. 그리고는 꿈에서 천신이 소개한 부열의 모습을 그리게 하여 부열을 찾아내게 했다.

2. 직접 찾아 나서다

주나라 문왕(文王)은 아침에 일어나 해가 중천에 뜰 때까지 밥 먹을 시간도 없이 인재들을 만났다고 하는 훌륭한 리더였다. 뿐만 아니라 틈만 나면 측근들을 거느리고 각지로 인재들을 찾아 나섰다. 강태공(姜太公)은 문왕이 찾아낸 인재들 중 가장 뛰어난 인재였다.

문왕은 위수에서 낚시질을 하고 있는 강태공을 찾아 자기 수레로 모셔와 스승으로 우대했다. 그리고는 오래전 선조인 태공(太公)께서 갈망하던 인재란 뜻의 '태공망(太公望)'이란 이름을 하사하며 극진히 모셨다.

사실 강태공 역시 문왕과 같은 리더를 기다리고 있었다. 그의 낚싯대에는 바늘이 없었다. 문왕을 만난 강태공은 바늘도 없는 낚싯대를 왜 드리우고 있냐는 문왕의 질문에 자신을 낚아줄 사람을 기다리고 있었다고 대답했다. 두 사람은 천생연분이었다.

문왕이 세상을 떠나고 아들 무왕(武王)이 뒤를 이었다. 무왕은 강태공을 사상보(師尙父)로 더 높여 부르면서 극진히 모셨고, 강태공 역시 기대에 부응하여 은나라를 멸망시키고 주나라를 건국하는데 가장 큰 공을 세웠다.

3. 다섯 번 무릎을 꿇다

'다섯 번 무릎을 꿇다'는 '오궤(五跪)'는 전국시대 진(秦)나라 소왕(昭王)과 유세가 범수(范雎) 사이에서 나온 유명한 고사다. 춘추시대 패주로 명성을 떨친 조상 목공(穆公)의 위업을 재현하고 싶었던 소왕은 천하의 인재들을 모으는데 정성을 쏟았다. 범수가 이 소식을 듣고 위(魏)나라에서 진나라로 건너왔다.

범수를 만난 소왕은 즉각 좌우를 물리치고 단독으로 접견했다. 《사기》(〈범수채택열전〉)는 당시 상황을 이렇게 묘사하고 있다.

"진 소왕이 무릎을 꿇고는 정중하게 '선생께서 과인에게 어떤 가르침을 주시렵니까'라고 했다."

여기서 좌우를 물리친 것은 범수가 마음 놓고 말할 수 있는 조건을 만들어주겠다는 뜻이다. '무릎을 꿇었다'는 것은 인재에 대한 공경을 의미한다. '선생'은 경칭인 동시에 범수를 스승으로 모시겠다는 뜻이다. '어떤 가르침을 주시렵니까'라는 대목은 자신이 가르침을 절실하게 필요로 한다는 바람을 나타낸 것이다. 짧은 몇 마디 속에 간곡한 성의가 속속 배어 있다.

소왕의 간곡한 요청에도 범수는 더듬더듬 무언가 말을 하려다가 그만 두었다. 소왕은 '다시 무릎을 꿇으며' 가르침을 청했는데 그 태도가 더욱 공손했다. 이것이 두 번째 무릎을 꿇은 대목이다.

범수는 여전히 우물쭈물하며 입을 열지 않았다. 소왕이 '다시 무릎을 꿇으며' 더욱 간절히 가르침을 청했다. 세 번째 소왕이 무릎을 꿇었다. 범수는 이렇게 정성스럽게 공경을 다해 자신을 찾는 소왕의 모습에 깊이 느끼는 바가 있어 마침내 자신이 여태 말을 꺼내지 않은 이유를 말했다. 그러자 소왕은 '다시 무릎을 꿇었다.' 네 번째였다. 그러면서 현재 진나라 안팎의 상황을 설명하고, 자신을 의심하지 말고 무슨 이야기든 좋으니 다 말해주길 청했다.

여기까지 범수는 소왕의 태도와 내심을 살폈던 것이다. 그리고는 "대왕의 정책에 문제가 있습니다."라고 간결하게 대꾸했다. 소왕은 전혀 기분 나빠 하지 않으면서 즉각 다시 무릎을 꿇으면서 "무슨 문제인지 듣고 싶습니다."라고 했다. 소왕이 다섯 번째로 무릎을 꿇은 장면이다. 그 태도와 표정은 더욱 간절하고 간곡했다.

사람이 목석이 아닌 다음에야 어찌 마음이 흔들리지 않을소냐! 범수는 소왕의 지극한 정성에 감동했고, 마침내 진나라가 6국을 통일할 수 있는 원대한 계책을 설파했다. 이렇게 해서 나온 것이 저 유명한 범수의 '원교근공(遠交近攻)'이란 탁월한 외교 책략이다. 소왕의 '성구' 자세가 진나라 천하통일의 밑거름을 마련하는 계기로 작용한 것이다.

4. 다섯 번 이윤(伊尹)을 청하다

상나라를 개국한 탕(湯) 임금은 신(莘)이라는 작은 나라의 요리사 이윤이 뛰어난 인재임을 알고는 그를 모시기 위해 사람과 마차를 다섯 번이나 보냈다. 이윤이 네 번까지 사양하자 마지막 다섯 번째는 자신이 직접 마차를 몰고 이윤을 찾아가 간곡하게 도움을 요청했다. 여기서 '다섯 번 이윤을 청했다'는 '오청이윤(五請伊尹)'의 고사성어가 탄생했다.

탕의 정성에 감동한 이윤은 탕을 도와 상나라를 여는데 큰 공을 세웠다. 이 과정에서 이윤은 하나라로 들어가 하나라의 상황을 염탐하는 첩자 역할까지 자원하면서 일심으로 탕을 도왔다.

5. '황금대(黃金臺)'를 쌓아 곽외를 모시다

전국시대 연나라 소왕(昭王)은 쇠약해진 연나라를 중흥시키기 위해 널리 인재를 구했다. 하루는 곽외(郭隗)라는 은자가 찾아와 좋은 인재를 구하는 방법을 소왕에게 일러주었다. 소왕은 곽외를 황금으로 지은 집에다 모시며 자문을 구했다. 무명의 곽외가 이렇게 후한 대접을 받자 각지의 인재들이 앞을 다투어 연나라로 달려왔다.(여기서 '인재들이 다투어 연으로 달려왔다'는 '사쟁추연士爭趨燕'의 고사가 나왔다.)

명장 악의(樂毅)가 위(魏)나라에서 달려왔고, 극신(劇辛)이란 인재는 조나라에서 넘어왔으며, 동주 출신의 유세가 소진(蘇秦)도 연나라의 문을 두드렸다. 기원전 284년 소왕은 이들 인재들의 힘을 빌려 오랜 숙원이던 제나라에 대한 반격을 단행하여 단숨에 70개 성을 빼앗는 대승을 거두었다.

소왕은 특별한 능력도 없고 이름도 없는 곽외를 성심껏 우대함으로써 다른 인재들의 동기와 의욕을 자극함으로써 단시간에 많은 인재들을 거둘 수 있었다.

6. 천금을 내걸고 이좌거(李左車)를 구하다

초한쟁패 초기 한신은 유방의 명을 받고 조나라에 대한 공격에 나섰다. 당시 조나라에는 이좌거란 뛰어난 참모가 있어 한신의 공격에 대비할 가장 합리적인 대책을 제시했다. 그러나 조나라 왕 헐(歇)과 성안군(成安君)은 이를 묵살했다. 이 때문에 한신은 조나라를 크게 힘들이지 않고 대파할 수 있었다. 성안군은 죽고 헐은 포로로 잡혔다.

이좌거의 재능을 알고 있던 한신은 전군에게 절대 이좌거를 다치게 하지 말 것이며, 그를 산 채로 잡아 오는 사람에게는 천금을 상으로 내리겠다고 했다. 이렇게 해서 목숨을 건진 이좌거는 한신의 간곡한 청을 받아들여 향후 정국에 대한 대처 방안을 설파했다.

인재를 알아보았던 한신은 '천금'을 내걸고 '성구'함으로써 이좌거의 마음을 얻을 수 있었다.

7. '편의종사(便宜從事)'로 인재를 얻은 사례들

'편의종사'는 고대로부터 '성구'를 실행하는 중요한 수단의 하나였다. 리더가 인재를 성심으로 구하려 해도 인재들 중 일부는 자신의 재능을 펼칠 수 있는 여건이 안 되어 있으면 겁을 먹거나 소극적이 되어 나오려 하지 않는다. 이때 리더는 그 사람이 아니면 안 된다고 판단이 섰으면 '편의종사'로 그 사람을 구해야 한다. 즉, '모든 일을 인재의 편의대로 할 수 있도록 허용'하는 것이다.

5년에 걸친 초한쟁패 때에 유방은 널리 인재를 구했고, 개국 초기에도 각지에서 터지는 반란을 막을 인재를 얻고자 동분서주해야만 했다. 수도 장안(長安)을 중심으로 한 관중 지역의 안정이 무엇보다 중요했던 유방은 소하에게 관중에 남도록 했다. 중책에 부담을 느끼고 사양하는 소하에게 유방은 간곡하게 '편의종사'를 허락했다.

모든 일을 알아서 처리하라는 유방의 '성구' 태도에 소하는 깊이 감동하여 죽음으로 보답하리라 결심했다. 유방의 군대가 불리한 상황에 처할 때마다 소하는 관중에서 선발한 보충 인력과 식량을 제때 보급하여 유방이 마음 놓고 전투에 임할 수 있게 했다.

후방의 관리자가 현장에 나가 있는 리더에게 일일이 보고하고 결재를 맡아 일을 처리한다면 그 번거로움과 일의 지체는 불 보듯 뻔하지 않겠는가. 유방은 이 점을 바로 인식하여 소하에게 '편의종사'를 내걸고 '성구'함으로써 큰 효과를 볼 수 있었다.

한나라 경제(景帝) 때 흉노가 수시로 변방을 침범하자 이에 대비할 적절한 인재로 질도(郅都)가 거론되었다. 그런데 지금까지 이 임무를 맡으려는 사람이 아무도 없었다. 도성과 너무 멀리 떨어져 있어 보고를 올려도 시기를 놓치기 일쑤여서 성적을 내기 어려웠고, 잘못하면 처벌을 받아야 했기 때문이다. 이에 경제는 질도에게 '편의종사'를 허락하는 등 '성구'의 자세를 다했다. 질도는 감격하며 일을 맡기로 결정했다.

문무를 겸한 데다 황제의 신뢰까지 얻은 질도가 부임해오자 흉노는 알아서 군대를 철수시켰다. 질도가 죽을 때까지 흉노는 안문(雁

門)으로 단 한 발짝도 들어오지 못했다.

이런 질도에 대한 흉노의 증오는 질도의 모습을 한 허수아비를 만들어 놓고 활쏘기를 할 정도로 대단했다. 하지만 허수아비에게 조차 겁을 먹은 탓에 화살을 한 발도 명중시키지 못했다고 한다.

'성구'로 인재를 구하면 적조차 벌벌 떨게 할 수 있음을 잘 보여준 사례였다.

'편의종사'와 비슷한 방식으로 '선참후주(先斬後奏)'와 '언청종계(言聽從計)'란 것이 있다. 전자는 글자대로 풀이하자면 '먼저 벤 다음 보고한다'는 뜻이고, 후자는 '말을 듣고 계책에 따른다'는 것이다.

모두 인재의 자율적 판단에 맡겨서 일을 처리하게 하는 방식인

진 소왕은 무려 다섯 번 무릎을 꿇었다. 한 나라의 최고 통치자가 무명의, 그것도 외국 출신의 유세가에게 무려 다섯 번 무릎을 꿇었다. 그만큼 간절했기 때문이다. '성구'에는 이렇듯 간절함이 전제되어야 한다. 그림은 '원교근공' 계책을 소왕에게 올리는 범수의 모습이다.

데, '선참후주'는 어떤 면에서 '편의종사'보다 더 강력한 권한 위임이라 할 수 있다. 반면, 책임추궁은 거의 없는 편이다. '선참후주'의 방식으로는 리더가 신표를 내리는 것인데, 왕조에서는 흔히 황제가 '상방보검(上方寶劍)' 같은 상징적인 물건을 하사했다.

'언청종계'는 인재가 올리는 건의나 계책을 그대로 받아들이고 따름으로써 인재의 적극성을 유도하는 한편, 인재의 창의적 아이디어를 자극하는 좋은 방식이다. 특히, 전투에서 '언청종계'는 승부를 좌우할 수 있을 정도로 중요한 방식이다. 물론 '선참후주'든 '언청종계'든 '성구'의 태도와 마음이 전제되어야 한다.

| '성구'의 방법들 |

'성구'는 다른 어떤 덕목보다 방법이 중요하다. 이 점에서 '성구'는 뒤에 소개할 '깍듯한 예로 존중한다'는 뜻의 '예존(禮尊)'과 같은 맥락에서 인식하면 보다 효과적이다. 즉, '예존'이 형식이라면 '성구'는 '예존'에 실린 마음이자 실천이라 할 수 있다. 따라서 '성구'를 나타내는 방법들을 '예존'과 연계시키면 인재를 구하고 얻는 보다 확실하고 입체적인 방법들이 각인될 것이다.

1. 깍듯하고 무거운 예로 인재를 구하다

'무거운 예'란 리더 자신을 포함하여 격에 맞는 사람을 보내 정중하게 인재를 청하는 것을 말하는데, 이때 마음을 담은 귀한 예물을 함께 딸려 보내는 것도 좋다. 이를 '중례상구(重禮相求)'라 한다.

　명 태조 주원장(朱元璋)이 유기(劉基), 장일(章溢), 송염(宋濂), 엽침(葉琛) 등 네 명의 인재, 즉 '사선생(四先生)'을 구할 때 이 방법을 사용했다. 네 사람은 주원장의 '성구' 태도에 감동하여 주원장에게로 귀순했다. 앞서 살펴본 바 있는 연나라 소왕이 황금대를 지어 곽외를 모신 것도 같은 방법이다.

2. 어려움을 극복하고 인재를 구하다

이를 '극난상구(克難相求)'라 하는데, 주 문왕이 강태공을, 상나라 무정이 부열을, 진나라 목공이 유여(由余)를 구한 것은 모두 어려움을 극복하고 성의를 보임으로써 끝내 큰 인재들을 감동시키고 그들의 도움을 얻어 후세에 큰 이름을 남긴 경우들이다.

3. 감정을 풀어 인재를 구하다

너그러움과 용서로 성의를 보이는 방법으로, '이석상구(以釋相求)'라 한다. 특히, 전쟁의 와중이나 패권을 놓고 치열하게 경쟁하는 상황이라면 이 방법이 더욱 중시되었다. 제갈량은 강유를 잡은 뒤 그의 재능을 높이 평가하여 묵은 감정을 풀고 '성구'함으로써 강유의 마음을 활짝 열게 했다. 앞서 살펴본 '석원'과 함께 사용하면 효과는 배가 된다.

4. 몸을 낮추어 인재를 구하다

리더가 자신의 몸을 낮추어 인재를 구하는 것인데, '비신상구(卑身相求)'라 한다. 진 소왕이 범수에게 다섯 번 무릎을 꿇은 사례, 연 소왕이 곽외를 스승으로 모신 사례 등이 모두 이 방법을 실천한 것으로, 그 효과는 이미 살펴본 바와 같이 대단했다.

5. 여러 차례 인재를 찾다

한 번으로 안 되면 두 번, 두 번으로 안 되면 세 번 …… 유비의 '삼고초려(三顧草廬)', 상탕의 '오청이윤(五請伊尹)', 제갈량의 '칠종칠금(七縱七擒)' 등이 모두 이 방법의 사례에 해당한다. 이를 '반복상구(反復相求)'라 한다.

6. 지켜줌으로써 인재를 구하다

리더라면 인재를 보호할 줄 알아야 한다. '이보상구(以保相求)'가 이런 뜻이다. 한신이 천금을 내걸고 적군의 참모 이좌거를 지켜준 예나, 유비가 유파를 얻은 사례 등이 모두 이 방법에 속한다. 리더가 자신을 끝까지 지켜준다는 신뢰를 심어 줌으로써 인재의 마음을 얻는 좋은 방법이다.

7. 근심을 해소시켜줌으로써 인재를 얻다

인재의 근심과 걱정을 풀어주는 것도 인재를 얻는 방법의 하나이다. 이를 '해우상구(解憂相求)'라 한다. 《수호전》에 나오는 양산박

영웅들이 인재들을 양산박으로 끌어오기 위해 이 방법을 즐겨 실천했다. 갖은 방법으로 가족과 친지들을 안전하게 산으로 이주시키는 성의를 보임으로써 인재들을 끌어들이는 것이다. 인재들을 감동시켜 내 편으로 만드는 영험한 방법이다.

8. 친인척 관계를 맺어 인재를 구하다

봉건 체제에서 선인들이 많이 사용한 방법이다. 이를 '결친상구(結親相求)'라 한다. 가장 잘 알려진 전형적인 사례가 과거에 장원급제한 인재를 조정으로 불러들이거나, 왕왕 딸을 시집보내 가까이 두는 것이다. 어떤 제왕들은 자신의 누이나 고모를 자신이 원하는 인재에게 시집보내기까지 했는데, 지금은 취할 방법이 못 된다. 다만 재벌과 재벌, 재벌과 정치가, 정치가와 정치가들이 부와 권력을 오래도록 유지하기 위해 정략적으로 혼인관계를 맺는 왜곡된 형태가 성행하고 있을 뿐이다.

9. 중용함으로써 인재를 구하다

이를 '중탁상구(重托相求)'라 하는데, 이 방법은 인재 쪽에서 아주 중시하는 부분이다. 중요한 자리나 일을 맡긴다는 것은 그만큼 인재를 믿고 아낀다는 뜻이기 때문이다. 초한쟁패 와중에 진평(陳平)이 위왕 구(咎)와 항우를 떠난 것은 그들이 진평에 대해 '성구'하지 못해 그 재능을 제대로 발휘할 수 없었기 때문이다. 유방이 진평을 중용하자 진평은 그 능력을 한껏 발휘하여 여러 차례 유방을 위기

진평에 대한 유방의 '성구'와 신뢰는 초한쟁패의 승리는 물론 유방이 위기에 처할 때마다, 나아가 한나라 초기 정권 안정에도 크게 기여했다. 진평의 사례는 인재에 대한 리더의 정성이 얼마나 크고 깊은 결과를 낳는지 잘 보여준다. 사진은 유방과 항우가 만나 술자리를 가졌던 홍문연(鴻門宴) 유지에 세워져 있는 진평의 상이다.

에서 구해냈을 뿐만 아니라 혜제(惠帝), 여후(呂后), 문제(文帝) 때까지 한나라 조정을 떠받쳤다.

| '성구'가 주는 교훈과 힘 |

지금까지 살펴본 '성구'의 의미와 사례 및 방법들을 종합해서 분석해보면 다음 몇 가지 계시와 조건 및 그 위력을 추출해낼 수 있다.

1. 인재를 가릴 줄 아는 현명함이 있어야 한다

이런 현명함이 있어야만 인재의 질을 보증할 수 있다. 인재를 정확하게 알아보아야만 성심을 다해 구할 수 있다는 말이다. 무정, 주 문왕, 진 소왕, 유비, 연 소왕, 한신 등이 모두 이런 현명함을 갖추고 있었다.

만약 성심껏 구해서 기용한 인재가 능력이 떨어지거나 소인배라면 '성구'는 빛이 바래는 일이 되고 만다. 또 못났거나 못된 자를 인재로 알고 기용한 역사적 사례도 적지 않다. 인재를 제대로 고르지 못하면 무익한 것은 물론 대단히 위험해진다.

2. 인재를 신뢰할 수 있는 식견이 있어야 한다

조직도 나라도 한 사람이 다스릴 수 없다. 여러 방면의 출중한 인재들에 기대지 않으면 안 된다. 이 이치는 너무 자명하지만 모두가 제대로 인식하고 이해하고 있지는 않다. 역사상 오명을 남긴 리더들은 이 이치를 받아들이지 못한 것은 물론 이해조차 못했다. 그들은 자신의 능력을 과신하고 인재들을 시기 질투했다. 인재들을 자신에게 불리한 존재로 여겨 그들은 억압했다. 큰일이나 업적을 이루려면 인재를 기다려야 한다는 이 이치를 반드시 알아야 한다.

3. 급히 인재를 기용하는 사례가 많았다

인재를 구하려는 사람은 자신을 외롭다고 느끼거나, 좋은 해결책이 없다거나, 어떤 일을 급히 해결하려는 경향이 강하다. 봉건시대에서는 인재를 얻으려는 사람이 위기를 느껴야만 인재를 얻어야겠다는 강렬한 소망을 드러내는 경향이 강했다. 인재 없이는 안 되기 때문에 어쩔 수 없이 갖은 방법을 짜내 인재를 구했다. 그 시대의 객관적 조건이 그랬다. 이런 시대의 조건과 한계를 제대로 인식해서 현대에 맞는 '성구'와 그 방법을 사용할 줄 알아야 한다.

4. 인재에게 배우려는 성의가 있어야 한다

어리석은 리더는 예외 없이 자신이 옳다고 여기고 자기 하고 싶은 대로 한다. 이런 리더들은 인재를 시기하고 질투하고 증오하여 인재를 박해해야만 직성이 풀린다. 그런 독단적인 리더들에겐 '성구'란 있을 수 없다. 현명한 리더는 공개적으로 자신이 어떤 면에서 인재만 못하다고 밝히고는 기꺼이 그 학생이 되길 원한다. 인재에게 아낌없는 도움을 얻을 수 있는 방법이기 때문이다.

　연 소왕이 곽외를 스승으로 모신 것이나 유방이 공신들 앞에서 대놓고 장량, 소하, 한신만 못하다고 인정한 것 등이 대표적인 사례이다. 기꺼이 유능한 인재의 학생이 되겠다는 자세는 인재를 얻으려는 사람이 갖추어야 할 필수조건의 하나이다.

5. 인재를 받아들이는 마음이 있어야 한다

구하고 기용하지 않으면 구하지 않은 것이나 마찬가지이다. 인재를 얻었으면 요직을 주던지, 중책을 맡기든지, 그 계책을 정성껏 받아들이든지, 좋은 대책에 대한 가르침을 청하든지 해야 한다. 그러지 못하면 인재는 설 땅이 없다. 천리마라 해도 천하를 누빌 수 없다. 인재를 구하는 사람이 인재의 이름만 얻고 그 실질(내용)을 얻지 못하면 인재는 그 뜻을 펼칠 길이 없다.

　이렇듯 인재를 구해 머물게 하고도 인재를 얻지 않은 것이나 마찬가지인 경우는 많았다. 진 소왕이 범수의 건의를 받아들이지 않았다면 그가 아무리 무릎을 꿇고 범수를 붙잡았다 해도 그것은 범수를 얻은 것이 아니다. 그래서 '성구'의 또 다른 필수조건이 바로 인재를 받아들이는 성의인 것이다.

6. 인재에 맞추어 방법을 달리 할 줄 알아야 한다

'성구'도 주·객관적인 조건과 형세에 맞추어 그때그때 방법을 달리 할 필요가 있다. 앞서 살펴본 다양한 방법들이 좋은 설명이 될 것이다.

'성구'의 방식은 딱히 정해진 공식이 없다. 또 그 방법에만 죽자 사자 매일 필요도 없다. 다만 그 본질이 '誠'에 있다는 것만 확실하게 알고 있으면 된다.

이제 이상의 내용들을 종합적으로 정리해보자. '성구'는 진실한 성의에서 출발하여 대상을 정확하게 선택하고, 가장 효과적인 방법으로 접근하면 큰 효과를 볼 수 있다. 그래서 역대로 수많은 제왕장상들이 중시하는 방법으로 정착했다.

물론 아무리 '성구'해도 마음을 열고 나오지 않는 인재들도 있다. 요 임금이 갈망해마지 않았던 허유(許由)는 요 임금이 천하를 양보하겠다고 하자 못 들을 소리를 들었다며 시내로 달려가 귀를 씻었다고 한다.

청나라 초기의 유학자 손기봉(孫奇逢)은 명나라 말 부패한 정치를 맹렬히 공격한 명사였는데, 청나라가 건국한 뒤 거듭된 요청에도 끝내 조정에 나오지 않았다. 명말청초의 유명한 사상가 고염무(顧炎武)도 청나라 조정의 간곡한 권유에도 불구하고 두 왕조를 섬길 수 없다며 벼슬을 한사코 거부했다.

개인적 사정 때문에 세상에 나오지 않는 인재들도 있다. 그렇다고 이런 사례들이 '성구'에 영향을 주는 것은 결코 아니다.

'성구'는 오늘날 더욱 중요해졌고, 또 그런 인식도 보편화되고 있다. 복잡해진 세상에, 다양해진 문화 등에 맞는 각 분야의 인재들이 더욱 필요하기 때문이다. 그럼에도 우리 사회의 인재 경시 내지 인재 무시라는 경향은 여전하다. 인재가 나라의 흥망을 좌우한다는 사마천의 경고에 귀를 기울여서 '성구'의 자세로 인재를 구하고 기용하는 풍토조성에 모두가 시급히 나서야 할 때다.

'성구'가 모든 경우에 다 통하는 것은 아니다. 인재의 개성, 정치적 성향, 소신 등에 따라 아무리 간곡한 '성구'라도 힘을 발휘하지 못할 때가 있다. 그렇다고 해서 '성구'를 포기해서는 결코 안 된다. 정성이 모자란 듯 끊임없이 갈구해야 한다. 어쩌면 '한 번 더'가 인재의 마음을 움직일 수 있기 때문이다. 초상화는 두 왕조를 섬기지 않겠다며 절개를 지킨 고염무이다.

지성즉금석위개(至誠則金石爲開)
"지극한 정성이면 쇠와 돌도 열린다."
– 동진 갈홍葛洪,《서경잡기西京雜記》제5

지극한 정성으로 인재를 구하면 아무리 자존심 센 인재라도 마음을 연다는 것을 비유한 명구이다.

태공망(太公望)
"태공이 갈망하다."
–《사기》〈제태공세가〉

주나라의 선조 태공이 그리도 갈망하던 인재라는 뜻이다. 문왕이 여상(呂尙)을 만나 그를 스승으로 모시며 그에게 '먼 옛날 태공 때부터 갈망하던 인재'라는 의미를 담은 '태공망'이란 별칭을 내렸다. 여기서 강태공(姜太公)이란 이름도 비롯되었다. 인재를 갈망하는 지극한 정성과 인재를 구하려는 염원이 담긴 이름이다.

부정불성(不精不誠), 불능동인(不能動人)
"정성(精誠)이 아니면 사람을 움직일 수 없다."
–《장자莊子》〈어부漁父〉

진정이야말로 사람을 감화시키는 중요한 요인이라는 점을 지적한 명언이다.

지성이부동자(至誠而不動者), 미지유야(未之有也) ;
불성(不誠), 미유능동자야(未有能動者也)

"지성을 다했는데 움직이지 않는 경우는 없고,
정성이 없으면 움직일 수 있는 경우도 없다."
– 《맹자》 〈이루〉 상

지성을 다했는데도 감동하지 않는 사람은 없고, 성의가 없으면 결코 사람을 감동시킬 수 없다는 뜻이다. 그래서 맹자는 "정성이란 하늘의 길이고, 정성을 생각하는 것은 인간의 길이다."라고 했다.

성지일자(誠之一字), 가이복천하(可以服天下)

"성(誠) 한 글자면 천하를 설복시킬 수 있다."
– 청 신거운申居鄖, 《서암췌어西岩贅語》

어떤 일이든 정성을 기본으로 하면 세상 사람 모두를 믿고 따르게 할 수 있다는 말이다. 인재를 구하는 기본 역시 정성에서 시작한다.

청 말기의 학자 신거운(1893~1967)은 정성 '성(誠)' 한 글자면 천하를 설득하여 승복시킬 수 있다고 했다. '지성이면 감천'이란 속담과 똑같은 뜻이다. '성구'는 거듭 강조하지만 진심과 정성이 관건이다. 사진은 신거운의 저서 《서암췌어》의 판본이다.

양심불가이득일인(兩心不可以得一人),
일심가이득백인(一心可以得百人)

"두 마음이면 한 사람도 얻을 수 없고,
한마음이면 백 사람도 얻을 수 있다."

– 《회남자》〈무칭훈繆稱訓〉

치우치지 않고 오로지 한마음으로 정성을 다해야 사람 마음을 얻을 수 있다는 뜻의 명언이다.

천거
薦擧

밀어 올리는 힘

| '천거'의 의미와 인식 |

'천거'란 아래에서 위로 인재를 추천하여 인재를 얻고 기용하는 방법이다. 인재들은 곳곳에 흩어져 있기 때문에 리더 혼자나 몇몇 사람에 의지해서는 필요한 인재를 얻고 기용할 수 없다. 따라서 다양한 경로와 방법을 강구해야만 적합한 인재들을 구할 수 있는데, 이때 '천거'는 가장 유용한 방법이 된다. 천하의 인재를 '천거'할 때는 가능한 많은 사람과 각 방면의 전문가들의 역량을 동원하여 유능한 인재들을 끌어올리는 게 핵심이다.

포숙의 사심 없는 '천거'를 받아 제나라의 재상이 되었던 관중은 '천거'와 관련하여 "호걸(인재)들은 흔히 진흙 구덩이에서 욕을 보고 있기 때문에 제때 끌어주지 않으면 자신을 드러낼 수 없다."(《동주열국지》)라고 했다. 관중의 말은 즉, 인재들은 사회적으로 하층부에 많기 때문에 '천거'를 통하지 않고는 상층에서는 알 길이 없고, 따라서 그들의 재능도 발휘할 길이 없다는 뜻이다. 관중 자신의 절박한 경험에서 나온 적절한 지적이 아닐 수 없다.

유능한 인재를 널리 찾아 기용하기 위해 옛 사람들은 실천 경험 속에서 '천거'의 방법들을 창출해왔다. 이제 그 같은 실천 경험에서 나온 역대 사례들을 '천거' 제도의 변천을 통해 좀 더 살펴보도록 하자.

| '천거' 제도의 변천과 실천 사례 |

역대로 '천거'는 인재가 세상에 나오는 중요한 통로였다. 이에 '천거' 제도의 역사와 그 변천사를 개관해보고, 그 과정에서 실천으로 옮겨진 사례들을 살펴봄으로써 인재 추천에 대한 인식을 새롭게 다듬어보자.

역대 '천거'를 좀 더 깊이 있게 인식하기 위해서는 서로 다른 시기의 실천 사례들을 좀 더 확실하게 살펴볼 필요가 있다. 그래야 그 구체적인 방법들을 엿볼 수 있고, 또 '천거'라는 방법이 어떻게 발전해왔는지 그 족적을 추적할 수 있다.

1. 선진(先秦)시대의 '천거'

기원전 221년 진시황의 진나라가 천하를 통일하기 이전을 선진시대라 부르는데, 이 시기의 인재 기용법이 주로 '천거'였다. 어쩌면 이것이 거의 유일한 통로였을 것이다. 구체적으로는 개인 '천거'와 지방에서 점검하여 '천거'하는 방법 등이 있었다. 그리고 '천거'의 순조로운 진행을 위해 '천거'된 사람이 기준에 맞는지 여부를 따져 천거한 사람에게 상을 내리거나 벌을 내렸다.

1) 지방 '천거'

원시 공동체가 해체되면서 집단 '천거'의 방법은 자연스럽게 사라졌다. 권력이 한 사람에게 세습되고, 그 아래 중신들도 대대로 세습되는 신분이 되었다. 그 아래 관리들은 '천거'를 통해 천자와 제후들에 의해 선발되었다. 상고시대부터 춘추시대에 이르는 동안 국군이 기용한 사람들은 모두 하나의 길을 통해 선발된 사람과 그 사람의 자손들이었다. 대부분의 관직들이 지방의 추천을 받은 인재들로 충당되었고, 대부(大夫, 다섯 등급이 있었다) 이상의 관직은 모두 세습되었다. 이와 관련하여 《예기(禮記)》〈왕제(王制)〉에는 이런 규정이 보인다.

"옛날 천자의 용인 제도는 제후가 3년마다 한 번 인재를 추천하는 것이었는데, 큰 제후국은 3인을, 중간은 2인을, 작은 제후국은 1인을 추천한다."

또 지방인 향(鄕)에도 인재를 추천하게 했다는 규정도 보인다. 제후는 천자에게, 지방은 제후에게 인재를 추천하는 제도가 이미 형성되어 있었음을 알 수 있다.

2) 개인 '천거'

선진시대는 개인 '천거'가 아주 보편적이었다. 특히 춘추전국시대 유명한 인재들 상당수가 개인 '천거'를 통해 기용되어 큰일들을 해냈다. 제나라 환공이 관중을 얻은 것은 포숙의 '천거'였고, 진 목공이 백리해를 얻은 것은 공손지의 '천거'였으며, 건숙은 백리해가 '천거'했다. 제나라 경공(景公)이 사마양저(司馬穰苴)를 기용할 수 있었던 것은 안영(晏嬰)의 '천거'가 있었기 때문이며, 정나라가 자산을 얻은 것은 자피의 천거가 있었기 때문이다. 또 조나라 혜문왕에게 인상여를 '천거'한 사람은 무현(繆賢)이란 환관이었다. 전기(田忌)의 '천거'로 제나라 위왕(威王)은 손빈(孫臏)을 얻었으며, 진 효공은 왕계(王稽)의 '천거'로 범수를 얻었다.

3) 사람을 보내 살피고 '천거'하게 하다

제나라 환공이 이 방법을 중시했을 뿐만 아니라 아주 잘 활용했다. 포숙을 보내 신료들을 살피게 한 다음 선한 사람을 '천거'하게 했다. 또 민간에 사람을 보내 벼슬에 나오지 않거나 농사를 짓는 백성들 중 재능 있는 인재를 전문적으로 살펴 '천거'하게 했다. 또 상공업에 종사하는 뛰어난 인재들을 수시로 '천거'하게 했다.

4) '천거'에 따른 상벌제

예로부터 '천거'에 따른 책임 문제가 늘 대두되었다. 그래서 천자는 제후가 '천거'한 인재들에 대해 직접 시험하여 상벌을 내렸다. 인재가 조건에 부합하면 그 인재를 추천한 제후에게 천자의 중요한 의식에 참석할 수 있는 특전을 주었고, 그 반대면 행사 참여를 불허했다. 당시는 제사 의식이 국가의 가장 중요한 행사였기 때문에 이 행사의 참여 여부는 아주 큰 의미를 가졌다. 이밖에 봉지를 늘려주거나 삭감하는 상벌도 있었는데, 심하면 봉국 자체를 없애버릴 정도였다. 인재 '천거'에 따른 책임이 얼마나 엄격했는지를 잘

춘추시대 제나라의 재상 안영은 인재를 추천하
는 '천거'의 사례를 특히 많이 남겼다. 명장 사마
양저를 추천한 것은 물론, 숨어 있는 현자, 하찮
은 신분이지만 능력을 갖춘 마부까지 두루 추천
했다. 쇠퇴기에 있던 강대국 제나라가 그나마 현
상을 유지할 수 있었던 데는 안영의 역할이 작지
않았다.

보여주는 대목이다. 인재 '천거'에 따른 이런 상벌은 천자 아래 제
후들도 비슷하게 본받아 시행했다. '천거'를 통해 인재를 얻는 방법
은 선진시대 긴 시간을 통해 축적된 실천 경험을 바탕으로 초보적
인 제도로 정착되어 갔다.

2. 한나라 때의 '천거'

한나라는 관리 임용을 주로 '천거'에 의존했는데 다음과 같은 주요
한 방법이 있었다.

1) 조정 대신의 '천거'

기원전 196년 한 고조 유방은 어사 등 고위직 관리들에게 천하의
인재들을 '천거'하라는 조서를 내렸다. 한 무제도 즉위한 뒤 고위직
관리들에게 능력 있고 품행이 반듯하며 직언에 용감한 인재들을

'천거'하게 했다. 또 도덕과 학식이 높은 인재들을 천거하라는 조서를 내리기도 했다. 동한의 광무제(光武帝)는 직위에 따라 인재를 차등 있게 천거하게 했다. 고위직일수록 많은 수의 인재를 추천하게 한 것이다.

2) 지방의 '천거'

이 방법은 지방의 인구 수에 따라 인재 '천거'의 수를 규정한 것인데, 20만 이상의 군은 매년 한 사람, 40만 이상은 2인, 60만 이상은 3인, 80만 이상은 4인, 백만 이상은 5인, 120만 이상은 6인을 추천하게 했다. 20만 미만은 2년에 한 사람을, 10만 미만은 3년에 한 사람을 '천거'하게 했다.(서한 고조 유방 당시 한나라의 인구는 2천 만이 좀 넘었고, 서한 말기에는 6,600만까지 증가했고, 동한 중기에는 7,200만으로 늘었다.) 이 규정은 무제 원년인 기원전 134년 제정되었고, 그 뒤로 계속 수정 보완되었다.

그런데 한나라 때의 인재 '천거'에 따른 특징을 보면, 제대로 된 인재를 보증하기 위해 상벌 규정을 만들었다는 사실이다. 즉, 좋은 인재를 '천거'하면 상을 내리고, 그 반대면 처벌했다.

한나라 때는 '천거'를 중시하고 그에 따른 상벌이 분명했기 때문에 유능한 인재를 추천하는 사례가 활성화되었다. 유방은 이 혜택을 가장 많이 본 리더였다. 한신은 소하의 추천으로, 진평은 위무기의 추천으로, 장창은 왕릉의 '천거'로, 역이기는 이름 없는 기병의 '천거'로 각각 발탁되어 유방을 위해 큰일을 해냈다. 한 문제는 진평의 '천거'로 주발을, 오공의 '천거'로 가의를, 원앙의 '천거'로 장석지를 얻었다. 모두 한 시대를 주름잡은 인재들이었다. 무제는 엄조의 '천거'로 주매신을, 양득의의 '천거'로 사마상여를 발탁할 수 있었다. 어사대부 한안국은 혼자서 덕과 재능을 겸비한 수십 명의 인재를 추천하기도 했다.

하지만 이 '천거'는 한나라 이후 그 원래의 취지와 정신을 살리지 못한 채 점점 파벌과 당파의 이익을 대변하는 수단으로 변질되어 갔다.

3) 당나라 때의 '천거'

당나라 때 인재 선발은 과거제라는 획기적인 제도를 통해 많이 충당되었다. 따라서 '천거'는 한나라 때보다 덜 했다. 하지만 '천거'가 중요한 인재 선발 방식이란 사실은 달라지지 않았다. 그 주요 방법 또한 한나라 때와 크게 다르지 않았다.

4) 송나라 때의 '천거'

송 왕조는 역사상 '천거'라는 방법으로 인재를 비교적 많이 선발했던 시대였다. 특히, 태조와 태종 때 성행했다. 그 구체적인 방법은 다른 시대와 크게 다르지 않았지만 운영만큼은 어느 시대보다 활기차고 효과적이었다. 즉, 중앙 고위직에게 '천거'하게 하는 것을 기본으로 삼아 내외 신료들에게 다양한 인재를 차등 있게 '천거'하게 했다.

송 왕조는 '천거'에 따른 인재의 질을 보증하는데 각별한 신경을 썼다. '천거'한 사람은 자신이 '천거'하는 사람이 그 자리를 충분히 감당할 수 있는 재목이라는 가능성을 근거를 가지고 보증해야만 했다. 이를 보임(保任)이라 했는데, 효종 때는 평생 보임의 책임을 지웠다. '천거'된 자가 비리를 저지르거나 죄를 지으면 '천거'한 사람도 같은 벌을 받았다. 물론 반대로 '천거'한 사람이 공을 세우고 모범을 보이면 상을 받기도 했다.

이밖에 한나라 때와 마찬가지로 '방정현량(方正賢良)' 등과 같이 정식으로 과를 두어 '천거'하는 방법도 널리 시행되었다.

전체적으로 송나라 때의 '천거'는 군신이 서로 힘을 합쳐 노력한 덕에 인재 선발에 있어 큰 역할을 감당해냈다. '천거'의 방법이 그 어느 때보다 건전하고 합리적으로 발전했으며, 나아가 이를 제도화 법제화함으로써 '천거'의 질을 보장한 점은 다른 시대의 천거 방식과 달리 특히 눈여겨 볼만하다.

5) 명나라 때의 '천거'

명 왕조의 '천거'는 여러 방면의 사람들의 역량을 움직여 다양한 경로와 방법으로 '천거'하게 했다는 게 두드러진 특징이다. 천거 방식은 전문 인사관리자를 인재에게 보내 인재들을 살핀 다음 '천거'하게 하는 방법부터 관련 부서에 '천거'를 명령하는 방식, '천거'를 받은 자가 그 즉시 다시 다른 인재를 '천거'하게 하는 방식, 천하 사람에게 '천거'하게 하는 방식, 학교에 '천거'를 명하는 방식 등 다양했다.

이와 함께 '천거'에 따른 기준을 정하고, 과를 설치하여 '천거'를 제도화했다. 또 잘못 '천거'한 사람에게는 엄벌을 내렸다.

명 왕조의 '천거'에 보이는 가장 큰 특징이자 시대를 앞서는 선진적인 방식은 천거에 백성을 참여시켰다는 것이다. 주요 형식은 청렴한 관리들을 유임시키자는 백성들의 청원이었다.

| '천거'의 방법 |

'천거'는 옛사람들이 유능한 인재를 선발하는 기제의 하나로 수천 년을 거치면서 다양한 방법들이 창출되었다. 이제 '천거'에 대한 인식과 사례들을 바탕으로 하여 천거의 주요한 방법들을 정리해보자.

1. 개인 '천거'

개인 '천거'란 관리와 백성이 직접 통치자나 주관 부처에 추천하는 방법을 말한다. 개인 '천거'는 시간과 사람 수의 제한을 받지 않는다는 장점이 있다. 다시 말해 언제 어디서든 여러 명의 인재를 추천할 수 있다. 한 무제는 재상, 어사, 열후, 제후장상 등 고위직 관리들에게 각자가 알고 있는 인재를 추천하게 했다. 당 태종은 가까운 신하 모두에게 유능한 사람을 추천하게 했으며, 송 태조도 대신들에게 고위직에 앉힐 수 있는 인재를 추천하게 했다. 명 태조는 조정 안팎의 크고 작은 관리들 모두에게 인재를 추천하게 했는데

시한과 인원 수를 정하여 명령을 내렸다. 즉, 어사 이상의 고위직 관리들은 매년 한 사람이 세 사람을 추천하도록 했다.

2. 군현의 '천거'

지방의 군현에 인재를 추천하게 하는 방법으로, 규정 없이 수시로 '천거'하도록 하는 방법과 시기와 사람 수를 정해 놓고 '천거'하게 하는 방법이 있었다.

전자는 비정규 '천거'라 할 수 있는데, 일반적으로 급히 어떤 부분에 인재가 필요할 때 취하는 방법이다. 명 태조가 주군에 명하여 현령에 임용할 인재를 추천하게 한 경우를 들 수 있다.

후자는 정규 '천거'라 할 수 있는데, 당 태종이 주현에 매년 겨울 이부에 일정한 수의 인재를 '천거'하게 한 경우가 대표적이다. 명나라 때는 주현에 매년 문무, 천문지리에 능한 인재를 올려 보내도록 했다. 그런가 하면 주군현의 인구에 따라 추천할 인재의 수를 달리 배정하기도 했다.

3. 과목을 두어 '천거'하게 하는 방법

필요한 분야에 따라 정식으로 과목을 설치하여 인재를 '천거'하게 하는 방법은 한나라 때부터 시작되었다. 한나라 때의 주요한 과목은 '현량방정(賢良方正, 유능하고 품행이 반듯한)', '직언극간(直言極諫, 바른말을 잘하는)', '문학고제(文學高第, 문장에 뛰어난)' 등이 있었다.

당나라 때도 이와 비슷한 '식달방정(識達方正, 풍부한 식견과 반듯한

인품)', '염결정직(廉潔正直, 청렴하고 정직한)', '학종금고(學綜今古, 고금
을 꿰뚫는 학식)', '효제계독(孝悌悈篤, 효성스럽고 독실함)', '절의소저(節
義昭著, 절개와 의리)', '문장수이(文章秀異, 뛰어난 문장)' 등과 같은 과가
설립되었다. 송나라 때는 6과와 10과가, 명나라 때는 8과가 있었다.

4. 임시 '천거'

임시 '천거'는 필요에 따라 관련된 사람이나 주현에 근거를 둔 인
재를 '천거'하게 하는 방식이다. 역대 사례들을 보면 이 방법은 모
두 최고 통치자가 나서서 시행케 했다. 기원전 86년 서한의 소제(昭
帝)는 현에 조서를 내려 현량을 각각 두 명씩, 군에는 문장에 뛰어
난 인재를 각각 한 명씩 '천거'하게 했다. 기원전 73년 서한의 선제
(宣帝)는 군국에 조서를 내려 문학에 뛰어난 인재를 각 한 명씩 '천
거'하도록 했다. 기원전 11년 성제(成帝)는 군국에 품행이 방정하고
직언을 잘하는 인재를 각각 한 명씩, 북방 변경의 군국에 용감하고
병법에 능한 인재를 각각 한 명씩 '천거'하게 했다. 이후 다른 왕조
도 이와 비슷한 임시 '천거'를 시행했다.

5. 자신을 대신하여 '천거'하는 '자대(自代)'

'자대'라는 '천거'는 인재를 보증하는 하나의 형식이다. 내외 관원들
에게 일정 기일 안에 자기 자리에 앉힐 만한 재덕을 겸비한 인재를
관련 부서에 추천하도록 규정한 것이다. 이 방법은 한나라 이후 거
의 모든 왕조가 사용했는데, 송나라 때 가장 많이 활용되었다.

6. 관원을 보내 살펴 '천거'하게 하다

이를 '찰거(察擧)'라 하는데, 조정의 내관을 보내거나 외관에게 자기 소속의 인재들을 잘 살펴 추천하게 하는 방법이었다. 이 방법은 진나라의 천하 통일 이전 선진시대부터 있었다. 춘추시대 제나라 환공이 고자(高子) 등을 지방에 보내 인재들의 상황을 살핀 다음 추천하게 한 사례가 그것이다. 한나라 때는 더욱 보편화되었는데, 선제(宣帝) 때(기원전 62년)는 한 번에 대중대부 등 12명을 파견하여 천하를 돌면서 현량을 '찰거'하게 했다. 명 태조 주원장도 이 방법을 즐겨 사용한 바 있다. 이 방법은 '천거'의 방법들 중에서도 아주 중요한 지위를 차지했다.

| 추천과 보증의 문제 |

'천거'에는 책임이 따른다. 천거자는 자신이 '천거'한 인재의 질을 보증해야 한다. 이를 보천(保薦), 보거(保擧), 보임(保任) 등으로 불렀다. 추천이나 임용에 따른 보증을 뜻하는 말들이다. 이런 명칭은 한나라 무제때 생겨났는데, 평생 '천거'에 따른 보증에 책임을 지라는 규정까지 나왔다. 그만큼 '천거'를 중시했다는 뜻이다. 그러다보니 '천거'된 인재의 질이 떨어지거나 잘못을 범할 경우 '천거'한 사람까지 처벌하는 규정까지 생겨났다.

송나라는 개국 군주인 태조 때부터 '천거'에 따른 보증서를 만들어 '천거'한 사람의 서명을 받았으며, 보증에 미치지 못하면 함께 죄(책임)를 물었다. 보증서의 효력은 법적 효력을 가졌다. 금나라와 명나라도 비슷한 보증제를 시행했다.

이렇게 강력하게 보증제를 시행한 까닭은 '천거'에 따른 폐단을 방지하고 바로잡기 위해서였다. 아울러 '천거'로 제대로 된 인재를 얻고, 관리들이 함부로 '천거'하지 못하도록 하는 효과를 보장하기 위해서였다. 이 제도는 실시 과정에서 확실히 많은 성과가 있었고, 이 점은 이미 많은 사례로 언급한 바 있다.

그럼에도 불구하고 '천거'와 보증에 따른 폐단도 만만치 않았는데 그 주요한 것 몇 가지를 지적해 두고자 한다. 이 점은 오늘날에도 크게 달라진 것이 없기 때문에 주의할 필요가 있을 것이다.

첫째, 추천과 그에 따른 보증이 대단히 주관적이고 심지어 자의적이기까지 하다는 점이다. 심지어 황제조차 어떻게 한 사람의 일생을 보증할 수 있냐고 반문할 정도였다. 오늘은 좋았지만 내일은 나빠질 수 있고, 오늘은 나쁘다가 내일은 더 나빠지거나 나아질 수도 있지 않은가? 사람의 변화는 절대적이지만 불변은 상대적이고 조건적이다. 이런 점에서 '천거'에 따른 보증은 정지된 관점에서 문제를 보는 것이며, 선험론에 입각하고 있다는 문제를 안고 있다. 이런 본질적 문제때문에 시행 과정에서 이런저런 문제점을 드러낼 수밖에 없었다.

둘째, 과감하게 '천거'하지 못하게 만든다는 점이다. 사람이란 변하기 마련인데 어떻게 5년, 10년, 평생을 잘못하지 않는다고 보증할 수 있단 말인가? 자칫 잘못 보증을 섰다가 가벼우면 연좌요 심하면 당사자보다 더한 벌을 받으니 누가 '천거'하려 하겠는가? 그러니 조용히 자기 자리나 지키는 것이 상책이라는 생각이 만연할 수밖에. 이 때문에 대대로 이를 반대하는 목소리가 많았고, 실제로 명나라 때 이 제도가 중지되기도 했다.

셋째, 이 제도를 악용하여 파벌과 당파를 짓고 사리사욕을 채우는 현상이 역사의 여러 시대에서 나타났다. 《명사(明史)》〈〈선거지選擧志〉〉에 보면 영종(英宗) 연간에 같은 고장, 친인척, 동료와 부하들이 결탁하여 이 제도를 사적으로 악용한 사례가 지적되어 있다. 청나라 광서(光緒) 32년인 1906년 어사 유여기(劉汝驥)는 관리들의 폐단 가운데 이 제도보다 더 지독한 것은 없다면서 이에 따른 매관매직 등 여러 폐단을 지적하고 있다.

넷째, 충직하고 좋은 인재들이 추천을 받지 못해 기용되지 못하거나 승진에서 탈락하는 경우가 비일비재했다. 청렴한 인재일수록 부정과 비리를 수치스럽게 생각한다. 따라서 부패한 관리들은 이런 인재들을 배척할 수밖에 없다. 송나라 속록현(束鹿縣) 현위 왕득열(王得說)은 뛰어난 실적에도 불구하고 보증을 서는 사람이 없어 18년 동안 현위 자리에 머물러 있었다. 명나라 때도 청렴한 관리들이 보증 추천을 받지 못해 오랫동안 승진하지 못했다는 기록이 남아 있다.

| '천거'가 주는 교훈과 힘 |

이상에서 살펴본 '천거'의 의미, 역사와 사례 그리고 '천거'에 따른 보증의 문제 등을 종합하여 몇 가지 계시가 될 만한 교훈들과 '천거'의 힘을 정리해보도록 하겠다.

1. 제대로 된 리더는 '천거'를 중시했다

'천거'는 수천 년에 걸쳐 운용되어 왔다. 여러 시대를 거치면서 거의 모든 통치자들이 중시했던 방법이다. 이 방법은 통치자의 관심하에서 순조롭게 시행되면 유능한 인재들을 많이 얻을 수 있었다. 그러나 통치자가 관심을 가지지 않거나 무시하면 소인배들에 이용당해 사사로운 이익을 챙기는 당파 결성의 수단으로 전락하게 되었다. 이런 사실은 우리에게 리더가 이 방법을 중시하느냐 그렇지 않느냐가 '천거'의 실천과 질을 보증한다는 점을 알려준다.

이미 보았다시피 당 태종은 '천거'를 대단히 중시했다. 그는 군현의 장관들이야말로 백성들과 가장 가까운 관리들로, 통치의 기본이라고 생각했다. 따라서 사람을 제대로 얻어야만 하고, 사람을 얻기 위해서는 여러 사람의 '천거'가 없이는 안 된다고 인식했다. 그래서 몸소 언제 어떤 사람을 '천거'할 것인가 등등을 일일이 안배하고, '천거'된 사람을 직접 면접하여 기용했다. 이 때문에 당 태종 때 '천거'된 사람들치고 부적절한 인사는 매우 드물었다. 통치자의 관심이 '천거'의 질을 보증한다는 점을 잘 보여준 예라 할 것이다.

반면 당나라 숙종 이후, 북송 휘종 이후, 남송 영종 이후, 명 무종 이후로는 '천거'에 따른 폐단들만 속출했다. 통치자들이 천거에 관심을 가지지 않았고, 기용된 자가 타당한 인물인지 검증도 하지 않았기 때문이다. 그 결과 탐관오리들이 서로 결탁하여 사리사욕을 채우는 도구로 전락하고 말았다. 말하자면 고대판 '관피아'가 형성되어 백성들에게 엄청난 해악을 끼쳤다.

어느 경우가 되었건 '천거'는 리더의 관심 여부에 따라 그 시행과 질에 영향이 갈 수밖에 없었다.

2. 구체적 시행법은 적시에 조정되어야 한다

사회 발전과 진보의 속도가 전례 없이 빨라진 지금 과거의 낡은 규칙이나 방법을 그대로 따를 수는 없다. 아니 따르기 불가능하고 또 따라서도 안 된다. 하지만 어떤 새로운 방법일지라도 모색이라는 과정을 거쳐야 하고, 예상한 목적을 달성하기 위해서는 실천적 경험에 기댈 수밖에 없다. 옳다면 굳세게 밀고 나가면 되고, 틀렸으면 고쳐야 한다.

'천거'도 예외일 수 없다. 시행 과정 중이라도 끊임없이 조정하지 않으면 안 된다. 원칙을 바꾸라는 말이 아니다. 세부적인 절차나 방법은 언제든 적시에 조정할 수 있어야 한다. 역대 사례들 역시 이 점을 잘 보여준다. '천거'와 보증이라는 대원칙 아래 수시로 세부 절차와 방법을 현실에 맞게 적시에 조정했을 때만 큰 효과를 보았다. 원칙과 세칙을 조정하지 못한 채 고지식하게 몰아붙이면 '천거'하는 사람이나 '천거' 받은 사람 모두 부담을 갖게 되고, 결과 또한 좋지 않게 나타났다.

3. 집행자가 관건이다

정치노선이나 정책의 방향이 결정되고 나면 그것의 성공 여부는 리더와 리더를 보좌하는 간부들이 결정적 요소가 된다. 이는 예나 지금이나 마찬가지이다.

송 태조나 태종은 이런 점을 제대로 인식했다. 그들은 올바른 인재가 제대로 된 인재를 추천할 수 있다고 생각하여 추천자를 잘 선택하는 데 심혈을 기울였다. 따라서 깨끗한 관리로 하여금 인재를 엄선하여 추천하도록 했다. 수시로 관련 문건이나 사람들의 최근 근황을 묻는 등 우수한 인재를 발굴하는데 심혈을 기울였다.

당나라의 무측천도 마찬가지였다. 그녀는 누사덕과 적인걸을 대단히 중시했는데, 이들이 많은 인재를 추천해주길 희망했다. 누사덕은 사적인 감정을 따지지 않고 적인걸을 추천했으며, 적인걸은 오로지 나라를 위하는 마음만 갖고 수십 명의 인재를 추천하여 모두 이름난 대신이 될 수 있게 했다. 세상 사람들은 "천하의 특출난 인재들이 모두 적인걸 집에 있구나."라며 칭찬을 아끼지 않았다.

'천거'는 수천 년 동안 좋은 인재를 얻는 방법으로 인식되어 왔다. 심지어 뛰어난 인재를 얻는 유일한 길이란 인식도 적지 않았다. 그것이 가져다주는 효과와 위력이 그만큼 컸기 때문이다. 크고 작은 문제와 폐단에도 불구하고 '천거'는 옛 사람들이 우리에게 남겨준 매우 귀중한 정신적 자산이 아닐 수 없다.

　인재 추천의 활용은 오늘날 정보 사회에서 더 필요할 수 있다. 인재들이 자기 분야의 실력자들을 적극 추천하여 서로 격려하고 자극하여 함께 발전할 수 있는 기반이 제대로 구축된다면 경쟁에서 우위에 서고, 사회 발전에 기여하고 나아가 인류 사회를 보다 나은 쪽으로 이끌 수 있기 때문이다.

| '천거' 관련 명언명구 |

> ### 치국지도(治國之道), 무재거현(務在擧賢)
> "나라를 다스리는 길은 유능한 인재의 천거에 힘쓰는 데 있다."
> ─《편의십육책便宜十六策》〈거조擧措〉

　제갈량이 남긴 명언이다. 그는 "나라를 다스리는 것은 마치 몸을 다스리는 것과 같아 정신을 기르는 데 힘을 쓰듯이" 나라를 다스리는 방법으로 가장 중요한 것은 인재를 '천거'하는 것이라 지적하고 있다. 이를 위해 인재를 수시로 '천거'하고 그 질을 보증하는 제도 마련이 관건이라 하겠다.

> ### 호걸욕우니도(豪杰辱于泥涂), 불우급인(不遇汲引),
> ### 하이자현(何以自顯)
>
> "호걸(인재)들은 흔히 진흙 구덩이에서 욕을 보고 있기 때문에
> 제때 끌어주지 않으면 자신을 드러낼 수 없다."
> ─《동주열국지》중에서

인재의 처지와 발굴 및 '천거'의 문제를 건드린 관중의 말이다.

> ### 보국지충(報國之忠), 막여천사(莫如薦士);
> ### 부국지죄(負國之罪), 막여폐현(莫如蔽賢)
>
> "나라에 보답하는 충정으로는 인재를 천거하는 일보다 큰 충정이 없고,
> 나라를 저버리는 죄로는 인재를 매몰시키는 일보다 더 큰 죄는 없다."
> ─〈천사찰자薦士札子〉, 송나라 사람 범조우范祖禹의 글에 나오는 명구

인재에 대해 어떤 태도를 견지하느냐가 곧 나라에 대한 충성 여부를 가늠하는 시금석이라는 지적이다.

제갈량은 누구보다 인재의 중요성을 잘 알았던 인물이다. 유비로 하여금 세 번이나 자기 집을 찾도록 유도한 것도 유비에게 인재의 중요성을 확실히 각인시키기 위해서였다. 〈출사표〉를 비롯한 그의 글 어디에도 인재 문제가 빠지지 않는 것은 그 때문이다.

재물보다 인재가 훨씬 소중하고 값어치 있음을 비유한 말이다. 미국이 2차 세계대전 이후 20년 안에 과학 기술 관련 인재를 40만 명 이상을 끌어들여 세계 최강국으로 우뚝 선 역사 사례를 보면 인재의 추천과 기용이 얼마나 중요한가를 실감할 수 있다.

인재를 '천거'하는데 있어서 가장 중요한 기준은 그의 능력과 자질이다. 그에 맞춰 '천거'하고 기용하면 그만이지 미신 따위에 사로잡혀 능력과 자질을 무시해서는 안 된다는 지적이다. 인재의 능력이나 자질보다는 인맥과 학맥 따위에 집착하는 우리 현실도 인상이나 관상을 따지는 미신에 다름 아니라 할 것이다.

적대

赤待

진심의 힘

리더(십)

자질론

조직론

관계론

납간
(納諫)

석원
(釋怨)

남과
(攬過)

신범
(身範)

수해
(樹楷)

예존
(禮尊)

문병조휼
(問病弔恤)

적대
(赤待)

천거
(薦舉)

성구
(誠求)

양현
(讓賢)

엄징
(嚴懲)

경벌
(輕罰)

장상
(獎賞)

포양
(襃揚)

고적
(考績)

과거
(科舉)

시관
(試官)

명기
(明己)

위공
(委功)

| '적대'의 의미와 인식 |

동양 전통에서 '단심(丹心)'이란 단어는 특별하다. 변치 않는 충정이나 마음을 가리키는데, 심장이나 피처럼 붉은 색으로 자신의 마음을 대변하고 있기 때문이다. 진실한 불변의 마음가짐을 이렇게 표현한 것이다.

'적대(赤待)'는 '적심대인(赤心待人)' 또는 '적심대사(赤心待士)'의 줄임말이라 할 수 있는데, 이때 '적심'은 '단심'과 같은 뜻이다. 따라서 '적대'는 자신의 진정한 마음으로 상대를 대한다는 뜻이다. 리더와 인재 관계에서 이 말은 자신의 마음을 원하는 인재에게 주어 그와 더불어 영욕과 생사를 같이 하겠다는 의지의 표현이 된다.

인재가 어려움이나 위기에 처했을 때 일일이 그를 배려하여 자신의 마음처럼 대하는 것도 '적대'라 할 수 있다. 이렇게 해서 인재의 마음을 움직여 목숨을 걸고 함께 일할 수 있게 만드는 효과를 거둘 수 있다. 이 '적대'의 가장 큰 특징은 인재를 구하고자 하는 사람이 자신의 마음, 심지어 목숨까지 내놓는다는 데 있다. 그래서 당 태종은 "군주 된 자가 영재들을 부리려면 '적심'으로 대해야 한다."고 힘주어 말했던 것이다. 그는 일부러 화가 난 것처럼 꾸며서 신하들의 반응을 보고 정직한 자인지 아첨꾼인지를 가려내라는 한 신하의 제안에 "군주가 거짓으로 행동해놓고 신하더러 곧으라고 할 수 있는가? 짐은 지극한 정성으로 천하를 다스릴 것이다."라고 면박을 주었다. 인재를 구하고 기용하는데 있어서 진실한 '적대'가 얼마나 중요한가를 당 태종은 정확하게 인식하고 있었다.

  '적대'는 인재를 구하고 기용하는 모든 방법들 중에서 가장 극적인 방법의 하나이다. 그 사례들 역시 생생하다. 역사에서 후대에 감동을 주었던 '적대'의 실천 사례들에 대해서 살펴보기로 한다.

| '적대'의 실천 사례들 |

'적대'는 인재를 구하고 기용하는 대단히 극적인 방법이다. 이 때문에 그 실천 사례들도 한 편의 드라마를 방불케 할 정도로 극적인 경우가 적지 않다. 옛 선인들은 사람을 대할 때 쉬지 않고 지극한 정성으로 대해야만 "드러내지 않아도 밝게 빛나고, 움직이지 않아도 변화시키고, (행)함이 없어도 이룰 수 있다."(《중용》 제26장)고 여겼다. 따라서 선인들은 지극히 높고 진실되게 '적대'를 실천했다. 이처럼 높은 도덕성을 기반으로 한 극적인 인재 추천법인 '적대'의 실천으로 중앙에 진출한 인재들은 자신을 뽑아준 사람에게 죽음으로 보답하는 훌륭한 역사의 교훈을 보여주었다.

1. 좋은 술을 내려 큰 보답을 받은 진(秦) 목공(穆公)

기원전 647년, 진(晉)나라는 큰 가뭄을 만나서 농작물을 수확할 수 없어 국내의 곡식 창고가 텅텅 비었다. 이에 다급해진 진(晉) 혜공(惠公)은 진(秦)나라에 사신을 보내 양식을 빌려오도록 하였다. 그러나 진 목공(穆公)의 입장에서 보면 이때가 진나라를 공격할 절호의 기회였다. 왜냐하면 혜공은 목공의 도움으로 군주가 된 뒤에 하서(河西) 일대의 여덟 개 성을 진나라에게 할양하기로 한 약속을 지키지 않았고, 목공은 이를 마음 한편에 담아두고 분노를 삭이고 있었기 때문이다. 지금 진나라가 가뭄으로 어려움에 처한 것은 그의 입장에서 보면 복수할 수 있는 하늘이 준 절호의 기회였다.

그러나 대신 공손지(公孫支)는 "흉년과 풍년은 번갈아 가며 나타납니다. 도와주지 않을 수 없습니다."라고 했고, 건숙과 백리해도 "어느 나라든지 천재지변을 면할 수 없습니다. 그러한 변을 만나면 이웃나라로서 마땅히 구해 주어야 합니다. 비록 그 나라의 임금이 우리에게 죄를 지었으나, 백성들은 무슨 죄가 있겠습니까?"라며 거들었다. 목공은 대신들의 의견을 받아들여서 육로와 수로를 통하여 대규모 곡식 원조를 하였다. 이웃나라인 진(秦)나라의 도움으로 진나라는 간신히 백성들을 구할 수 있었다. 이로 인해 목공은 진나라의 백성들에게 호감을 얻었다.

그 다음 해인 기원전 646년, 이번에는 진(秦)나라에 흉년이 들어 농작물을 거둘 수 없었으나 진(晉)나라는 대풍이었다. 목공은 사람을 보내 지난해에 빌려준 양식을 갚으라고 했다. 그런데 혜공은 은혜를 원수로 갚으려고 작정했는지 빌린 곡식을 갚기는커녕 이 기회를 틈타 목공을 공격했다. 이 사건으로 말미암아 목공은 반격할 수 있는 기회와 함께 정당하게 전쟁을 일으킬 수 있는 명분을 얻을 수 있었다.

양군은 한원(韓原, 섬서성 한성현韓城縣 서남쪽 일대)에서 전투를 벌였다. 이때가 기원전 645년(목공 15년)이었다. 목공은 기세등등하게 진격했다. 그러나 뜻밖에 혜공의 군대에 포위당해 부상을 입고 포로가 될 처지에 빠졌다. 말 그대로 절체절명의 위기상황이었다.

그런데 이때 어디선가 수백 명이 큰 도끼를 들고 혜공의 군대를 향해 맹렬히 돌진하여 마구 베어 죽이니 혜공의 군대는 사분오열되어 우왕좌왕했다. 목공은 이 틈을 타서 포위를 뚫었고, 이들과 함께 승기를 잡아 도리어 혜공을 사로잡을 수 있었다. 목공을 구한 이들은 과연 어디서 온 누구였을까?

사연인 즉은 이러했다. 이전에 목공이 양산(梁山, 섬서성 기산현岐山縣)으로 사냥을 나갔다가 말 몇 마리를 도둑맞았다. 이튿날 사병들이 산등성에서 몇 백 명이 되는 시골 사람들이 말고기를 먹는 것을 발견하고 목공에게 보고하면서 부대를 보내 그들을 소탕하자고 했다. 이에 목공은 "그만두어라! 말은 이미 죽었으니 지금 그들을 잡아와서 벌을 주면 도리어 사람들이 내가 말 몇 마리 때문에 백성들을 해쳤다는 소리만 들을 것이다."라고 말렸다. 게다가 병사들에게 몇 단지의 좋은 술을 보내라고 하면서 이렇게 말하라고 당부했다. "군주께서 너희들이 좋은 말고기를 급히 훔쳐다 먹다가 너무 느끼하고 소화가 되지 않을 것을 염려하여 이 술을 상으로 보낸다." 백성들은 모두 무릎을 꿇고 죄를 인정하였다. 바로 이들이 목공이 곤경에 처해 있음을 알고는 결사대를 만들어 목공을 구했던 것이다.

목공의 말을 훔쳐 먹고도 벌을 받지 않고 좋은 술까지 얻어 마신 백성들은 그날 이후로 이제나 저제나 은혜 갚을 날만 기다렸다. 백성을 아끼는 목공의 마음이 이들을 감동시켰고, 그것이 결국은 큰 보답으로 돌아온 사례였다.

목공이 문무 대신들을 '적대'로 대한 사례는 또 있다. 기원전 628년, 진(晉) 문공(文公)이 죽었다. 목공은 그 기회에 맹명시(孟明視) 등의 장수로 하여금 정(鄭)나라를 기습하도록 하였다. 가는 중에 정나라 상인인 현고(弦高)를 만났는데, 현고는 진나라가 정나라를 기습하려는 것을 눈치 채고 짐짓 거짓말로 농간을 부렸다. 즉, 자신이 팔려고 가져온 소를 정나라의 군주가 진나라 병사를 위로하기 위해 보낸 것이라고 거짓말을 하여 정나라가 이미 진나라의 기습을 대비하고 있다고 암시함으로써 공격을 못하도록 만들었다. 빈손으로 돌아가기가 그랬던 목공의 군대는 진(晉)나라 국경 근처에 있던 활(滑)나라를 공격하여 멸망시키고 철수했다. 애당초 이 공격은 명분도 없고 실익도 없는 공격이었다. 이에 자극을 받은 진(晉)나라는 효산(崤山)에 군사를 매복시켰다가 철군하는 진나라 군대를 몰살하고 세 장군을 사로잡는 전공을 세웠다.

그 뒤 외교 담판을 통해 목공의 세 장수는 석방되어 귀국했다. 목공은 건숙 등 대신들의 반대에도 불구하고 무리한 전쟁을 강행했던 자신의 잘못을 인정하고 포로로 잡혔다가 돌아온 맹명시 등에게 이렇게 말했다.

"이번 실패의 책임은 나에게 있고 그대들은 아무런 잘못이 없다. 사소한 잘못으로 당신들의 큰 공덕을 가려서는 안 된다."

그런 다음 세 장군의 관직과 봉록을 회복시켜주고 더욱 그들을 중용하였다. 목공의 문무 대신들은 크게 감동을 받고 사력을 다해 목공을 보필했다. 몇 년 뒤 만반의 준비를 끝낸 목공은 맹명시에게 대군을 이끌고 진(晉)나라를 공격하게 하여 대승을 거두었다. 승전보를 전해들은 목공은 상복을 입고 효산까지 와서 3년 전 전투에서 사망했던 병사들의 백골을 수습하여 묘지를 만들어주고, 그들을 위해 3일 동안 추도식을 거행하면서 대성통곡하였다. 더불어 전체 장병들을 모아놓고 다음과 같이 맹세했다.

춘추시대 진 목공은 무려 2,600년 전에 획기적인 인재정책을 통해 진나라의 국력을 크게 키웠다. 그는 재위하는 동안 나라의 발전에 인재가 얼마나 중요한가를 제대로 인식하고, 인재들을 '적대'로 대우했다. 그 결과 진나라는 꿈에도 그리던 중원으로의 진출을 이룰 수 있었다.

"장병들이여! 내 너희에게 맹세하노라! 옛사람들은 일을 도모함에 현자의 가르침을 따랐기에 과실이 없었다. 앞으로는 이를 명심하고 두 번 다시 과오를 저지르지 않겠다."

목공은 역대 군주들 중에서 '적대'로 신하들을 대하여 큰 성과를 거둔 사례를 많이 남겼다. 그가 춘추시대 다른 제후국들보다 약 100년 앞서 국적, 민족, 신분, 연령을 따지지 않는 완전 개방된 인재정책을 수립한 것도 이와 무관하지 않다.

2. 결초보은(結草報恩)

이 사건 역시 진·진 사이에 벌어진 전투에서 비롯되었다. 진(秦)은 두회(杜回)를 대장으로, 진(晉)은 위과(魏顆)를 대장으로 삼아 격돌했다. 위과는 두회의 적수가 되지 못해 성을 단단히 걸어 잠근 채 수비에 들어갔다. 그러나 상황은 점점 어려워져만 갔다. 이에 진(晉)나라 경공(景公)은 위기(魏錡)로 하여금 위과를 구원하게 했으나 그 역시 두회의 상대가 되지 못해 전군이 거의 전멸 위기에 몰렸다.

오도 가도 못하는 상황에서 위씨 형제는 당황해서 어쩔 줄 몰랐다. 이때 병사 하나가 달려와 한 노인이 장군을 만나고자 한다는 보고를 올렸다. 위씨 형제를 만난 노인은 자신에게 난국을 타개할 계책이 있다며 양군의 특징과 지금 전투가 벌어지고 있는 지역의 형세를 잘 살피라고 했다. 무슨 말인지 모르겠다는 위씨 형제에게 상대는 전부 보병이고 우리는 전차병이기 때문에 상대는 우리의 기동성을 따르지 못한다면서 상대의 발을 묶어 둘 수 있다면 승리할 수 있다고 했다.

위과가 무슨 수로 상대의 발을 묶어 둘 수 있냐고 반문하자 노인은 자신이 알아서 할 테니 내일 상대를 이곳에서 10리 정도 떨어진 초원으로 유인하라고 제안했다. 뾰족한 수가 없는 상황에서 위씨 형제는 노인의 말에 따르기로 하고 다음 날 성을 나와 두회를 공격했다.

두회는 오갈 데 없는 적이 이판사판으로 공격에 나선 것으로 판단하고 맹렬히 위과의 군대를 공격했다. 위과는 노인이 일러준 초원 지역까지 후퇴했다. 두회는 끝장을 볼 기세로 사납게 위과를 몰아붙였다. 이윽고 풀밭인 초원 지대로 진입한 두회의 군대는 당황하지 않을 수 없었다. 풀밭이 온통 그물과 같았기 때문이다. 그도 그럴 것이 어제 핵심전략을 말해주고 군영에서 물러난 노인이 밤새도록 풀들을 서로 묶어 마치 그물처럼 만들어 놓았던 것이다. 보병 위주인 두회의 군사들은 죄다 풀에 발이 걸려 제대로 진격할 수 없었다. 위과는 때를 놓치지 않고 긴 창을 이용하여 묶인 발을 풀려고 버둥대는 두회의 군사들을 사정없이 찔렀다. 두회 역시 창에 찔려 전사했다. 노인도 기진맥진 쓰러져 있었다.

위과는 노인을 전차에 실어 군영으로 돌아왔다. 위과는 노인의 손을 잡고 눈물을 글썽이며 이 은혜를 어찌 갚아야 하냐며 감격했다. 노인은 가쁜 숨을 몰아쉬며 오늘에서야 비로소 은혜를 갚게 되었다며 "제가 바로 조희(祖姬)의 아버지입니다!"라는 말과 함께 숨을 거두었다. 위과 형제는 자신들도 모르게 노인의 시신 위에 엎드려 크게 통곡했다. 저간의 사정은 이랬다.

위과의 아버지는 진 문공이 천하의 패주가 되는데 큰 공을 세운 그 이름도 당당한 위무자(魏武子)였다. 조희는 위무자가 가장 사랑하는 부인이었다. 늘 전쟁터를 전전해야만 했던 위무자는 자신이 죽고 난 다음 조희의 안위가 가장 큰 걱정이었다. 그래서 아들 위과에게 자신이 전쟁터에서 죽으면 젊은 조희를 수절하게 하지 말고 개가시켜 편하게 살도록 하라고 당부했다. 그런데 그 뒤 중병에 걸린 위무자는 당초의 마음을 바꾸어 자신이 죽으면 조희를 함께 파묻어 달라고 유언했다.

위무자가 죽자 위씨 집안사람 모두가 조희를 순장시키는 것에 찬성했다. 그러나 위과는 당초 정신이 멀쩡할 때 아버지가 했던 당부를 내세우며 순장에 결단코 반대하여 조희를 순장하지 않았다. 조희의 아버지는 이 일로 위과에게 언젠가 반드시 은혜를 갚아야겠다고 마음을 먹고 있었고, 이 전투에서 마침내 '결초보은(結草報恩)'할 수 있었던 것이다. '결초보은'이란 고사성어가 여기서 비롯되었다.

3. 죽음으로 '적대'에 보답한 예양(豫讓)

춘추시대 세력가 지백(智伯)은 자신의 문객 예양을 국사(國士)의 신분으로 우대했다. 그 뒤 지백은 조양자(趙襄子)를 비롯한 다른 연합세력들의 협공을 받아 죽고 예양은 몸을 숨겼다. 얼마 뒤 예양은 다리 밑에 숨어 있다가 조양자를 암살하려다 실패했다. 조양자는 예양을 살려서 돌려보냈다. 그러나 예양은 포기하지 않고 자신의 얼굴과 성대를 망가뜨리면서까지 조양자를 죽이려 했다.

조양자는 이러는 예양을 도저히 이해할 수 없다며 "너는 당초 범씨를 모시다가 주인을 바꾸어 지백을 섬겼는데 범씨를 위해서는 복수하지 않고 어째서 지백을 위해 이렇게까지 복수하려 하는가?"라고 물었다. 그러자 예양은 "범씨는 나를 그저 평범하게 대했지만 지백은 지극정성을 다해 국사의 예로 나를 대접했다. 그러니 나도 당연히 그에 걸맞게 죽음으로 보답해야 하지 않겠는가?"라고 답했다.

예양의 이 간단명료한 대답은 '적대'가 왜 사람의 몸과 마음을 얻을 수 있는가를 상징적으로 보여주는 대표적인 사례가 아닐 수 없다.

4. 항복한 포로에게 자신의 생사를 맡긴 광무제

한 왕실의 부흥을 기치로 내걸고 봉기한 유수(劉秀)는 동마(銅馬) 등지를 파죽지세로 격파하여 모두 함락시키고 그 군대의 항복을 받는 한편 우두머리들에게 벼슬을 내려 기용했다. 그러나 유수의 장수들은 항복한 군대에 대해 마음을 놓을 수 없었다. 사실이 그랬다. 항복한 군대의 우두머리와 그 부하들은 유수에 대해 믿음을 충분히 갖지 못했다. 심지어 틈을 타서 도주할 궁리를 하는 자들도 적지 않았다.

이런 상황을 면밀히 살피고 분석한 유수는 항복한 자들이 자신을 제대로 이해하면 마음을 완전히 자기 쪽으로 돌릴 것으로 확신했다.

유수는 쇠는 달구어졌을 때 때려야 한다고 판단하여 즉시 투항한 장수들에게 각자의 본영으로 돌아가 원래 자기 부대를 통솔하라고 명령했다. 그런 다음 호위병도 거느리지 않은 채 단기필마(單騎匹馬)로 투항한 부대를 돌며 위로하기 시작했다. 유수의 장병들은 겁에 질려 진땀을 흘렸지만 유수는 태연자약했다. 투항한 군대의 장

한 왕조를 부흥시켜 동한을 건국한 광무제 유수는 인재를 잘 다루기로 정평이 나 있다. 특히, 자신의 진실한 마음을 인재들에게 확인시키는 '적대'의 리더십은 역대 어떤 통치자들도 따르기 어려운 수준 높은 경지였다.

병들은 유수의 거동에 감동했다. 목숨을 내놓고 자신들을 찾아와 위로하고 다녔으니 흉금을 터놓고 그에게 충성할 수 있겠다는 분위기가 전군으로 퍼져나갔다. 유수가 이렇게 자신들을 '적대'하니 죽음으로 그 마음에 보답하겠다며 모두들 유수에게로 마음을 완전히 돌렸다.

유수는 인재를 구하고 기용하는 방면에서 남달리 '적대'의 방법을 잘 활용했다. 인심은 물처럼 그에게로 기울었고, 사방에서 인재들이 몰려들어 빠른 시간 안에 군웅들을 평정하고 한 왕실을 부흥시킬 수 있었다.

5. 조조의 '적대' 기술

'적대'의 방법으로 인재의 마음을 사로잡기로 말하자면 조조를 따를 자가 없다는 평가가 많다. 조조의 뛰어난 참모였던 순욱(荀彧)과 곽가(郭嘉)는 관도(官渡) 전투에서 조조가 원소를 물리칠 수 있었던 열 가지 이유 중 하나로 조조의 '적대'를 들면서 "공이 꾸밈이 아니라 지극한 마음으로 사람을 대하니 충직하고 능력 있는 인재들이 모두 기용되길 원한다."고 했다.(《자치통감》〈한기〉 54)

202년 조조는 관도에서 원소를 물리치고 원소의 문서를 거두어 정리하던 중 황제 헌제(獻帝)의 신료들과 장군들 중 적지 않은 자들이 원소에게 투항하길 원한다며 보낸 편지를 발견했다. 보고를 받은 조조는 두 말 않고 그 편지들을 모조리 불태우게 했다. 그러면서 이렇게 말했다.

"그 당시는 원소가 천하를 삼킬 기세로 강대했고, 나는 스스로를 지킬 수 있을까 걱정하던 때였는데 다른 사람들이야 말해서 무엇하겠는가? 그들 스스로 살 길을 찾아야 하지 않았겠는가? 그런데 지금 그들이 떠나지 않고 나에게 협조하고 있으니 아주 잘된 일 아닌가? 더 이상 추궁하지 말고 다 태우도록 하라."

조조의 말에는 간절한 마음과 정감이 흘러 넘쳤다. 주위 모두가 감동하여 조조에게 충성을 맹서하지 않는 사람이 없었다.

| '적대'가 주는 교훈과 힘 |

지금까지 '적대'에 대한 인식과 그 실천 사례들을 살펴보았다. '적대'는 대단히 극적인 '구현(求賢)', 즉 '인재를 구하는' 방법이다. 언급했듯이 심지어 자신의 목숨까지 내놓을 각오로 인재를 대하고, 인재 역시 죽음으로 보답하기 때문이다. 그래서 자칫 맹목적으로 흐르거나 상대에 따라 효력을 발휘하기 힘든 경우도 있다. 이런 점을 염두에 두고 '적대'가 리더와 우리에게 던지는 계시와 그 힘을 정리해보자.

1. '적대'는 좋은 인재를 얻는 극적인 방법이다

이 점은 이미 수많은 사례와 실천적 경험들이 생생하게 보여준다. 도저히 얻을 수 없어 보이는 인재도 '적대' 앞에서 끝내 마음을 연다. 마음으로 마음을 바꾸기 때문에 '적대'의 위력은 감탄스럽다.

2. '적대'는 상하단결의 단단한 연결고리이다

위아래가 서로 '적대'하면 의심을 걷어내고 서로 단결할 수 있는 단단한 연결고리를 확보할 수 있다. 나아가 내부 전체의 단결을 강화시켜 전투력을 대대적으로 높인다. 또 큰 사업에 함께 전력투구하게 만드는 기초를 더욱 다지게 하는 힘으로 작용한다.

3. '적대'는 맹목적으로 마음을 내주는 것이 아니라 정확·원칙·성실·진심의 결정체이다

'적대'가 어째서 그렇게 사람의 마음을 움직이는가? 인재를 구하는 사람의 판단이 정확하고, 성실과 진심으로 인재를 대하기 때문이다. '적대'할 대상이 정확하지 못하면 시세를 제대로 살피지 못하게 된다. 또 사람을 맞추지 못하고 아무에게나 '적대'하면 무익할 뿐만 아니라 대단히 위험하다. 정확·원칙·성실·진심으로 '적대'해야만 그 효과를 한껏 발휘하여 사람의 마음을 울릴 수 있다. 물론 위선적이고 이름뿐인 '적대'는 효과는커녕 인재의 길을 스스로 차단하는 위험천만한 결과를 가져온다.

4. 남다른 담력과 식견이 필요하다

'적대'를 제대로 활용하려면 탁월한 담력과 식견이 필수다. 머리와 꼬리를 무서워하는 쥐새끼 같은 안목, 앞으로는 이리를 뒤로는 호랑이를 겁내는 소심, 자기 판단을 내세우지 못하는 우유부단, 자신과 일에 대한 의심, 작은 것 때문에 큰 것을 잃는 어리석음…… 이런 사람들은 '적대'를 사용할 수 없고 사용해서도 안 된다.

남다른 담력 없이 광무제 유수가 어떻게 단기필마로 항복한 포로들을 위로하러 갈 수 있었겠는가? 조조가 어떻게 죽을힘을 다해 원담(袁譚)을 섬겼던 왕수(王修)를 놓아 줄 수 있었겠는가? 영혼을 울리는 이런 '적대' 사례들이야말로 선인들이 우리에게 남겨준 고귀한 계시가 아닐 수 없다.

5. 때로는 실수하거나 통하지 않을 수 있다

'적대'가 인재의 마음을 잡는 확실한 방법이긴 하지만 사용한다고 다 되는 것은 결코 아니다. 인재마다 생각과 철학, 그리고 주관이 다 다르기 때문에 그 모두를 내 쪽으로 옮겨오게 만드는 일은 여간

'적대'도 '성구'와 마찬가지로 얻고자 하는 인재에 따라 방법과 효과가 다 다르다. 조조는 관우를 얻기 위해 있는 정성을 다했지만 마음을 돌리지 못했다. 인재와 리더의 성향 등이 다르면 마음을 얻지 못할 수 있다. 그렇다고 '적대'의 자세와 리더십을 멀리 하라는 말은 결코 아니다. 조조는 관우를 얻지 못했지만 다른 수많은 인재들을 '적대'의 방법으로 사로잡았기 때문이다. 사진은 조조의 친필로 전하는 '곤설'이란 두 글자다.

어렵지 않다. 조조는 관우의 마음을 끝내 돌려세우지 못하지 않았던가? 지극한 정성을 기울여 '적대'했음에도 안 되는 인물은 안 되는 법이다.

　사물이든 인간이든 완전무결할 수 없다. '적대'도 인재를 구하는 하나의 방법이기 때문에 당연히 성사되지 못하는 경우가 생긴다. 때로는 출발점에 착오가 생기거나 인재를 뜻대로 기용하지 못할 수 있다. 이는 '적대' 자체 때문에 생기는 현상이 아니라, '적대'를 실행하는 사람의 분석과 판단에 착오가 있기 때문이다. 특히 자신이 옳다고 우기는 사람은 실수를 면키 어렵다. 이 방법에 몇 차례 착오가 생겼다고 해서 '적대' 자체를 무시하거나 부정해서는 안 된다. 그중에서 교훈을 받아들여 더 좋은 방법으로 거듭나게 해야 한다.

추적심치인지복중(推赤心置人之腹中),
안득불투사호(安得不投死乎)

" (숙왕이) 한결 같은 마음으로 사람의 마음을 대하니
어찌 죽음으로 뛰어들지 않으리!"
–《통감기사본말通鑑紀事本末》〈광무중흥光武中興〉

숙왕은 광무제 유수를 말한다. 유수가 '적대'의 자세로 인재들을
진정으로 대하니 모두가 죽을힘을 다해 유수에게 충성했다는 말이
다. 진실한 마음으로 인재를 대하면, 즉 '적대'할 수 있으면 인재의
몸과 마음을 제대로 얻을 수 있다는 지적이다.

연양제일류인(然亮第一流人),
이국구불능득(二國俱不能得), 비독능득지(備獨能得之),
역가견이성태인지효의(亦可見以誠待人之效矣)

"제갈량은 일류 인재였으나 위와 오 두 나라가 모두 얻지 못하고
유비만이 얻었으니 정성을 다해 사람을 대한 효능이 어떠한 지 볼 수 있다."
–《이십이사차기二十二史箚記》

청나라 때 학자 조익(趙翼)은 삼국시대의 최고 인재였던 제갈량을
전력 면에서 우세한 조조나 손권이 아닌 유비가 얻을 수 있었던 원
인을 제갈량에 대한 유비의 지극한 정성, 즉 '적대'에서 찾고 있다.

> ## 불현이장(不見而章), 부동이변(不動而變), 무위이성(無爲而成)
> "드러내지 않아도 드러나고, 움직이지 않아도 변하고,
> 억지로 일삼지 않아도 이루어진다."
> — 《중용》 26장

쉬지 않고 끊임없이 정성을 다하면 원하는 바를 이룰 수 있게 된다는 말이다. 사람을 대하는 일도 마찬가지여서 지극한 정성으로 '적대'하면 드러나고 변화하고 이루어진다.

> ## 위인군자(爲人君者), 구가영재(驅駕英材),
> ## 추적심대사(推赤心待士)
> "군주된 자가 영재들을 부리려면 '적심'으로 대해야 한다."
> — 《정관정요貞觀政要》 권5 〈공평公平〉

리더가 인재의 마음을 얻으려면 자신의 마음을 열고 진정으로 대해야 한다는 것을 아주 적절하게 지적한 당 태종의 명언이다.

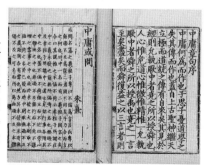

오직 지극한 정성만이 천하 만물을 감화시킬 수 있다. 《중용》의 이 대목은 변치 않는 진리다. 작은 일 하나, 소소한 인간관계, 공부…… 인간의 언행 하나하나에 정성이 담기면 주위를 감화시키고, 나아가 세상을 밝은 쪽으로 이끄는 동력이 된다. 사진은 《중용》 〈예기〉 편이다.

지극한 정성만이 마치 신처럼 만물을 기르고 번성시킬 수 있거늘 하물며 사람이야 오죽하겠는가? 사람을 다루고 부리려면 정성을 다하지 않으면 안 된다. 오로지 지극한 정성을 바탕으로 한 '적대'만이 나와 만물을 바꾸고 감화시킬 수 있다. '적대'의 기본자세로 지극한 정성을 들고 있다.

문병조휼

問病弔恤

배려의 힘

| '문병조휼'의 의미와 인식 |

왕조 체제에서 '문병조휼'은 제왕이 병든 신하를 찾아 위문하거나 신하의 죽음에 애도를 표시하는 방법이었다. 즉, 환자에 대한 관심, 죽은 자에 대한 조문, 상갓집에 대한 위로를 통해 신료들을 격려하고 고무시키는 방법이었다. 이를 통해 신료들의 노력과 재능을 끌어낸 것이다. 이 방법 역시 인재를 얻고 기용하고 마음을 얻는 방법의 하나로 지금도 그 효용성은 여전하다.

'문병조휼'은 전설시대부터 기록에 나타난다. 생로병사는 인류의 출현과 함께했기 때문에 일찍부터 믿을 만한 방법으로 인식되었다. 이 방법의 특징은 문병, 조문, 위로로 마음을 얻는 데 있다. 특히 이 방법은 제왕과 신료 모두의 입장에서 대단히 중시되었는데, 이 방법이 주효하면 훗날에 대한 신료들의 걱정을 해소시켜 줄 수 있기 때문이었다.

사람이 아프면 상사의 관심을 필요로 한다. 상사가 문병하지 않으면 환자는 상사가 자신에게 관심이 없고 자신을 중시하지 않는다고 생각하기 쉽다. 요컨대 상사의 문병 여부가 병든 아랫사람의 감정에 적지 않은 영향을 미친다는 것이다. 사람이 병이 들면 평소보다 마음이 여려지기 때문에 더 그렇다.

그런데 상사가 때맞추어 문병하고 조문하고 위로하면 아랫사람은 그 뒤 더욱 더 상사에게 충성을 다하게 된다. 지금도 본질은 마찬가지지만 과거에는 생사를 거의 동일시했다. 사자에 대한 장례와 제사를 중시한 것도 이 때문이었다. 이는 내세에 대한 심리의 반영이자 자존적 심리의 반영이다. 또 산 자가 죽은 자를 빌려 자신을 드러내고자 하는 심리의 반영이기도 하다.

사실 조문은 죽은 자에 대한 산 자의 애도이며, 죽은 자가 남긴 공덕에 대한 관심의 표현이다. 그러나 더 중요한 것은 산 자에 대한 관심이다. 성심을 다해 조문하면 산 사람은 그 조문을 통해 자신도 훗날 그런 관심을 입게 될 것으로 생각하여 삶에 대해 더욱 용기를 내고 분발하게 된다. 리더에 대한 애정과 충정도 그만큼 배가 된다.

불행을 당한 집안에 대한 위로 또한 문병과 조문 못지않게 중요하다. 살아 있는 신료들이 이를 지켜보고 있기 때문이다. 자신이 죽은 뒤로도 가족들이 충분한 보살핌을 받을 수 있을 것으로 확신하면 그만큼 상사에 대한 존경심과 충성심이 높아질 것이기 때문이다. 그래서 역대 통치자들은 '문병조휼'을 매우 중시했고, 오늘날 각계각층의 리더들 역시 마찬가지다.

| '문병조휼'의 실천 사례 |

역대로 현명한 리더들은 '문병조휼'을 통해 인재들을 격려하고 그들의 적극성을 끌어내는데 적지 않은 정성을 쏟았다. 그 대표적인 사례들을 소개한다.

1. 광무제의 '문병조휼'

동한 왕조를 건국한 광무제 유수는 역사상 '광무중흥(光武中興)'이라는 칭송을 듣는 명군이다. 그는 특히 인재를 잘 기용하기로 유명한데, 인재의 재능을 알아보고 그 장점을 가려 적절히 활용하는데 남다른 경지에 올랐다는 평을 듣고 있다.

광무제는 신료들에 대한 '문병조휼'에 남다른 관심을 쏟았다. 재상 이통(李通)은 동한 건국에 혼신의 힘을 다한 공신이었다. 동료들은 그의 공로를 이윤·강태공이나 서한 건국의 일등공신들인 소하·장량·조참 등에 비유할 정도였다.(《후한서》〈이통전〉)

이통이 이렇듯 몸과 마음을 바쳐 일념으로 광무제에 충성한 데는 그에 대한 광무제의 '문병조휼'이 적지 않은 작용을 했다. 이통이 조금이라도 몸이 아플라치면 광무제는 몸소 문병을 가서 이것저것 세심하게 챙겨주었다. 이런 광무제의 정성과 관심은 이통의 마음에 깊은 인상을 남겼다.

이통은 재상이 된 뒤로 여러 차례 병으로 퇴직을 청했으나 광무제는 그 청을 받아들이지 않는 대신 의사와 약을 챙겨주었다. 출퇴근 시간을 자유롭게 해주고 일의 양도 줄여주었다. 이통의 보필이 여전히 필요했던 광무제는 한 걸음 더 나아가 이통이 편하게 휴양할 수 있게 대사공(大司空)에 임명하여 상공(上公)의 신분으로 고향인 남양(南陽)으로 내려가도록 조치를 취했다. 광무제의 이런 배려에 이통은 크게 감격하여 눈물을 흘렸고, 다른 대신들도 크게 고무되었다.

신료들에 대한 광무제의 '문병조휼' 사례는 이밖에도 많다. 특히 광무제는 고위직 문무 대신뿐만 아니라 일반 관리와 병사들에 대한 '문병조휼'까지 소홀히 하지 않았다. '문병조휼'에 관한 한 광무제는 역대 제왕들 중 단연 으뜸이었다.

2. 송 왕조 제왕들의 '문병조휼'

사대부의 낙원이었던 송 왕조의 신료들은 다른 어떤 왕조의 신료들보다 황제의 '문병조휼'이란 혜택을 크게 입었다고 할 수 있다. 송 태조 조광윤 이래 거의 모든 황제들이 문무 대신들에 대한 문병조휼에 신경을 썼다. 송 왕조

광무제의 '문병조휼'은 역대 제왕으로서는 단연 돋보인다. 이통의 사례에서 보다시피 그의 '문병조휼'은 세심하기 이를 데 없었다. 부하의 마음을 얻는 방법의 하나로 '문병조휼'은 대단히 효과적이다. 초상화는 대사공 시절의 이통의 모습이다.

황제들의 '문병조휼' 사례를 종합해서 그 형식을 요약해보면 다음과 같다.

1) 문병

'문병'의 방법도 다양했다.

우선, 황제가 몸소 행차하여 문병하는 것으로, 환자의 집을 직접 찾거나, 환자를 특별히 황궁으로 모셔 문병하기도 했다. 황제는 환

자의 병을 묻고 치료와 요양에 필요한 금전과 약 따위를 내려주었다. 그런가 하면 환자가 치료를 받고 요양할 수 있는 좋은 조건을 마련해주기도 했다.

둘째, 사람을 보내 상태를 묻고 필요하면 의사를 보내 치료하게 했다.

셋째, 지방 관리는 특별히 시설이 좋고 의술이 뛰어난 의사가 있는 수도로 불러 병을 치료하게 했다.

넷째, 병가를 주어 충분히 쉬게 했다.

다섯째, 돈이나 재물을 내려 치료에 보탬이 되게 했다.

2) 조휼(조문)

고대 사회에서는 죽은 사람에 대한 제사를 삶 못지않게 중시했다. 통치이념이란 면에서도 조상 숭배는 나라와 개인에게 대단히 중요했기 때문이다. 송 태조 조광윤과 태종 조광의는 이런 점에 유의하여 대신들에 대한 조휼을 소홀히 하지 않았다. 그 주요한 형식을 정리하면 다음과 같다.

첫째, 몸소 상갓집을 찾아 조문했다.

둘째, 일정 기간 조회를 중지하고 애도를 나타냈다.

셋째, 궁전에 사람을 모아 조문하고 애도를 표하게 했다.

넷째, 통곡으로 깊은 애도를 나타냈다.

다섯째, 비중 있는 왕실 인사를 보내 조문했다.

여섯째, 상 소식을 접하자마자 바로 애도를 나타냈다.

일곱째, 특별히 사람을 지정하여 상갓집에 보내 장례를 주관하게 했다.

여덟째, 관직과 작위를 올려서 죽은 사람의 명예를 높이고 식솔들을 위로했다.

아홉째, 장례에 따른 비용을 조정에서 지급했다.

열째, 죽은 자의 자녀와 가족들을 특별히 배려하고 경제적으로 지원했다.

이밖에 고인의 제사 때 사람이나 제사에 필요한 제물을 보내 위로하기도 했다.

3. 당 태종의 '문병조휼'

고대 제왕들 중 '문병조휼'을 가장 잘 베푼 것은 물론 남다른 효과를 거두면서 신하들을 확실하게 격려하기로는 당 태종이 단연 으뜸이다. 그는 문병조휼이 제대로 효과를 내기 위해서는 지성과 열정이 전제되어야 한다는 점을 확실하게 보여주었다. 당 태종의 '문병조휼' 방식을 간략하게 정리해본다.

첫째, 있는 힘을 다해 의사의 치료를 받게 하고, 그에 따른 갖은 보살핌에 소홀함이 없도록 했다.

둘째, 깊은 관심을 지속적으로 보여주고, 정성을 다해 제사를 드릴 수 있게 배려했다.

셋째, 애도와 함께 넉넉한 장례를 치를 수 있게 조치하고, 그 후로도 지속적인 위로로 가족들을 돌보았다.

넷째, 남다른 공을 세운 대신들을 사후 자신의 무덤 옆에 묻히게 하여 그 공을 분명하게 드러내주었다.

당 태종이 '문병조휼'을 이렇게 중시한 까닭은 그 작용과 위력을 깊게 인식한 것 외에 자신이 천하를 얻어 그렇게 크게 잘 다스린 데는 신하들이 몸과 마음을 다해 충정을 바친 결과라는 사실을 잘 알고 있었기 때문이다. 이들의 아낌없는 희생이 없었더라면 당 태종의 명성도 없었다. 이런 점들을 잘 알기에 당 태종은 그들을 사랑하고 그들에게 의지했다. 신하 한 사람이 세상을 떠날 때마다 팔다리를 잃은 듯 비통해했다.

'문병조휼'은 당 태종이 자신의 감정, 애정, 의지, 비통을 나타내는 가장 좋은 방법이었다. 그래서 신하가 아프면 반드시 상태를 물었고, 신하가 죽으면 반드시 조문했다. 병이 난 신하에 대해서는 구할 수 있는 모든 처방과 치료법을 강구했고, 죽은 신하는 후하게 장례를 치를 수 있게 했다. 이를 지켜보는 신하들의 마음이 어떠했을지는 짐작하고도 남을 것이다. 그래서 많은 사람들이 당 태종이 일군 '정관의 치'는 주로 그가 사람을 잘 알아보고 잘 기용했기 때문이라 평한다. 맞는 말이다. 이와 함께 그가 인재를 찾고 기용하는 과정에서 '문병조휼'의 방법을 제대로 운용했다는 사실도 빼놓을 수 없다.

당 태종의 '문병조휼'의 방법은 다양하고 아주 체계적이었다. 이처럼 격식과 등급을 갖춘 '문병조휼'의 방식은 왕조 체제에서는 큰 힘을 발휘했다. 사진은 당 태종의 무덤인 소릉(昭陵)의 모습이다. 소릉 주위에는 당 태종이 아꼈던 신하들의 무덤들이 함께 있다.

| '문병조휼'의 주요 방법 |

앞서 살펴본 '문병조휼'의 의미와 주요 사례들을 통해 '문병조휼'의 주요 방법들을 다시 개관해 보도록 하자. 그에 앞서 과거 '문병조휼'의 특성과 한계를 짚어본다.

봉건적 계급 사회에서 등급은 대단히 엄격했고, '문병조휼' 역시 엄격한 등급에 따른 기준을 두어 성격, 형식, 내용 등이 정해진 기준에 따라 달리 적용되었다. 서한의 조참, 동한의 등우와 경감, 삼국시대의 노숙과 제갈량, 당 왕조의 방현령과 위지경덕, 송 왕조의 조보와 범질, 금나라 때의 한기 등이 모두 1품의 예로 장례를 치렀다. 등급이 확정되면 누가 문병할 것인지, 누가 추도사를 주관할 것인지, 장례비 정도는 얼마로 할 것인지 등등이 이 등급에 맞추어 정해졌다.

이러한 등급 제도의 한계를 고려하면서 고대 제왕들의 '문병조휼' 방식과 방법을 다음 몇 가지로 정리해본다.

① 몸소 찾아가 문병하고 조문한다.
② 태자나 종실의 유력자를 보내 문병하고 조문한다.
③ 특별 사신을 파견하여 문병하고 조문한다.
④ 관련 부서에 조서를 내려 문병하고 조문하게 한다.
⑤ 관직을 더해주거나 그 자손들에게 관직을 준다.
⑥ 자녀들을 위해 경제적으로 배려한다.
⑦ 적당하게 돈이나 재물을 보내는 것으로, 주로 하층 관리들에게 베푸는 방식이다.
⑧ 제왕의 무덤 옆에 묻거나, 비석을 세우거나, 사당을 세우는 방법으로 죽은 사람과 자손을 위문했다.

이상의 방식들은 역대 왕조들에서 공통적으로 보이는 것들이지만 처한 상황에 따라 정도의 차이는 있었다.

| '문병조휼'이 주는 교훈과 힘 |

'문병조휼'은 인심을 얻는 유력한 방법이자 군신관계의 중요한 내용이기도 하다. 리더가 성심을 다해 반드시 '문병조휼'하면 아랫사람들은 리더의 덕과 은혜를 잊지 않고 충심을 다해 자신의 본분을 다하게 된다. '문병조휼'의 기본적인 힘이다.

병과 죽음은 인간으로서는 피할 수 없는 것으로, 당사자는 물론 가족 전체의 삶에 영향을 준다. 따라서 '문병조휼'은 군신관계를 떠나 인간 본질의 문제라는 차원에 놓일 수밖에 없다. 이런 점을 생각하면서 '문병조휼'이 던지는 교훈과 그 힘을 생각해보자.

1. 진심과 성의를 다해야 한다

거짓과 위선으로 '문병조휼'하면 효과를 거두기는커녕 반발을 불러올 수 있다. 진심과 성의는 '문병조휼'의 효과를 담보하는 전제 조건이다. 그리고 진심과 성의는 신하와 인재의 병과 죽음에 대해 잊지 않고 반드시 문병하고 조문해야만 최소한의 인정을 받을 수 있다는 점도 알아야 한다.

2. 등급을 지켜야 한다

평등이란 개념과 구호는 근대의 산물이지만 사람 마음속에서는 일찍부터 존재해왔다. 전통 사회에서는 자리와 등급 관념이 고정되어 있어 자리와 등급에 따른 대우 문제가 매우 중요했다. 문병과 조문은 특히 더 했다. 당사자 뿐 아니라 그 가족, 후손에까지 심리적 현실적으로 중요한 의미를 가졌다. 따라서 문병과 조휼의 정도는 그 사람의 자리와 등급에 따라 달라질 수밖에 없었다.

평등 사회인 지금도 이 등급의 문제는 여전히 적지 않은 의미와 영향력을 갖는다. 이런 점들을 고려하여 현대 사회에 맞게 잘 활용해야 할 것이다.

3. 예(禮)로 신하(인재)를 대우하는 중요한 수단이다

존경과 사랑은 예의 중요한 내용이다. 춘추시대 호회(虎會)는 조간자(趙簡子)에게 군주가 신하를 예로 대하지 않으면 지혜로운 자는 계책을 내지 않고, 용감한 자는 싸우려 하지 않고, 유세가는 나서지 않게 되어 종묘사직은 허물어지고 나라는 망한다고 충고했다. 따라서 통치자는 신하들을 부리면서 특별히 존경과 사랑으로 대하여 마음을 얻고 그들의 적극성을 자극할 줄 알아야 한다. 그래서 옛사람들은 '문병조휼'을 지극한 예이자 존경과 사랑의 최고 표현으로 인식했던 것이다.

4. 후한 장례를 모두가 원하는 것은 아니다

조휼의 주요한 내용 중 하나는 후한 장례, 즉 후장(厚葬)이다. 옛 사람들은 왜 후장을 숭상했을까? 죽은 사람과 조상에 대한 존중감 때문이었다. 따라서 장례에 대해 몹시 신경을 쓸 수밖에 없었다. 옛날 장례가 대부분 후장이었던 까닭이다.

그러나 백성의 질곡과 고통에 깊은 관심을 갖고 그들을 아끼고 사랑했던 식견 있는 지사들은 장례에 대해 전혀 다른 생각을 갖고 있었다. 그래서 그들은 후장을 결코 원치 않았다. 오늘날 나라를 이끄는 지도자들은 이런 점에 특히 유의하여 후장과 박장(薄葬)에 대해 깊게 고려해야 한다.

5. 중상류층에 한정되어 있었다

고대의 '문병조휼'은 모든 관리에게 해당되는 것이 결코 아니었다. 통계에 따르면 통치자의 '문병조휼'이 미친 대상은 대부분 중상류층에 한정되어 있었음을 잘 보여준다. 《수서(隋書)》 열전에 기재된 인물 377명 중 '문병조휼'의 대우를 받은 사람은 전체 27%에 못 미친다. 제왕의 '문병조휼'이 가장 성행했던 당나라 때도 상황은 크게 다르지 않았다는 점을 통계치는 잘 보여준다.

전체적으로 과거 '문병조휼'에 대한 연구와 검토는 오늘날 이 방법을 이용하는데 큰 도움과 계시를 준다. 과거를 거울삼아 배운다는 기초 위에서 새로운 시대의 내용을 부여하여 조직원들을 격려하고 단합시킬 수 있는 적극적인 방법으로 재창출되어야 할 것이다.

| '문병조휼' 관련 명언명구 |

폐하지인(陛下至仁), 애념제준불이(哀念祭遵不已),
군신각회참구(群臣各懷慚懼)

"폐하께서 정말 어진 마음으로 제준을 끝없이 슬프게 애도하시니
신하들은 부끄럽기 짝이 없습니다."

– 《동관한기東觀漢記》

광무제 유수가 조회 때마다 죽은 제준을 그리워하며 그의 공로를
언급하자 신하들이 유수의 '조휼'에 대해 이렇게 말한 것이다. '문병
조휼'이 신하들을 얼마나 격려하고 채찍질할 수 있는지를 잘 보여
주는 대목이다.

공내짐평생고인(公乃朕平生故人), 우국유로(于國有勞).
금질약차(今疾若此), 위공우지(爲公憂之)

"공은 짐의 평생 친구이고 나라를 위해 애를 썼소.
지금 공이 이렇게 병이 들어 아프니 공이 걱정될 뿐이오."

– 《구당서舊唐書》〈이정전〉

649년 당나라 개국공신인 이정(李靖)의 병이 심각해지자 당 태종
은 직접 이정의 집을 찾아 눈물을 흘리면서 이렇게 문병했다. 당
태종의 '문병조휼'은 역대 제왕들 중 단연 돋보이는데 문병과 조휼
에 따른 그의 진심어린 언동이 신하들에게 늘 깊은 감동을 주었다.

당 태종 이세민은 평소 손거울로 옷매무새를 바르게 하고, 역사를 거울삼아 흥망의 이치를 알려 했으며, 사람을 거울삼아 득실을 밝히려 했다. 이를 '삼감(三鑒)'이라 했다. 그러면서 "항상 이 세 가지 거울을 가지고 다니며 자신의 잘못을 막으려 했다." 명재상 위징이 죽자 태종은 틈만 나면 능연각(凌煙閣)에 모셔진 위징의 초상화를 보면서 애도의 정을 나타냈고, 조정 회의에서도 위징 생각에 "거울 하나를 잃었구나!"라며 가슴 아파했다. '문병조휼'의 방법과 애도사 및 그 진정성에 관한 한 당 태종 이세민은 후대에 많은 영감과 계시를 준다.

예존
禮尊

존중의 힘

| '예존'의 의미와 인식 |

'예(禮)'는 마음을 겉으로 드러내는 행위이다. 즉, 마음의 표현이다. 위선적 예가 없지 않지만 대개는 '예'를 행하는 사람의 마음을 반영하기 마련이다. '예'는 겉으로 나타나는 형식이지만 내용을 담아 표현하면 상대에 대한 존중이 되고, 나아가 상대를 감동시킨다.

내용이 형식을 완전히 결정할 수 없듯이, 형식이 내용을 절대적으로 좌우할 수도 없다. 하지만 진정성이 담긴 내용과 마음이 자연스럽게 '예'로 표출되듯이, 깍듯한 '예'는 내용과 마음을 충분히 담을 수 있는 정제된 행위로 작용할 수 있다.

이런 점에서 내용과 형식을 담은 '예'로 인재를 존중하는 '예존'은 대단히 중요하고 효과적인 인재 유인법이라 할 것이다. '예존'은 '예현존능(禮賢尊能)'의 줄임말로 볼 수 있는데, '예를 다해 유능한 인재를 존중한다'는 뜻이다.

'예존'은 말 그대로 인재를 예의로 대하고 존중하는 것이다. 이를 통해 인재를 구하고 중용한다. 그 특징은 인재를 구하는 사람의 허심탄회한 마음에 겸양과 공경의 자세로 인재를 깍듯이 대하여 인재를 감화시키고, 인재를 끌어들이고, 인재를 격려 분발케 하고, 때로는 인재를 채찍질하여 적극성을 끌어내는데 있다. 때로는 오만하기까지 한 자존감 높은 인재들을 대하는 태도와 방법 그리고 마음은 대단히 예민한 문제가 아닐 수 없다. 이런 점에서 '예존'은 인재를 순간적으로 이끌 수 있는 강력한 방법의 하나임에 틀림없다.

| '예존'의 실천 사례들 |

인재들을 예로 존중하여 모신 사례는 전설시대 제왕으로 거슬러 올라간다. 《예기(禮記)》에 천자가 천하를 순시하면서 제후들을 격려하는 한편 인재들을 예로 모셨다는 기록이 보인다.(《월령月令》) 이는 당시의 규정으로 매년 이렇게 실천한 것 같다.

이처럼 '예존'에 관한 역사적 사례는 그 연원이 아주 오래일 뿐만 아니라 실천 경험 역시 매우 풍부하다.

1. '예존'을 천하에 과시한 제나라 환공(桓公)

자신을 활로 쏘아 죽이려 한 관중을 재상으로 전격 발탁한 제나라 환공은 관중을 비롯하여 포숙, 습붕 등과 같은 많은 인재들의 보필을 받으며 부국강병에 박차를 가했다. 환공이 이처럼 기라성 같은 인재들의 도움으로 정사에 힘썼지만 실제로 실무를 담당할 인재들은 늘 턱없이 모자랐다. 초기에 워낙 뛰어난 인재들이 몰려든 탓에 다른 인재들이 겁을 먹고 과감하게 찾아오지 못하는 것도 큰 원인 중 하나였다. 이에 환공은 궁정 뜰 앞에 불을 밝힌 채(여기서 '정료지광庭燎之光'이란 유명한 고사가 탄생했다) 24시간 집무실을 개방하며 인재들을 갈망했지만 뜻대로 되질 않았다.

그러던 어느 날 한 노인이 환공을 찾아와 자신을 써 주십사 청했다. 환공은 노인에게 무엇을 잘하냐고 물었고, 노인으로부터 '구구셈'을 잘한다는 생뚱맞은 답이 돌아왔다. 환공은 구구셈이야 누구나 하는 것인데 그걸로 어찌 나랏일에 기용될 수 있겠냐고 반문했다. 이에 노인은 지금 인재들이 발길을 끊은 까닭은 환공이 거느리고 있는 막강한 인재들 때문이라고 지적했다. 즉, 환공의 눈이 너무 높아 인재들이 감히 엄두를 내지 못한다는 뜻이었다. 그러면서 자기 같은 사람을 기용하면 더 나은 인재들이 자신 있게 제 발로 걸어 올 것이라 했다. 환공은 노인을 자신의 자문 역으로 우대했다. 이 소식을 들은 천하의 인재들이 앞을 다투어 몰려왔다.

환공이 '구구셈' 밖에 모르는 노인을 '예존'함으로써 천하의 다른 인재들을 충분히 확보한 사례였다. 이는 환공이 관중을 '중보(仲父)'로 높여 불러 천하의 인재들에게 자신의 '예존' 태도와 의지를 과시한 것과 같은 맥락이다.

환공의 인재 정책을 대변하는 '정료지광'의 고사는 오늘날 리더들에게도 의미하는 바가 크다. 언제 어디서든 인재들을 맞이할 준비와 자세가 되어 있어야 인재를 발견하고 기용할 수 있기 때문이다. 길을 가다가도 만날 수 있고, SNS를 통해서도 인재를 발견할 수 있는 세상이다. 사진은 '정료지광'의 고사를 나타낸 관중기념관의 조형물이다.

2. 후한 예와 공손한 말로 형가(荊軻)를 '예존'한 연 태자 단(丹)

진시황을 암살하려 했던 자객 형가는 연나라 태자 단의 극진한 '예존'에 감동하여 죽음으로 이에 보답했다. 당시 태자 단은 위(衛)나라 사람 형가의 명성을 듣고는 자신을 낮추는 공손한 언사와 극진한 예로 형가를 뵙고자 청했다. 형가를 만난 뒤에는 몸소 형가를 섬기면서 더 극진히 우대했다. 형가는 진시황 암살이라는 엄청난 일에 회의를 품었지만 결국 단의 정성과 '예존'에 감동하여 거사에 동의했다.

3. 문지기 후영(侯嬴)을 '예존'한 신릉군(信陵君)

신릉군은 전국시대 위나라의 공자인 무기(無忌)를 말한다. 신릉군은 위나라 수도 대량성(大梁城) 이문(夷門)의 문지기 후영이 숨어 있는 현자라는 소문을 듣고는 그와 관계를 맺고자 했다. 이에 신릉군은 자신의 집에다 손님들을 잔뜩 초대해 놓고 직접 마차를 몰아 후영을 맞이하러 나섰다. 신릉군은 마차의 왼쪽 자리를 비워 둔 채 마차를 몰아 후영의 집까지 갔다.(왼쪽 자리가 상석이기 때문에 상대를 존중하는 의미에서 이 자리를 비워둔 것이다. 여기서 '허좌이대虛左以待'라는 고사성어가 나왔다.)

후영은 조금도 양보하는 기색 없이 아주 오만한 태도로 신릉군의 마차에 올라 상석에 앉았다. 신릉군은 직접 말고삐를 잡고 마차를 몰았는데 그 태도가 그렇게 공경스러울 수가 없었다. 신릉군이 마차를 몬지 얼마 되지 않아 후영은 시내에서 도살업을 하고 있는 친구가 있는데 가는 길에 잠시 들렀으면 좋겠다고 했다. 신릉군은 두 말 않고 마차를 저잣거리로 몰아 후영이 말한 그 친구 집에 당도했다.

마차에서 내린 후영은 친구 주해(朱亥)를 만나 한참을 이야기하면서 신릉군의 태도를 살폈다. 신릉군의 표정은 더욱 더 공손했고, 차분히 말고삐를 잡은 채 기다렸다. 이윽고 주해의 집에서 나온 후영을 다시 마차에 태운 신릉군은 손님들이 기다리고 있는 자신의 집으로 향했다. 직접 말고삐를 잡고 후영을 상석에 앉힌 채 도착한 신릉군을 본 손님들은 깜짝 놀랐다.

마차에서 내린 신릉군은 아주 겸손한 자세로 후영을 연회석의 상석으로 안내하여 앉혔다. 후영은 앞서처럼 조금도 사양하는 기색 없이 자리에 앉았고, 신릉군은 빈객들에게 후영의 덕을 칭송하면서 열정적으로 소개했다. 신릉군의 진실한 성의와 극진한 예로 자신을 존중하는 태도에 감동한 후영은 언젠가 이 은혜를 반드시 갚겠노라 결심했다.

그 뒤 진나라가 조나라를 침공하여 도읍 한단(邯鄲)을 3년 동안 포위하는 상황이 벌어졌다. 조나라의 운명이 오늘내일하는 상황에서 조나라의 실력자 평원군(平原君)은 모수(毛遂) 등 자신의 식객들을 이끌고 초나라로 가서 구원을 요청하는 한편 신릉군에게도 여러 차례 사람을 보내 도움을 청했다. 위나라 왕이 주저하자 신릉군은 후영의 계책에 따라 군대를 동원하는 부절(符節)을 훔치고 주해의 도움을 받아 이를 의심하는 장군 진비(晉鄙)를 죽여 조나라를 도왔다.

신릉군을 도운 후영은 자신이 세운 계책의 비밀을 지키기 위해

전국시대 위나라의 실력자 신릉군은 천하의 인재들을 우대하는 방식과 정성이란 면에서 타의 추종을 불허했다. 그가 일개 문지기에 불과한 후영을 모시는 장면은 마치 한 편의 드라마를 방불케 할 정도로 생생하다. 후영은 이런 신릉군을 위해 목숨을 바쳤다. 그림은 신릉군이 후영을 방문하는 모습을 그린 것이다.

스스로 목숨을 끊어 자신의 몸으로 신릉군의 '예존'에 보답했다. 문지기 후영에 대한 신릉군의 '예존'이 신릉군의 명성을 크게 높인 것은 물론 망국의 위기에 놓인 조나라를 구하게 만들었다. 신릉군의 문하에 식객이 3천이었던 것도 그가 인재들을 '예존'한 것과 결코 무관하지 않다.

4. 인재들에 대한 위(魏) 문후(文侯)의 '예존'

전국시대 위나라 문후는 인재들을 극진한 '예존'으로 모셨다. 복자하(卜子夏), 전자방(田子方) 같은 지식인들이 나라의 스승으로 존경을 받았다. 문후는 벼슬하길 원하지 않는 현자들에 대해서도 '예존'의 자세를 잃지 않았다. 은자 단간목(段干木)의 집을 지날 때면 단간목이 집에 있건 없건 반드시 마차에서 내려 공손한 자세로 허리를 깊이 숙여 절을 했다. 인재들에 대한 이런 '예존' 때문에 사방에서 인재들이 다투어 위나라로 몰려왔다. 문후의 개혁을 주도한 법가 사상가 이괴(李悝)를 비롯하여 당대 최고의 군사 전문가 오기(吳起), 무장 악의(樂毅), 행정 전문가 서문표(西門豹) 등이 위나라를 찾았다.

위 문후는 이런 인재들을 한결같이 '예존'하고 절대 신뢰함으로써 이들의 적극성을 이끌어내서 개혁의 선봉에 서게 했다. 위나라가 전국시대 초기 절대 강국으로 부상할 수 있었던 배경에는 인재에 대한 문후의 한결 같은 '예존'이 크게 작용하고 있었다. 특히 지식인들에 대한 문후의 '예존'은 백성들의 마음을 하나로 뭉치게 함으로써 이웃나라들이 감히 위나라를 넘볼 수 없게 하는 든든한 정신적 버팀목이 되었다.

5. '예존'으로 강동(江東) 인재들을 얻은 손권(孫權)

죽음을 앞둔 손책(孫策)은 동생 손권에게 나라를 당부하면서 강동의 무리들을 이끌고 전쟁에 나가 싸우는 것은 자신이 낫지만 유능한 인재를 구하고 기용하여 각자의 능력을 발휘케 함으로써 강동을 보전하는 능력은 손권이 낫다고 했다.

제갈량도 처음 유비에게 계책을 올리면서 인재에 대한 손권의 '예존'을 다음과 같이 지적한 바 있다.

"손권이 강동을 차지하고 있은 지 3대가 지나고 있습니다. 지세는
험하고 백성은 부유하며 유능한 인재를 기용합니다. 함부로 도모할
수 없습니다."
– 《삼국지》〈촉지〉 '제갈량전'

감녕(甘寧)은 황조(黃祖)에게 3년을 의탁했지만 황조는 감녕을 기용하지 않았다. 이에 감녕은 손권에게로 도망왔고, 주유(周瑜)와 여몽(呂蒙)이 동시에 그를 손권에게 추천했다. 손권은 두말 않고 그를 지극한 예로 대우하니 마치 오랜 신하를 대하는 것 같았다. 감녕은 감격하여 전력을 다해 손권을 보좌했다.

손권이 유능한 인재들을 '예존'하자 강호의 뛰어난 인재들이 다투어 오나라로 달

장강 동쪽 강동에 위치했던 오나라의 상황은 여간 복잡하지 않았다. 독자 세력들을 비롯하여 타지에서 온 인재들이 섞여 있어 이들의 화합이 큰 문제였다. 손권은 이런 현실을 정확하게 인식하여 인재들을 '예존'하는 리더십을 발휘했고, 오나라는 삼국 중 가장 오래 정권을 유지했다.

려왔다. 노숙(魯肅)이 유비에게 "손권이 총명하고 인자하며 공경의 예로 인재들을 대하니 강동의 영웅들이 다 그에게로 귀부했습니다."(《자치통감》〈한기〉 57)라고 한 것이 결코 과장이 아니었다.

6. 통 큰 '예존'으로 인재들을 거둔 조조

유표(劉表)의 아들 유종(劉琮)이 조조에게 항복하면서 형주대장 문빙(文聘)에게 함께 투항하자고 했다. 문빙은 형주를 지키지 못했으니 죄를 기다릴 뿐이라며 완곡하게 거절했다. 그 뒤 문빙이 조조에

게 투항하자 조조는 "왜 이렇게 늦었소?"라며 간곡하게 물었다. 그러자 문빙은 눈물을 흘리며 땅을 제대로 지키지 못하고 어쩔 수 없이 이 지경에 이르렀으니 참으로 면목이 없다고 했다.

조조 역시 함께 슬퍼하며 문빙이야말로 정말 충신이라고 여겼다. 조조는 문빙을 강하태수에 임명하는 등 후한 예로 대우하는 한편, 문빙으로 하여금 원래 자신의 부하들을 거느리게 하는 특전을 베풀었다.

자신을 이렇게 극진히 '예존'하는 조조의 탁 트인 흉금을 본 문빙은 자신이 제대로 주인을 잘 찾아 왔다며 전력을 다해 조조를 도왔다. 그 뒤로 문빙은 여러 차례 공을 세웠는데 조조의 '예존'이 크게 작용한 결과라 하지 않을 수 없다.

| '무례(無禮)'의 사례들 |

'예존'은 '무례'와 선명하게 대비된다. 따라서 '예존'의 의의와 중요성은 '예존'의 대척점에 있는 '무례' 사례를 통해 더욱 두드러지게 드러난다고 하겠다.

어리석은 군주(리더)가 인재를 무례하게 대한 사례는 너무 많다. 한순간 실수이긴 했지만 때로는 현명한 리더들도 인재들을 무례하게 대한 경우가 적지 않았다. 이는 인재를 '예존'하기가 쉽지 않음을 말해준다. 특히 '예존'을 시종일관하기란 더더욱 쉽지 않다. 다만 어리석은 리더든 현명한 리더든 '무례'하면 강력한 반발을 불러올 수밖에 없다는 사실만큼은 인정할 수 있다. 가볍게는 인재를 화나게 하고, 심하면 인재가 리더를 떠나 리더에게 반기를 들게 한다. 실제 사례를 통해 역사적으로 '무례'가 초래한 결과들을 보자.

1. 손문자(孫文子)의 대노

춘추시대 위(魏)나라 국군 헌공(獻公)이 중신 손문자와 영혜자(寧惠子)를 초청해서 식사를 함께하기로 했다. 중신들을 존중하는 좋은 일이었다. 문자와 혜자는 기쁨에 들떠 좋은 조복으로 갈아입고 조정으로 들어와 기다렸다. 그런데 저녁 해가 서쪽으로 기울 때까지 자신들을 부르는 기별은 없었다. 알고 봤더니 헌공이 식사 약속은 잊은 채 원림에서 새 사냥놀이에 빠져 있었던 것이다.

두 사람은 끓어오르는 분노를 삭이며 원림으로 헌공을 찾아갔다. 헌공은 사과는커녕 또 다시 예의에 어긋나는 무례한 행동으로 이들을 대했다. 두 사람은 화가 머리끝까지 뻗쳐 뒤도 돌아보지 않고 그 자리를 떠났다.

2. 구강왕(九江王) 경포(鯨布)의 기쁨과 노함

유방은 항우와 천하를 놓고 다툴 때 인재에 대해 많은 주의를 기울였다. 특히 '예존'에 각별히 신경을 썼는데 때로는 실례를 범하기도 했다. 유방은 요충지인 초나라를 공략하기 위해 소하를 구강왕 경포에게 보내 자신에게 귀순하라고 설득했다. 소하의 권유를 받아들인 경포가 유방을 찾아왔다. 그러나 유방은 의자에 앉아 시녀들에게 발을 씻기면서 경포를 맞이했다.

경포는 무례한 유방의 태도에 순간 화가 나서 괜히 왔다고 후회한 것은 물론 그 자리에서 자살하려고까지 생각했다. 그러나 숙소로 안내를 받아 가서 보니 방금 전의 무례와는 전혀 달리 유방이 먹고 자는 것과 똑같은 수준으로 배려를 해놓았다. 경포는 몹시 기뻐하며 오길 잘했다고 마음을 바꿔 먹었다.

불과 시차를 얼마 두지 않고 경포는 분노와 기쁨을 거의 동시에 경험했다. 경포의 이러한 기쁨과 노함은 '예존'이 인재에게 얼마나 큰 영향을 주는가에 대한 좋은 사례다.

3. 역생(酈生)의 분노

역생(역이기)이란 인재가 있다는 이야기를 들은 유방은 바로 그를 불렀다. 역생은 총총걸음으로 유방을 찾아갔다. 역생을 맞이한 유방은 거만한 자세로 시녀 두 사람에게 발을 씻기고 있었다. 역생은 화를 참으며 가볍게 목례를 한 다음, "유능한 인재를 구하고 기용하여 포악한 진을 멸망시키고 천하의 왕이 되고자 한다면 유능한 준걸들을 무례하게 대해서는 안 될 것입니다!"라고 지적했다. 이 말에 유방은 즉각 발 씻기를 멈추고 의관을 단정히 한 다음 역생을 상석으로 모시고는 사과했다. 그제야 역생은 유방 곁에 머무르기로 결정했다.

단언컨대 유방이 태도를 바꾸지 않고 무례하게 대했다면 경포도 역생도 얻을 수 없었을 것이다.

4. 부끄러워 죽으려 했던 장현소(張玄素)

당 태종 때의 명신 장현소는 수 왕조에서 미관말직을 지냈다. 한번은 당 태종이 조회에서 장현소에게 수 왕조 때 어떤 벼슬을 했냐고 물었다. 장현소는 현위(縣尉)를 지냈다고 답했다. 내친김에 당 태종은 그 전에는 무엇을 했냐고 물었다. 현소는 긴장하면서 유외(流外)라는 아주 보잘것없는 자리였다고 했다. 태종이 무슨 일을 하는 자리였냐고 재차 묻자 현소는 당황하면서 이부의 하잘것없는 일을 처리했다고 답했다.

궁전을 나온 현소는 부끄러움에 길도 제대로 못 찾고 사색이 되었다. 이에 간의대부 저수량(褚遂良)은 글을 올려 "군주가 신하를 예로 대할 수 있어야 신하는 그 힘을 다할 수 있습니다. 폐하께서는 장현소의 재능을 중시하여 3품으로 발탁하시고도 여러 신하들 앞에서 그렇게 몰아붙여 수치를 주십니까?"라고 항의했다.

저수량의 뜻인 즉, 존중하지 않고 무례하게 굴면 인재는 마음의 상처를 받고, 이렇게 되면 신하는 절대 군주에게 의리를 다하지 않을뿐더러 심하면 원수가 된다는 것이었다. 이에 당 태종은 자신의 잘못을 크게 뉘우치고 자발적으로 사과했다. 물론 당 태종은 명군으로서 인재들을 대단히 존중했고, 실수는 거의 없었다. 하지만 그런 그도 장현소에게 무례를 범했다.

5. 신하를 깔보다 목숨을 잃다

정나라 대부 공자 송(宋)에게는 남다른 특기(?)가 있었다. 먹을 것이 생기려면 식지(食指)가 저절로 움직였다.(여기서 '식지가 움직인다'는 '식지동食指動'의 고사가 나왔다.) 그날도 송의 식지가 움직이자 송은 공자 귀생(歸生) 등에게 오늘 맛있는 요리를 먹을 것 같다며 큰소리를 쳤다.

두 사람이 조정에 들어갔더니 아니나 다를까 영공(靈公)이 귀한 큰 자라 요리를 갖다 놓고 대신들에게 한 그릇씩 돌리고 있었다. 귀생은 송의 식지에 감탄했다. 그런데 영공은 다른 대신들에게는 다 돌리고는 송만 쏙 빼놓았다. 송의 큰소리가 무색해지고 모두 모인 자리에서 큰 망신을 당했다.

게다가 영공은 이런 송을 은근히 비웃었다. 송은 홧김에 손가락을 영공이 먹던 자라탕 그릇에 집어넣고 맛을 보고는 뒤도 안 돌아보고 대청을 떴다. 그리고는 귀생 등과 모의하여 영공을 살해해버렸다.

인재에게 있어 '예존'은 대단히 중요한 의미를 갖는다. 자신에 대한 '예존' 여부로 신뢰 여부를 가늠하기 때문이다. 자신을 예로 존중하는 사람을 위해서는 목숨을 걸고 보답하지만, 의심하고 깔보고 해치고 무시하는 사람에 대해서는 결코 굴복하지 않을뿐더러 심하면 반발하고 대항한다.

| '예존'의 주요 방식 |

'예존'의 방식은 다양하다. 오랜 실천경험을 거치면서 방식은 더욱 다양해지고 또 정교하게 다듬어져 인재를 모시는 중요한 형식으로 자리 잡았다. 이런 '예존'의 방식은 크게 다음 몇 가지 형식을 통해 구현된다.

1. 태도

'예존'은 우선 겉으로 보이는 자세나 태도로 표현될 수밖에 없다. 예를 갖추어 공경하게 인재를 대하고 모시는 것이다. 제나라 환공이 '구구셈 노인'을 '예존'한 일, 연 소왕이 곽외를 스승으로 모신일, 위공자 신릉군이 후영을 극진한 예로 대우한 일 등등이 대표적인 사례들이다.

　당 태종은 인재를 '예존'하기 위해 신하들과 대화할 때 말투 하나 표정 하나까지 신경을 썼다. 신하의 말이 격하더라도 예모를 잃지 않았으며, 자신에게 실수나 잘못이 있으면 그 자리에서 사과하며 허심탄회하게 잘못을 인정하고 바로잡았다. 아랫사람의 언어를 통해 자신의 태도를 살피고, 아랫사람이 말을 못할 때는 자신의 태도 때문에 그런 것은 아닌지 먼저 점검했다. 요컨대 현명한 리더는 태도가 인재를 모시는 데 결코 소홀히 할 수 없는 중요한 요소라는 점을 잘 안다. 그래서 혹자는 인재를 공경하느냐 멸시하느냐를 명군과 폭군을 구별하는 중요한 표지의 하나로 본다.

2. 대우(待遇)

'예존'에 있어서 대우는 바늘과 실처럼 늘 따라다니는 관계이다. 그리고 대개는 물질적 대우보다 정신적 심리적 대우가 더 큰 위력을 발휘한다. 인재의 자존심과 관계된 문제이기 때문이다.

주 문왕이 강자아(강태공)를 '태공망(太公望)으로', 주 무왕이 강자아를 '사상보(師尙父)'로 대우한 예나, 제나라 환공이 관중을 '중보(仲父)'라는 존칭으로 대우한 예가 대표적이다. 또 유방이 자신의 생활수준과 같은 수준으로 구강왕 영포를 대우한 예나, 주원장이 예현관(禮賢館)을 지어 네 명의 선생을 모신 예 등이 그렇다.

대우에는 정신적 상징적 대우 외에 물질적 상을 내리거나 넉넉한 녹봉을 보장하는 방식도 물론 포함된다. 오늘날에는 이런 물질적 대우가 정신적 대우 못지않은 의미를 가진다.

3. 신뢰

신뢰는 인재에 대한 최대의 존경이다. 인재치고 자신에 대한 신뢰를 중시하지 않은 경우는 없다. 표현 방식은 인재에 대해 의심하지 않고 중책을 맡기되 자기 방식대로 마음껏 일을 할 수 있게 보장하는 것이다.

4. 직위와 지위

능력에 따라 합당한 일과 그에 걸맞는 직위를 주거나, 또 그에 합당한 명예에 해당하는 지위를 준다. 직위는 그 능력보다 낮아서는 안 되며, 지위는 그 공로나 인품에 어울려야 한다. 선인들은 이것이 리더가 인재를 '예존'하는 가장 관건이 되는 내용으로 인식했다.

5. 납언(納言)

주로 인재가 올리는 건의를 받아들이고 따르는 것으로 표현된다. 이럴 경우 인재는 리더의 기분이나 안색 따위에 신경 쓰지 않고 직간(直諫)한다. 물질적 대우가 충분하고 태도 역시 더없이 공경스럽다 해도 인재가 하는 말이나 건의를 듣지 않고 그냥 흘려버린다면 '예존'은 다 허사가 되고 만다.

| '예존'이 주는 교훈과 힘 |

인재는 힘과 지혜, 승리와 성공, 인의와 도덕, 진보와 미래를 대변한다. 오랜 경험의 축적을 통해 옛 선인들이 얻어낸 귀중한 인식이다. 인재를 '예존'하는 것은 유능한 인재를 얻는 중요한 방법일 뿐만 아니라 동양의 미덕이자 훌륭한 전통이다.

인재는 현명한 리더를 기다렸다가 돕는다. 그들의 기상은 힘으로 굴복시키기가 힘들다. 부귀로 음탕하게 만들 수 없고, 가난도 뜻을 바꾸게 하지 못한다. 그래서 인재를 얻어 최선을 다해 보필하게 만들려면 반드시 그들을 '예존'해야 한다. 그것이 안 되면 인재들은 서로 돕지 않으며, 능력이 있어도 쓰지 않는다. 앞으로 나아가지 않으며, 뒤도 돌아보지 않고 떠나버린다. 억지로 머물러 있어도 힘을 내지 않으며, 때로는 자기들끼리 힘을 합쳐 반발하고 저항하기까지 한다.

'나무는 뿌리 상하는 것을 두려워하고, 사람은 마음 상하는 것을 겁낸다'는 속담이 있다. '예'는 인재의 마음, 즉 자존심과 직접 연계된다. 따라서 '예존' 여부는 인재를 자극하는 가장 강력하고 유용한 방법이다. 고대 왕조 체제나 봉건 사회에서 '예존'은 신분과 등급상의 한계와 제한 때문에 흔히 허위와 위선으로 나타났다. 그런 점에서 오늘날 평등한 인간관계에서 '예존'의 방법과 역할은 더 중요하게 작용할 수 있다. 상호존중이라는 원칙을 지킬 수 있다면 말이다.

이런 점을 바탕으로 '예존'에서 얻을 수 있는 교훈과 힘을 정리해 본다.

첫째, '예존'은 타인을 격려하여 나를 돕게 할 수 있다.

둘째, '예존'은 떠난(또는 떠나려는) 사람들을 불러 올 수 있다.

셋째, '예존'은 리더의 큰 마디이다.

넷째, 인재를 '예존'하면 인재를 얻을 수 있다.

다섯째, '예존'하지 못하면 인재를 잃는다.

여섯째, '예존'은 나아가 치국(治國)의 관건이 된다.

일곱째, 현명한 리더는 예외 없이 인재를 '예존'했다.

| '예존' 관련 명언명구 |

초휴이례(招携以禮), 회원이덕(懷遠以德),
덕예불역(德禮不易), 무인불회(無人不懷)

"(두 마음을 품고 있으면) 예로 부르고 이끌며, 멀어지려고 하면 덕으로 품되
예와 덕에 어긋나지 않으면 품지 못할 사람이 없다."

– 《좌전》 희공 7년

관중의 말이다. 관중은 덕과 예를 나란히 거론하고 있지만 핵심
은 예의 작용을 강조한 것이다.

상호례즉민이사야(上好禮則民易使也)

"윗사람이 예를 잘 차리면 백성을 부리기가 쉽다."

– 《논어》 〈헌문〉

공자의 말씀이다. 사람을 대하고 일을 처리할 때 역사적으로 유
능한 리더들 치고 예를 중시하지 않은 리더는 없었다. 예로 인재를
대해야만 제대로 된 인재를 얻을 수 있고, 나아가 민심을 얻어 나
라가 크게 다스려진다. 공자는 예악이 붕괴된 춘추시대의 혼란상
에 대해 통탄하면서 나라는 예로 다스려야 한다는 점을 힘주어 강
조했다. 오늘날은 인재를 구하고 기용하는 리더십의 한 항목으로
'예존'의 중요성이 점점 커지고 있다.

존현사능(尊賢使能), 준걸재위(俊杰在位),
즉천하지사개열(則天下之士皆悅),
이원입우기조의(而願立于其朝矣)
"능력 있는 인재를 예로 존중하여 뛰어난 인걸들이
자신에 맞는 자리에 있게 되면 천하의 인재들이 모두 기뻐서
조정에 들어오길 갈망할 것이다."
– 《맹자》〈공손추〉 상

개혁가 상앙(商鞅)은 자신과 친한 사람만 가까이 하면 인재를 잃고, 사심 없이 유능한 인재를 존중하면 인재를 얻어 나라를 편안하게 할 수 있다고 지적했다. 맹자의 인식도 크게 다르지 않다. 인재에 대한 '예존'은 다른 인재를 이끄는 수단이자 나라를 바로 세우는 기본임을 지적한 것이다.

예지소선(禮之所先), 막대우경(莫大于敬) ;
예지소폐(禮之所弊), 막심우만(莫甚于慢)
"예의 우선으로 (인재에 대한) 공경보다 큰 것이 없고,
예의 폐단으로 (인재에 대한) 경멸보다 더 심한 것은 없다."
– 당, 나은羅隱《양동서兩同書》〈경만敬慢〉

인재에 대한 리더의 공경과 경멸이 치국의 두 모습으로 나타난다는 지적이다. '예존'을 리더십의 중요한 덕목으로 보면서 이를 다시 치국으로 연계시킨 인식이다.

순자는 예와 의리를 귀하게 여기는 자만이 나라를 제대로 다스
릴 수 있다고 보았다. 특히 순자는 군자와 현인, 즉 인재가 나라를
다스리는 결정적 요인이라고 했다. 그래서 그는 "그러므로 좋은 법
이 있으면서도 나라가 어지러운 경우는 있지만, 군자가 있는데 나
라가 혼란스러운 경우는 지금까지 들어보지 못했다."(〈왕제王制〉)라
고 말한다. 국가의 혼란 여부를 인재에 대한 '예존' 여부와 직결시
킨 탁월한 인식이 아닐 수 없다.

수해

樹楷

세우는 힘

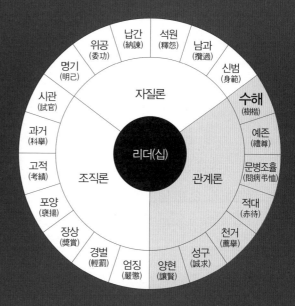

- 자질론
  - 위공(委功)
  - 납간(納諫)
  - 석원(釋怨)
  - 남과(攬過)
  - 신범(身範)
  - 명기(明己)
- 수해(樹楷)
  - 예존(禮尊)
  - 문병조휼(問病弔恤)
  - 적대(赤待)
- 관계론
  - 천거(薦擧)
  - 성구(誠求)
  - 양현(讓賢)
- 조직론
  - 시관(試官)
  - 과거(科擧)
  - 고적(考績)
  - 포양(襃揚)
  - 장상(奬賞)
  - 경벌(輕罰)
  - 엄징(嚴懲)

리더(십)

| '수해'의 의미와 인식 |

'수해'라는 단어에서 '해(楷)'는 공자의 제자인 자공이 공자의 무덤 앞에 심었다는 나무를 말한다. 이후 유교가 국가의 윤리도덕 이념으로 정착된 한(漢) 대 이후 정신적 지표를 세운다는 의미로 '해'의 의미가 확장돼 모범이나 본보기를 뜻하는 단어로 발전되었다. '수'는 심는다는 뜻이다. 따라서 '수해'는 뛰어나고 앞서가는 사람들을 널리 드러내어 모범으로 삼음으로써 인재에게 영향을 주고 인재의 적극성을 움직이는 방법으로 정착되었다.

누군가의 모범이 된다는 것은 무궁한 힘이다. 옛날 사람들은 사람을 기용하는 실천을 통해 일찍부터 이 점을 중요시했다. 그래서 전형적인 모범을 세우는데 관심을 기울였다. 당 태종은 이와 관련하여 다음과 같은 취지의 말을 한 바 있다.

"짐은 천하를 어떻게 다스리는 것이 더 좋은가를 생각하느라 늘 삼경이 될 때까지 잠을 이루지 못한다. 과거와 현재의 다스림에서 얻고 잃은 것이 무엇인지 살펴보니 백성을 다스리는 근본과 성패에서 가장 중요한 것은 결국 관료의 좋고 나쁨에 달려 있음을 알았다. 그래서 관료의 이름들을 병풍에 써놓고 누울 때나 일어날 때 꼼꼼하게 살폈다가 그들의 상황에 관한 이야기를 들으면 그 자리에서 그 이름 아래에다 이를 써서 승진과 퇴출의 근거로 삼았다."

당 태종은 그와 함께 5품 이상의 고위 관료들에게 현령으로 일할 사람들을 추천하게 하여 자신이 직접 면접을 보았다. 이렇게 해서 모범이 될 만한 인재들을 관리하고 추천하고 또 널리 알렸다.

옛 사람들의 '수해'는 편의대로 시행한 것이 아니다. 정확한 기준이 있었다. 이런 기준과 조건에 부합하는 인재만이 순리(循吏), 청렴, 효도 등의 명목으로 추천을 받았다. 좋은 관리의 상징인 순리의 조건은 대단히 엄격했다. 사마천은 《사기》〈순리열전〉에서 순리(循吏)는 수신이 제대로 된 인재로, 자신의 직분에 봉사하고 법을 지키고 다스림의 이치를 따를 줄 아는 사람이라고 했다.

이 같은 기준과 조건은 어느 시대가 되었건 마찬가지였다. 이를 정리하자면 이렇다. 인재 그 자신은 수신(修身)을 기초로 하여 법을 지키고 이치에 맞게 직무에 충실해야 한다. 일이란 면에서는 남다른 성적을 내야 하되, 일은 앞장서서 하고 주위 사람들과 조화를 이루어 공평하게 처신해야 한다.

'수해'는 공자의 제자 자공이 스승의 무덤 옆에다 나무를 심은 '식해(植楷)'에서 비롯되었다. 나무는 강희 연간에 벼락을 맞아 불타고 지금은 그 나무를 새긴 돌이 남아 있다. 그리고 그곳에다 해정(楷亭)이란 정자를 세웠다.

| '수해'의 방식과 사례 |

'신범(身範)'이 자신을 모범으로 만드는 과정이라면 '수해'는 자신을 포함하여 주로 타인을 모범으로 만들어 여러 사람에게 알리는 과정이라 할 수 있다. 주위 인재들을 격려하고 그들의 능동성을 자극하기 위해 본받을 만한 인물과 사례들을 원칙을 세워 수집한다. 역사상 리더들은 다양한 방식을 통해 이를 실천해왔다. 그 방식과 사례들을 아래에 소개한다.

1. 최고 통치자가 직접 '수해'하는 방식
'수해'는 과거 가장 중요한 인재 채용 방식이었다. 중국의 역대 제왕들은 '수해'를 대단히 중시했다. 제왕들은 이를 통해 자신을 위해 죽을힘을 다해 충성하는 유능한 인재와 관리들을 얻으려 했다.

모범으로 선정된 인재들은 일반적으로 승진하거나 각종 표창을 받는다. 물론 상은 기본적으로 따라온다. 따라서 제왕의 은혜에 감사하고 감격하기 마련이다.

역사상 한나라 선제(宣帝)가 '수해'를 가장 잘 활용한 제왕으로 꼽힌다. 선제는 모범이 되는 관리들을 다양한 방법으로 직접 선정하여 적시에 여러 사람에게 알림으로써 관리들로 하여금 서로 능력을 발휘하는 경쟁을 자극했다. 녹봉을 올려주는 것은 기본이었고, 황제의 조서를 통해 격려하고 후한 상을 내렸다. 또 작위를 주어 명예도 한껏 고취시켰다.

고위직에 자리가 비면 이렇게 '수해'로 선정된 인재를 순서에 따라 기용했다. 그러다 보니 관리들은 너나없이 서로 모범적인 관리가 되려고 자기 일에 최선을 다했다. 이 때문에 한나라를 통 털어 좋은 관리들이 선제때 가장 많이 배출되었다는 평가를 들었다. 쇠퇴해가던 한나라가 중흥의 기운을 맞이한 것도 선제의 이런 '수해'를 활용한 통치 방식이 적지 않게 작용했다.

이후 역대 왕조의 통치자들도 거의 예외 없이 '수해'에 많은 관심을 가지고 나름대로 이를 활용했다. 수 왕조의 건립자 문제는 '수해'를 활용하되 전형적인 모범을 찾아 전국에 알려 이를 본받도록 하는 방법을 선호했다. 당 태종은 '사선(四善)'과 '이십칠최(二十七最)'와 같은 엄격한 기준과 시험으로 '수해'가 될 만한 관리들을 선정했다. 이 기준에 따라 선(善)과 최(最)를 획득한 사람은 대대적으로 표창을 받고 관리의 모범으로 널리 제시되었다.

금 왕조 때 관리들을 '수해'의 대상으로 선정하는 기준은 주로 청렴도였다. 조정에서는 관리를 파견하여 살피는 방법을 비롯하여, 지방 관리의 추천을 위주로

'수해'는 관리들을 격려하기 위한 좋은 방법이었다. 오늘날 각계각층의 조직에서도 이 방법은 보편적으로 활용되고 있다. 역사적 사례를 통해 정확한 인식과 방법을 배우면 한결 유용하게 활용할 수 있을 것이다. 초상화는 제왕들 중 '수해'의 리더십을 가장 잘 발휘했다는 평가를 받는 한 선제이다.

하여 황제가 직접 시찰을 나가 살피거나, 몰래 살펴서 겉으로 드러
난 행적과 일치하는가를 살피는 방법 등이 있었다.

2. 전기를 기록하여 '수해'로 삼는 방식

이 방식은 상당히 품격이 높은 형식이다. 이 방식의 창시자는 사마천
(司馬遷)이다. 사마천은 《사기》에서 훌륭한 관리들의 행적을 〈순리열
전〉에다 기록으로 남겼다. 그 뒤 역사서들은 이 전례를 이어받아 다
양한 전기들을 남겼다. 고대 통치자들은 역사서 편찬을 대단히 중
시하여 편찬을 위한 전문 인력들을 꾸려서 이 일을 맡겼다. 편찬을
담당한 인재들은 과거 역대 정권과 특히 지난 왕조를 이끌었던 다양한
인물들의 전기를 기록으로 남겼다.

이렇게 전기를 마련한 주된 목적은 지난 시대의 '수해'가 될 만한
인재들을 전기로 남겨 지금 관리들로 하여금 과거를 거울로 삼아
배우게 하려는 데 있었다. 이렇게 해서 관리들을 격려하여 그들의
적극성을 끌어내 더 많은 사람이 모범적인 인물로 성장하도록 자극
을 주고자 했던 것이다.

기록으로 남는다는 것은 대단히 심각한 의미를 갖는다. 영원히 남는다는 뜻이기 때문이다. 따라서 '수해'의 한 방법으로 기록에 남기는 일은 주위 다른 인재들의 책임감을 북돋우는 좋은 격려가 될 수 있다. 〈순리열전〉 중 정자산(鄭子産)에 관한 기록의 일부다.

3. 사당과 비석을 세우는 형식의 '수해'

주로 고인이 된 훌륭한 인물을 위해 사당을 세웠지만 종종 산 사람을 위해 사당 건립을 허락하기도 했다. 사당과 비석 건립은 나라에서 주관하는 것과 민간에서 주관하는 두 종류가 있었다. 나라에서 주관하는 경우라면 최고 통치자가 직접 나서거나 지방 관리에게 맡겨 처리하게 했다. 민간의 경우는 백성들이 기금을 내서 그들이 진정 모범으로 여기는 인물들을 위한 사당과 비석을 세웠다.

사당과 비석 건립은 대개 함께 이루어졌는데 '수해' 해당자의 공덕을 칭송하는 것을 시작으로 백성들을 위해 그들이 이루어 놓은 업적에 감사하고 나아가 다른 관리들도 그를 따라 배우길 희망하고 격려하는 내용으로 이루어졌다.

4. '수해'의 다양한 방법

'수해'의 중요성에 따라 다양한 방법과 형식들이 강구되었다. '수해'의 목적과 의의를 생각하면 당연한 현상이었다. 이런 점을 생각하면서 주요 방법들을 참고로 정리해보면 다음과 같다.

1) 실적을 살펴 '수해'하는 방법이다. 예를 들어 1등으로 뽑히면 황제가 그 실적을 전국에 알려 다른 신하들이 배우게 하는 식이다. 이 방법은 역대 왕조나 통치자들이 거의 예외 없이 활용했다. 중앙에서 실적을 따져 황제의 명으로 누군가를 '수해'의 대상으로 선정하게 되면 그 영향력이 대단히 컸다. 관리들은 열성적으로 그 사람

을 본받으려 애를 썼고, 관직 사회의 기풍이 이로써 바로잡히는 효과를 누릴 수 있었기 때문이다.

2) 황제가 관리를 파견하여 살펴서 실적이 두드러지고 백성과 관리들의 평판이 좋으면 이를 자료로 정리하여 황제에게 보고한다. 황제는 이를 다시 전국에 알려 관리들에게 배우도록 권장했다. 이 방법도 널리 채용되었다.

3) 관리들을 서울로 결집시켜 선발하는 방법이다. 모두가 공인하는 좋은 사람이 선정되면 방을 내걸어 알린다. 일부 황제들이 이 방법을 선호했다.

4) 황제가 직접 실적이 좋은 관리들을 불러 면담한 다음 확실하다고 판단하면 조서를 내려 표창하고 남보다 앞선 모범으로 삼는 방법이다.

5) 상과 격려를 통해 '수해'하는 방법이다. 누군가 상을 받거나 칭찬을 받으면 당연히 모범으로 인정되고 자연스럽게 모두가 따라서 그를 배우게 하는 것이다.

6) 지방에서 '수해'가 될 만한 사람을 선정하게 하는 방법이다. 원나라 세조 쿠빌라이가 1282년 각 도에 명령하여 청렴하고 유능한 관리들을 추천하게 하여 표창한 사례가 대표적인 사례로 남아 있다.

7) 인원과 시기를 정하여 그에 맞추어 '수해'의 대상자를 선정하는 방법이다. 광무제 유수는 37년 삼공을 비롯한 각급 관료들에게 매년 청렴하고 실적이 뛰어난 관리들을 정해진 숫자대로 추천하게 했다. 이는 모범이 되는 인재들을 지속적으로 발굴하게 하는 방법

으로 인재들에 대한 격려의 효과가 아주 컸다.

8) 앞서 살펴본 사당과 비석을 세워 '수해'로 삼는 방법 외에 그 사람의 행적을 그림으로 그려 알리거나 방을 내걸어 알리는 방법이 있었다.

9) 특별히 '영광스러운 책'이라 하여 '수해'의 대상으로 선정된 사람들을 기록하는 책자에 기입하는 방법도 있었다.

| '수해'의 효과 |

'수해'는 역대로 중시되었던 만큼 그 효과도 탁월했다. 그 주요한 효과를 간략하게 몇 가지 방면으로 나누어 정리한다.

1. 인재의 적극성을 움직여 모범이 되도록 경쟁하게 한다

한나라 선제는 이 '수해'의 방법으로 천하의 영재들을 움직였다. 묘목이 좋으면 큰 나무로 성장할 가능성이 크다는 인식하에 인재들의 적극성을 대대적으로 자극했다. 전국의 인재와 관리들이 서로 앞을 다투어 타의 모범이 되려고 했다. 이로써 한나라 시대를 통틀어 좋은 관리들이 가장 많이 배출되어 중흥을 이루었다는 평가를 받았다.

당 태종은 좋고 나쁜 전형에 동시에 관심을 가졌다. 이를 통해 관리들로 하여금 단속을 엄격하게 하고 법을 준수하며 공공의 이익을 철저하게 받들도록 자극했다. 창조적인 방법을 구상하여 백성들을 이롭게 하고, 관리들이 서로 잘하는지 비교하고 경쟁시켰다. 동시에 나쁜 관리들을 좋은 방향으로 이끄는 노력도 게을리하지 않았다. 좋은 관리는 더 좋게 발전할 수 있도록 관심을 기울였다.

금 왕조의 통치자들도 '수해'를 대단히 중시했는데, 특히 절개를 지키며 죽은 신하들을 크게 표창하여 산 사람들이 이들을 본받게 하는데 신경을 많이 썼다.

원나라 세조 쿠빌라이는 좋은 사람을 관리로 임명하고, 전형적인 모범을 특별히 중시하여 대대적으로 칭찬하고 널리 알림으로써 다른 사람들을 격려하고 자극했다.

명나라 통치자들은 충의와 효도 등 주로 국가 통치 이데올로기에 부합하는 관리들을 '수해'의 대상자로 선정하여 대대적으로 선전하여 적지 않은 효과를 거두었다.

'수해'는 인재들의 경쟁을 부추기는 효과가 확실히 있다. 결과적으로 인재들의 적극성을 크게 움직여 자신의 일과 조직을 위해 분발하게 함으로써 두드러진 성과를 내게 하는 것이다.

2. 인재로 하여금 그 재능과 지혜를 더욱 발휘하게 한다

'수해'는 타인이 보고 배우게 하여 그들을 좋은 쪽으로 이끌고 분발하게 하는 효과뿐만 아니라 '수해'로 지목된 인재가 자신의 재능과 지혜를 더욱 발휘하게 하는 요인으로 작용한다.

인간의 심리라는 측면에서 볼 때 인재는 좋은 성과를 내면 자신의 리더가 자신의 이런 모습을 보고 칭찬하길 바란다. '수해'는 앞서 가는 사람들을 표창하고 좋은 성적을 낸 것을 긍정하는 중요한 형식이다. 따라서 '수해'는 사람의 마음을 얻고 보다 나은 쪽으로 인재들을 이끄는 격려의 효과를 거둘 수 있다. '수해'의 대상자나 이를 보는 주위 사람들 모두에게 그렇다.

삼국시대 제갈량과 더불어 최고의 인재로 평가받은 방통(龐統)이 처음 군에서 일할 때 잘한 사람을 알리는 데 대단히 신경을 썼다. 때로는 지나칠 정도였다. 사람들이 이를 이상하게 여기고 의문을 나타냈다. 이에 방통은 이렇게 진단했다. 천하가 큰 난리에 빠져 바른 도가 쇠퇴하여 좋은 사람은 적고 나쁜 사람이 많다. 좋은 풍속을 불러일으키고 도덕관을 강화하려면 좋고 뛰어난 인재들을 전형으로 삼지 않으면 안 된다. 칭찬할 만한 사람, 타인의 모범이 되는 사람들의 좋은 점을 알리지 않으면 그들의 명성과 업적을 본받고 배우려는 사람이 적어지고 좋은 일을 하려는 사람도 적어진다. 배우려는 사람이 없으면 원래 좋았던 사람도 격려를 받지 못하고 계속 좋은 일을 하려는 적극성도 꺾인다. 따라서 앞서가는 사람을 적극적으로 칭찬하고 모범으로 삼아야만 그렇지 못한 사람들을 보다 나은 쪽으로 격려하고, 인재의 일하는 방식을 배우려는 사람들을 더 많이 끌어들일 수 있는 것이다.

누군가의 모범이 된다는 것은 대부분의 사람들이 바라는 바이다. 한 사람의 탁월한 성적이 리더와 조직원의 칭찬과 나아가 사회적 공인을 받고 더 나아가 타인을 위한 학습 모델이 된다면 그보다 더한 명예도 없을 것이다. 당사자는 더욱 더 노력하여 보다 우수한 성적을 창출하려 할 것이고, 주위 사람들은 그런 그를 본받고 배우려고 할 것이다. 이것이 '수해'의 중요한 작용이자 효과이다.

3. 사람을 선한 쪽으로 이끈다

'수해'는 당사자는 물론 특히 모범이 되고 싶어 하는 사람을 자극하고 끌어들이는 작용을 한다. 누군가의 모범은 깃발의 역할을 한다. 이는 사람을 선한 쪽으로 이끄는 강력한 힘을 갖고 있다.

사가법(史可法)은 강한 청나라 군대를 맞이하여 양주(揚州)에서 포위당했다. 그는 양주성과 함께 생사를 같이하기로 맹서했다. 결국 고립무원의 상황에서 성은 무너지고 사가법은 포로가 되었다. 청은 그에게 끊임없이 항복을 권유했지만 사가법은 단호히 거절했다. 그는 빛나는 민족 영웅의 모범이 되었다.

사가법의 항청 정신과 영웅적 행위는 백성들의 애국심을 격렬하게 자극했다. 그의 뒤를 이어 수많은 사람들이 나라를 위해 자신들의 목숨을 바치며 장렬하게 순국했다.

윗물이 맑아야 아랫물이 맑아진다는 진부한 속담을 들지 않더라도 기득권을 누리고 있는 사회 지도층의 솔선수범은 백성들의 마음을 편하게 만들고 나아가 그들을 본받으려는 기풍을 조장하여 사회 전체를 선한 쪽으로 이끄는 것이다. '수해'의 궁극적 기능과 효과가 바로 이런 것이다.

'수해'의 궁극적인 목적은 같은 인재들끼리는 물론 많은 사람들이 본받게 하자는 데 있다. 그래야 세상이 보다 나은 쪽으로 발전할 수 있기 때문이다. 따라서 백성과 나라를 위해 헌신한 사람은 반드시 모든 방법을 통해 '수해'해야 한다. 사진은 청에 굴복하지 않고 장렬하게 스스로를 희생한 사가법의 무덤이다.

| '수해'가 주는 교훈과 힘 |

'수해'와 관련한 옛 사람들의 풍부한 경험과 빛나는 성과는 '수해'에 대한 우리의 계발과 인식을 보다 깊게 해준다. '수해'가 가르쳐주는 교훈을 정리해본다.

1. '수해'는 우리의 수준을 끌어 올린다

'수해'는 그 대상에 대한 사람들의 신뢰와 의지, 그리고 존경을 반영한다. 따라서 그런 기풍의 조성은 우리들의 자부심을 높이고 나아가 우리들의 의식 수준을 끌어올린다. 나뿐 아니라 다른 사람들도 함께, 저 사람뿐 아니라 우리들도 함께 타의 모범이 될 수 있다는 적극성을 자극하여 사회 전반의 분위기를 긍정적인 방향으로 바꿀 수 있다.

과거의 '수해'는 그 한계가 뚜렷했다. 절대 다수가 최고 통치자, 즉 황제가 선정한 인물이었기 때문이다. 백성들이 자발적으로 추대한 '수해'의 경우는 드물었다. 하지만 '수해'의 의미와 그 방법 및 효과 등에서 보다시피 그 교훈과 힘은 지금이라고 해서 결코 무시할 수 없다. 오히려 보다 공인된 방식으로 보다 확고한 원칙과 기준을 통해 모든 이의 모범이 되는 좋은 인재들을 '수해'함으로써 좋은 사회 기풍을 진작하고 우리들의 의식 수준을 적극적으로 끌어올리는 방법으로 재창출해야 할 것이다.

2. 본받아서는 안 될 전형은 내쫓아야 한다

선량하고 뛰어난 인재들을 '수해'하는 것과 동시에 사회적으로 인정받을 수 없는 불량한 자들은 공동체에서 축출하는 과정이 병행되어야 한다. 조직과 사회 나아가 나라를 좀 먹는 기생충 같은 자들, 자기 것을 지키기 위해 남의 것을 빼앗는 탐욕스러운 자들, 수단과 방법을 가리지 않고 부와 권력을 추구하는 권력욕의 화신들, 힘 있는 자에게 붙어 약한 사람들을 괴롭히는 양아치와 같은 부류들 등등, 사회악들의 전형을 모든 사람들에게 제시하여 이들을 질타하고 심판하고 축출하는 일은 결코 소홀히 할 수 없는 중대한 과업이 아닐 수 없다.

역사상 아무리 훌륭하고 선한 사람들이 많아도 이런 추악한 자들을 제거하지 못해 결국 조직과 나라를 망친 사례는 수도 없이 많다. 간악한 자들의 유형을 엄밀하게 설정하여 결코 본받아서는 안 될 형상으로 정립해서 교육의 자료로 삼아야만 한다. 좋고 훌륭한 인재를 '수해'하여 장려하고 자극하는 일 못지않게 중대한 일이다. 지금 우리 사회의 현실을 보면 이 일이 얼마나 필요하고 시급한가를 절감하게 된다.

3. '수해'의 중점은 지도층에 있다

'수해'는 각계각층 모두에게 필요하다. 하지만 그 비중은 다를 수밖에 없다. 역대 사례들이 그렇듯이 '수해'의 중점은 어디까지나 사회 지도층에 있다. '수해'의 대상으로 선정된 인물의 신분과 자리가 높을수록 그 효과와 위력은 그만큼, 아니 그보다 훨씬 더 커진다. 이런 점에서 사회 지도층의 자각과 분발이 절대 필요한 것이다. 아울러 모든 전형(典型)은 고립되어 있지 않다는 점을 분명하게 인식해야 한다. 인재는 백성들 관심 밖에 존재하는 초월적 존재가 아니다. 또한 백성들을 무시하고 수립되는 특별한 존재도 결코 아니다.

'수해'의 대상은 사회의 전형이 된다. 따라서 '수해'의 대상은 그 자신만의 개성과 사회적 공통점의 통일체이다. 전형은 사물의 집중적 표현이자 일반을 대표할 수 있다. 동시에 일반에 비해 두드러진 그 무엇이다. 전형은 살아 움직이는 개성 속에서 존재하면서 보편적 공통점을 포함한다. 동시에 발전해나가는 사물이나 인간의 일반적 규칙을 내포하고 있다. 이 때문에 이런 전형을 통해 한 사회의 이상과 꿈을 집중적으로 실현해낼 수 있는 것이다. 이런 점에서 무엇보다 우리 사회의 지도층의 맹렬한 자각이 요구된다고 하겠다. 이는 몇몇 개개인의 개별적 요구가 아니다. 한 조직의 필요성도 아니다. 사회와 나라, 나아가 인류사가 요구하는 시대적 책임이다. 그 책임을 망각하거나 내던질 때 자신은 물론 우리 사회 전체가 병들어 쇠망하고 만다.

| '수해' 관련 명언명구 |

> 이량즉법평정성(吏良則法平政成);
> 불양즉왕도이이패의(不良則王道弛而敗矣)
> "관리가 우량하면 법이 공평해지고 정치가 성공하지만,
> 관리가 불량하면 통치가 해이해져 결국 실패한다."
> ─《신당서》〈순리전〉 서문

관리의 자질 여부가 정치의 성패를 결정한다는 명구이다.

> 추군지치이제지민(推君之治而濟之民), 이야(吏也)
> "군왕의 다스림을 도와 백성을 구하는 일은 관리가 한다."
> ─《신당서》〈순리전〉 서문

군주의 치국 노선과 방침 및 정책이 확정되면 관리들에 의지하여 백성들을 다스리고 편하게 만든다는 의미의 명구로서, 결국 관리의 '수해' 여부가 통치의 질을 가름한다는 뜻이기도 하다.

사마천은 관리의 모범으로서 순리(循吏)를 거론했는데, 《사기》에 주석을 단 당나라 때 사마정(司馬貞)은 순리를 위와 같이 정의했다. 사마천은 순리를 수신(修身)할 줄 아는 자라고 했다. 요컨대 '수해' 로서 관리는 자신을 수양할 줄 알고, 자기 맡은 바 직책에 충실하며, 법을 지키면서 순리에 따를 줄 아는 사람을 가리킨다.

반고는 순리를 이렇게 정의했다. 관리의 '수해' 조건을 지적한 대목으로 각박하지 말라는 구절이 눈길을 끈다.

당나라 때 재상을 지낸 마주(馬周)의 명언이다. 관리 한 사람의 '수해'가 주위에 미치는 영향을 지적한 대목이다.

제3부

조직론

리더십 20단계론 중 조직론에 해당하는 일곱 가지 자질의 핵심은 인재의 실적 검증과 그에 따른 평가 방법에 관한 것들이다. 주요 내용은 인재 선발 시스템의 정착과 상·벌·징계에 관한 합리적인 평가 방식에 관한 것들이다. 관계표에 의해 시관(試官), 과거(科擧), 고적(考績), 포양(襃揚), 장상(獎賞), 경벌(輕罰), 엄징(嚴懲)의 주요 방식을 살펴보면 오른쪽과 같다.

조직론의 범주에 속하는 일곱 항목은 자질론과 관계론을 보완하는 작용을 한다. 물론 자질론과 관계론의 확장 심화의 결과물이기도 하다. 자질론과 관계론을 통해 확립된 리더와 인재의 관계를 시스템으로 뒷받침한다고 보면 된다. 그 내용은 주로 인재에 대한 효율적이고 효과적인 테스트 방법이다.

분야		항목	핵심 요지	비교
리더십	자질론	명기(明己)	'명기'는 자신을 투명하게 만드는 고통스러운 과정이다.	리더 개인적 차원의 자질 함양 방법론
		위공(委功)	진심으로 '위공'을 하면 당사자뿐만 아니라 주변 사람들의 마음까지 얻을 수 있다.	
		납간(納諫)	흥하는 리더는 남이 말해주지 않으면 어떡하나 걱정하고, 망하는 리더는 남이 무슨 말을 하지나 않을까 걱정한다.	
		석원(釋怨)	'석원'은 확고한 공사구분의 자세와 정신이 전제되어야 가능하다.	
		남과(攬過)	잘못을 끌어안으면 민심을 끌어안을 수 있다.	
		신범(身範)	마음에 앞서 내 몸(행동)이 표본임을 잊지 마라.	
	관계론	양현(讓賢)	유능한 사람에게 양보하는 것은 가장 고귀한 품덕이다.	겉으로 드러나는 리더의 객관적 자질 표현의 방법론
		성구(誠求)	간절히 구하되 실질적으로 동원할 수 있는 모든 방법을 동원할 줄 알아야 한다.	
		천거(薦擧)	사심없는 추천은 도미노 현상을 일으킨다.	
		적대(赤待)	진정으로 마음을 주되 맹목적인 심복을 만들어서는 안 된다.	
		문병조휼(問病弔恤)	세심한 배려야말로 큰일을 성취할 수 있는 밑거름으로 작용한다.	
		예존(禮尊)	예를 갖추어 인재를 존중하는 것은 동서고금의 변치 않는 최선의 방법이다.	
		수해(樹楷)	진취적이고 다양한 롤 모델을 적극 발굴하여 제시하라.	
	조직론	시관(試官)	인재의 적극성을 자극하는 합리적 시스템으로 정착되어야 한다.	실적 검증과 그에 따른 격려·상벌·징계의 방법론
		과거(科擧)	정기적으로 시행하되 융통성과 창의성을 가미한 인재 선발 시스템을 만들어라.	
		고적(考績)	공정, 공개, 공평에 입각한 '3공'의 원칙으로 성과와 실적을 평가하되 과정을 무시하지 않도록 하라.	
		포양(襃揚)	'포양'은 상하좌우 관계의 협조를 끌어낼 수 있어야 한다.	
		장상(獎賞)	상은 선도(善導)와 격려(激勵)의 기능을 끝까지 견지해야 한다.	
		경벌(輕罰)	벌은 가볍되 왜 벌을 받는지 확실하게 알고 기꺼이 받아들이게 하라.	
		엄징(嚴懲)	징계는 벌과는 다르되 엄정해야 한다.	

시관
試官

시험의 힘

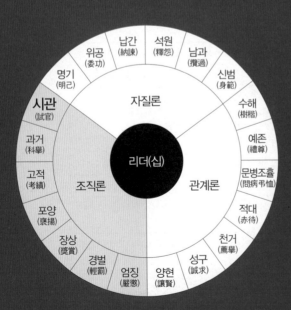

- 납간 (納諫)
- 석원 (釋怨)
- 남과 (攬過)
- 위공 (委功)
- 신범 (身範)
- 명기 (明己)
- 수해 (樹楷)
- **시관 (試官)**
- 자질론
- 예존 (禮尊)
- 과거 (科擧)
- 리더(십)
- 문병조휼 (問病弔恤)
- 고적 (考績)
- 조직론
- 관계론
- 적대 (赤待)
- 포양 (襃揚)
- 천거 (薦擧)
- 장상 (獎賞)
- 성구 (誠求)
- 경벌 (輕罰)
- 엄징 (嚴懲)
- 양현 (讓賢)

| '시관'의 의미와 인식 |

'시관'이란 말 그대로 시험관, 즉 '고시를 주관하는 관리'를 가리키는 용어이다. '시'란 글자가 동사로 활용될 때는 '관리를 시험하다'는 뜻이 되는데, 정식 임명되지 않고 임용을 기다리고 있는 관리에 대한 시험을 뜻한다. 유능하다고 하는 인재를 어떤 자리에 놓고 시험해보는 단계인데, 그 자리에 맞는지 여부를 살핀 다음 기용을 결정하는 것이다. 그래서 '시용(試用)'이라는 말로도 두루 쓰인다.

시험 결과 재능과 자리가 어울리면 자리를 주고, 그렇지 못하면 자리를 바꾼다. 재능은 있지만 그 자리에는 맞지 않는다면 그보다 작은 자리를 주고, 자리가 재능을 따르지 못한다고 판단되면 보다 높은 자리를 준다.

역사적으로 유능한 인재를 구하는 방법으로 '시관'은 이론과 실천 모두에서 효과적인 방법임이 입증되었다. 이 방법의 특징은 상황에 근거하여 자리를 주는 데에 있다. 이 방법으로 인재를 얻어 자리를 주면 대체로 자리와 재능이 어울려 재능을 충분히 발휘할 수 있게 된다. 그래서 예로부터 '사람과 자리가 어울리게 하려면 시관만한 방법이 없다'고 한 것이다.

리더는 '시관'에 대해 분명한 인식과 원칙을 견지해야 한다. 그러기 위해서는 '시관'의 역사와 그 변화를 어느 정도 파악할 필요가 있다. 그 기본 정보를 숙지하고 그 장단점을 파악하여 지금의 상황에 맞는 그 나름의 '시관' 방법을 추출해낸다면 좋은 인재를 얻을 수 있는 리더의 힘을 또 하나 확보하게 될 것이다.

| '시관'의 역사와 한계, 그리고 리더십 |

좋은 인재를 선발하고 가장 알맞은 자리를 찾아 배치하는 '시관'의 역사와 방법은 전설 속 요(堯) 임금 때부터 시작되었다. 요는 아들에게 자리를 물려주지 않고 민간에서 명망이 높은 순(舜)을 발탁하여 20년 넘게 그 재능과 능력을 시험했다. 요는 가정을 꾸리는 일부터 시작하여 내정과 외정은 물론 심지어 담력까지 살피고 시험하는 치밀한 과정을 거친 끝에 생전에 자신의 자리를 넘겨주었다. 이렇게 해서 '선양(禪讓)'이라는 이상적인 권력 교체 방식이자 친분에 매이지 않고 유능한 사람에게 자리를 물려주는 합리적인 인재 등용의 모범적인 사례가 탄생했다. 당시 요 임금은 왜 태자에게 자리를 물려주지 않느냐는 태자 측근들의 불만에 대해 "한 사람의 이익을 위해 천하가 손해를 볼 수 없다, 결코(종불이병천하이이일인終不以病天下而利一人)!"라며 단호히 이들의 불만을 눌렀다.

기원전 221년 진시황(秦始皇)이 천하를 통일하기 전까지 하·은·주 세 왕조와 춘추전국시대의 여러 나라들은 그 나름의 방법으로 인재들을 시험하고 기용했다. 특히 춘추전국시대에는 생존을 위한 무한경쟁 속에서 각국이 다양한 인재들을 확보하기 위해 갖은 방법을 창안했다. 기록의 미비로 상세한 상황은 알 수 없지만 인재

확보를 위해 국경과 민족, 국적과 연령을 따지지 않는 대단히 개방적인 인재 정책과 시스템을 마련한 것만은 분명했다.

좀 더 구체적으로는 '삼재고적(三載考績), 삼고출척(三考黜陟)'이라는 시관 제도에 대한 기록이 단편적으로 전한다. 쉽게 해석하자면 '세 번의 실적 점검을 거쳐 9년 이후 그 결과를 심사하여 승진과 좌천 및 축출을 결정'하는 것이다. 이럴 경우 대개 3년에 한 번, 즉 9년 안에 세 번의 실적을 살피게 된다. 그래서 이 제도는 약간의 변형을 거쳐 '삼년에 한 번 실적을 살펴' 승진 여부를 결정하는 것으로 정착되었다.

다음 일화는 춘추시대 인재 기용과 관련하여 실질적인 능력을 얼마나 중시했는가를 잘 보여준다. 중원에 위치한 소국 정(鄭)나라는 늘 주변 강대국들에게 시달림을 당했다. 소국의 이런 상황을 정확하게 인식한 정자산(鄭子産)은 작지만 단단한 나라를 만들기 위해 혼신의 노력을 기울였다. 유능한 인재들을 사심 없이 기용하여 내정을 다지고, 다자 외교 정책을 통해 외정을 안정시켰다. 한 번은 자피(子皮)라는 실권자가 자신의 봉지를 책임질 사람으로 윤하(尹何)라는 인물을 기용하고자 했다. 자산은 그 사람은 능력이 안 되니 기용해서는 안 된다고 충고했다. 자피는 "윤하는 사람이 신중하고 잘 따르는데다 내가 좋아하니 배반하지 않을 것이다. 3년 정도 테스트한 다음 다시 보는 것이 어떻겠소?"라고 제안했다. 이에 자산은 다음과 같은 비유를 들며 자피의 판단을 우회적으로 비판했다.

"당신이 아주 좋은 비단을 갖고 있는데 아무에게나 비단을 재단하게 맡길 수 있겠습니까? 큰 자리와 넓은 땅은 당신을 지켜주는 기반인데 이를 아무에게나 맡겨 시험해 보도록 할 수 있습니까? 그런 기반을 비단의 가치에 비교할 수는 없지 않습니까?"

자피는 윤하의 기용을 취소했다. 정자산이 제기한 인재 기용법, 즉 실제적인 '시관'의 방법이 춘추시대에 적용되고 있음을 알 수 있다.

흔히들 동양 왕조 체제의 통치 방식을 '인치(人治)'란 말로 요약하곤 한다. 이 평가는 '법치(法治)'와 비교되면서 상당히 부정적으로 사용되었다. 법률과 제도에 따라 인재를 선발하기보다는 통치자가 구미에 맞는 인재를 선발하는 경향이 강하다는 것이다. 여기에는 리더의 자질 여하에 따라서 인재의 자질까지 결정될 가능성이 크다는 의미까지 함축되어 있다. 근대에 들어와 동양이 서양에 뒤쳐지게 된 가장 큰 원인을 인재를 선발하여 기용하는 '인사(人事)' 시스템에서 찾는 것도 이 때문이다. 이런 경향은 사실 오늘날 우리 정치와 조직에서도 발견된다. 수천 년에 걸쳐 큰 영향을 미친 이런 '인치' 시스템은 동양의 사유방식과 문화에까지 깊이 침투하여 동양 고유의 전통적 관념이 되었다. 따라서 이런 관념의 산물을 무비판적으로 수용해서도 안 되지만 무조건 배척해서도 안 된다. 현대 사회에 맞게 재조정하고 재구성하는 지혜가 필요하다. 바로 이 지점에서 리더의 자질, 즉 리더십 문제가 새삼스럽게 재조명되는 것이다.

'시관'의 역사는 한나라 때의 정착기와 위진남북조시대의 다양한 시험을 거쳐 수나라에 이르러 과거(科擧)라는 사상 초유의 공평하고 공정한 인재 선발제도로 완성됨으로써 동양은 물론 세계사에 큰 자극과 영향을 주기에 이른다. 하지만 한 사람에게 권력이 집중될 수밖에 없는 왕조 체제 하에서 과거제는 뚜렷한 한계를 드러낼 수밖에 없었다. 법과 제도적 정비를 통한 비교적 완전한 인재 선발제도로 발전시키기 전에 서양 열강의 침탈을 당하고, 과거제는 고시와 같은 기형적 형태로 살아남아 많은 사회적 모순과 갈등을 유발하는 요인이 되고 말았다.

'시관'은 오랜 시행 과정을 거쳐 제도로 정착했다. 그러나 '시관'은 리더의 자질에 크게 의존할 수밖에 없는 한계를 가지고 시작되었다. 따라서 공정하고 공평하고 합리적인 '시관'의 실행을 위한 리더의 자질을 강조하는 경향이 뚜렷했고, 이에 따라 '시관'의 과정에 리더의 개입은 불가피했다. '시관'이 리더십을 가늠하는 하나의 기준으로 제시될 수밖에 없는 이유가 여기에 있다. 따라서 오늘날 '시관'을 시행할 때는 이런 역사적 배경과 한계를 분명하게 인식할 필요가 있다.

| '시관'의 다양한 방법들 |

조직은 물론 나라를 제대로 다스리기 위한 방법의 하나로 '시관'은 대단히 중요하다. 몇 차례 지적한 대로 리더의 리더십과도 뗄 수 없는 함수관계에 있기 때문에 역대로 실질적 '시관'을 위한 다양하고 창의적인 방법들이 제기되었다. 다양하고 창의적인 '시관'의 방법들을 간략하게 소개해둔다.

1. 필요에 따른 '시관'

실제적 필요에 근거하여 어떤 인재가 필요할 경우 그에 맞추어 인재를 시험하고 기용하는 방법이다. 한 사람이 되었건 여러 사람이 되었건 그때그때 필요한 수만큼 테스트하여 임용하는 것이다. 갑자기 어떤 자리가 비거나, 어떤 관리의 실적이 나빠 문책하고자 할 때도 이 방법이 사용되었다. 명나라 때 선종(宣宗)이 이 방법을 선호했는데, 사실 이 방법은 역대로 많은 왕조에서 채용했다. 이 방법은 부정기적이긴 하지만 자기 자리와 직무에 충실하지 못한 관리에 대한 경계가 될 수 있다는 점에서 나름의 장점이 있다.

2. 사전 준비된 '시관'

미리 좋은 인재를 선발해 두었다가 정기적으로 필요한 자리에 임용하는 방법이다. 이 방법이 효과적으로 시행되려면 매년 필요한 관리들의 수, 즉 정원이 파악되어야 하며, 또 차질 없이 필요한 인재가 충원되어야 한다. 즉, 들어오고 나가는 관료들의 상황에 대한 정확한 점검이 일차적으로 요구되는 방법이다. 송나라 때 사마광(司馬光)이 신종(神宗)에게 이 방법의 실행을 건의한 바 있다. 이 방법은 관리들의 자리가 비지 않고 연속성을 보증할 수 있다는 장점을 갖고 있다.

3. 초임자에 대한 '시관'

처음 자리를 받은 사람들에 대해 예외 없이 테스트하는 방법을 말한다. 말하자면 처음 받은 자리는 실제 '시관'이 이루어지기 전까지만 유효한 임시직인 셈이다. 오늘날로 보자면 인턴 제도와 비슷하다고 할 수 있다. 이 테스트를 통과해야만 정식 자리에 임명된다. 송나라 효종(孝宗)이 이 방법을 선호했다고 한다. 이 방법은 한번 뽑은 사람을 다시 테스트한다는 번거로움은 있지만 인재의 질을 보증할 수 있다는 장점이 있다.

4. 전문적인 '시관'

어떤 자리이냐에 따라 전문적으로 반드시 '시관'하는 방법이다. 명나라 때 어사(御史) 같은 자리가 그랬는데, 누가 되었건 반드시 1년에 한 번씩 테스트를 했다. 다른 자리는 이렇게 엄격하지 않았을 뿐만 아니라 어떤 자리는 때때로 '시관' 자체를 생략하기도 했다. 이 방법은 중요한 자리에 대한 전문적 시험이다. 건강한 조직을 위해 반드시 필요한 방법이 아닐 수 없다.

5. 만든 자리를 위한 '시관'

이 방법은 필요한 자리를 만든 다음 이 자리를 위한 인재를 선발하는 방법이다. 당 왕조의 무측천이 이 방법을 활용했고, 금나라 세종(世宗)도 이 방법을 활용한 바 있다. 이 방법은 권력자가 임의로 시행하는 경우가 많았다. 이 방법은 인재들을 사전에 살피지 못하고 추천과 시험의 상황에만 근거하여 뽑아야 한다. 이는 '시관'의 방법 그 자체나 틀에 얽매이지 않고 인재를 선발할 수 있다는 장점이 있다. 또 '시관'과 관련된 기존의 관료들과의 모순을 피할 수도 있다. 그러나 권력자의 의지가 과도하게 개입될 경우 정실(情實) 인사로 흐를 위험성도 크다.

6. 등급에 따라 연속 '시관'

한 등급 한 등급 위로 올라가면서 테스트하는 방법이다. 송나라 태조 조광윤(趙匡胤)이 이 방법을 활용했다. 먼저 교서랑이란 자리를 테스트하여 합격하면 이어서 그 윗자리인 대리평장 자리를 테스트한다. 여기서도 합격하면 그 윗자리를 테스트하는 식이다. 이렇게 조광윤은 4품까지 테스트했다고 한다. 이 방법은 유능한 인재를 근무 연수나 직급 연수에 구애받지 않고 승진시킬 수 있다는 장점이 있고, 인재들의 분발과 능력 발휘를 적극적으로 자극하는 촉진제 역할을 할 수도 있다. 다만 리더의 사사로움이 개입될 여지가 있어 자칫 별 능력이 없는 자가 초고속 승진하는 폐단이 발생할 수 있다. 인재의 부단한 자기노력이 전제되어야만 효과를 볼 수 있는 방법이다.

7. 성과에 따른 '시관'

실적이나 성과를 살펴서 '시관'하는 방법이다. 고대의 '시관'은 일반적으로 실적을 살피는 것과 결합되어 있었다. 1년의 실적을 1년에 한 번, 3년의 실적을 3년에 한 번 살피는 경우가 많았고, 심지어 석 달의 실적을 따지기도 했다. 3년의 실적을 3년에 한 번 따질 경우는 세 번, 즉 3년에 한 번씩 9년에 걸쳐 세 번 실적을 살피는 것이 최대였다. 이 관문을 통과하면 그 자리를 유지하거나 승진하거나 좌천되거나 파면되었다. 명나라 때 '시관'이 이런 방식으로 진행되었는데, 3년 기한이 많았다.

8. 추천과 시험을 결합한 '시관'

이 방법은 추천자가 인재를 추천하면 추천자의 견해에 근거하여 '시관' 여부를 결정한 다음 '시관'이 결정되면 그 자리에 맞는지 시험하는 방법이다. 유리한 점이라면 추천을 통해 임용할 사람을 보증 받아 임용할 수 있다는 것이다. 반면 폐단은 사사로운 친분관계가 작용하거나, 자칫 잘못 추천했을 경우 처벌이 두려워 추천 자체를 꺼리는 것이다.

9. 임용과 시험을 병행하는 '시관'

정식으로 자리를 주어 임용하고 이를 기초로 하여 다시 시험을 하는 방법인데, 일반적으로 고위직을 대상으로 많이 사용한다. 송나라 태조와 태종이 이 방법을 즐겨 사용했다.

| '시관'이 주는 교훈과 힘 |

앞서 '시관'의 역사와 다양한 방법들을 살펴보았다. 이를 통해 우리는 '시관'의 효과는 물론 적지 않은 교훈 및 그 위력을 확인할 수 있을 것으로 생각한다. 그리하여 '시관'에 대해 보다 나은 인식을 확보할 것으로 기대한다.

1. 자리와 인재의 합리적 기용과 조합

한 사람의 능력에 대한 인식과 판단은 실천을 통하지 않고서는 제대로 이해하기 어렵다. 일을 하는 능력과 그 사람의 지식이 결코 정비례하지 않기 때문이다. 이 둘을 모두 제대로 갖춘 사람이 있는가 하면, 양자의 균형이 맞지 않는 사람도 적지 않다. 따라서 '시관'을 통해야만 합리적으로 인재를 기용할 수 있다. '시관'을 거친 다음 자리를 주면 그 자리와 능력이 대체로 어울릴 수 있다. 사마광(司馬光)은 이렇게 하면 실제 재능에 근거하여 자리를 헤아릴 수 있다고 했다. 누가 봐도 공평

제왕학의 교과서로 불리는 《자치통감》 편찬을 주도한 사마광은 '시관'에 큰 관심을 가졌다. 특히 나라에 필요한 각 부분의 다양한 인재들을 미리 선발하여 언제든지 간략한 시관을 통해 기용하자는 견해는 지금 보아도 매우 참신하다.

하고 공정한 기준에 의해 시행되는 '시관'이야말로 가장 효과적으로 인재를 얻을 수 있는 방법이라 할 것이다.

2. 인재의 적극성을 자극

'시관'은 시험을 받는 대상자에게 명확하게 합격과 불합격 여부를 알려준다. 또 결과에 따라 낮은 자리나 높은 자리에 임용될 수 있다는 점도 밝히고 넘어간다. 이렇게 하면 유능한 인재의 적극성을 충분히 움직여 그 능력을 최대한 발휘하게 할 수 있다. 남조시대 진(晉)나라 사람 이중(李重)은 '시관'을 통해 진짜 재능 있는 인재를 얻게 되면 민심이 안정을 찾아 모두가 분발하여 한 단계 위로 올라가기 위해 자신의 일에 힘을 쓰게 된다고 지적했다. 당나라 때 무측천도 내가 '시관'을 통해 사람을 뽑는데 누가 최선을 다하지 않겠냐 했고, 사실이 또 그랬다. 무측천 통치기에 관리 노릇을 하기란 쉬운 일이 아니었지만, 무측천은 '시관'을 크게 강화하여 많은 인재들을 뽑았고, 인재들 역시 앞을 다투어 이에 호응함으로써 유능한 인재들이 모두가 분발하여 경쟁하는 풍조를 만들어냈다.

3. 필요한 인재를 얻어 큰일을 돕게 하다

한나라 성제(成帝)는 '시관'을 통해 필요한 인재를 얻어 나라를 크게 다스리는데 도움을 받을 수 있다는 점을 깊이 인식한 리더였다. 성제는 예로부터 시정에 대한 방략을 듣고 또 실제 실적을 보아야만 진짜 인재를 얻을 수 있다고 지적했다. 그래야만 관리들 모두가 진지하게 자신의 일에 힘을 쏟고, 사회의 기풍과 풍속이 좋은 방향으로 흘러 천하가 크게 다스려질 수 있다고 본 것이다. 성제는 이런 인식을 바탕으로 '시관'을 견지했고, 상하가 화목하게 나라를 다스릴 수 있었다는 후대의 평가(《자치통감》 권33 〈한기〉 25)를 들을 수 있었다.

4. 나쁘고 어리석은 자를 걸러내다

공정하고 공평하고 공개적인 '시관'은 무엇보다 나쁘고 어리석은 자를 걸러내는 장치 역할을 한다. '시관'을 통해 누가 진정한 인재이고, 누가 무능하고 나쁜 심보를 가졌는지를 식별할 수 있다. '시관'은 진짜 재능은 없으면서 오로지 요행수로 명리를 구하며 그저 자리만 차지하는 자들에게 자신의 무능과 무치를 숨길 수 없게 만드는 방법이다. 이 방법이 제대로 시행되면 소인배들은 알아서 물러난다. 무측천은 많은 인재들을 추천받았는데, 추천한 사람과 추천을 받은 사람을 같이 불러 테스트를 했다. 그 결과 엉터리로 추천한 것이 판명나면 심하면 그 자리에서 목을 잘랐다. 간혹 요행수를 바라고 투기꾼처럼 달려드는 자들이 없지 않았지만 당연히 좋은 결과를 얻을 수 없었다.

5. 좋은 관리를 끌어들이다

좋은 관리를 끌어들이는 것은 '시관'의 중요한 목적이자 주요한 작용이다. 당 태종은 그 자리에 그 사람이 앉아 있지 않으면 천하는 다스려지지 않는다고 보았다. 그래서 다스림의 요체는 사람을 얻는 것이라 했다. 이런 연유로 중국의 역대 리더들은 특히 좋은 관리를 얻는 일이 얼마나 중요한가를 바로 인식하고 있었다. 이런 점에서 '시관'은 대단히 중요한 방법이 아닐 수 없다. 이론과 실천이 함께 증명하고 있듯이 '시관'은 누가 뭐라 해도 좋은 관리를 얻는 가장 효과적인 관문 역할을 했다. 물론 '시관'이 많은 문제를 야기한

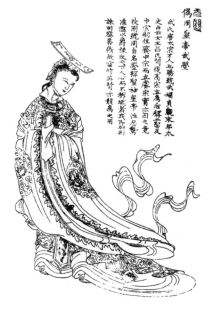

무측천은 이씨 당 왕조를 무너뜨리고 자신의 주(周) 왕조를 세운 중국 역사상 처음이자 마지막 여 황제였다. 그녀에 대한 역사적 평가는 엇갈리지만 많은 인재를 기용하여 당나라의 전성기를 이어간 것만은 틀림없다. 과거제를 비롯하여 '시관'과 같은 인재 등용과 관련한 정책을 크게 일으키고 활용했다.

것도 사실이다. 하지만 '시관'의 원래 취지와 본질에 문제가 있어서가 아니었다. 그것을 운용하는 사람들이 문제였을 뿐이다.

6. 청렴한 조직을 위한 양호한 기초

한 사람의 과거를 보면 그의 현재를 알 수 있고, 한 사람의 과거와 현재를 보면 그의 장래를 미루어 알 수 있다. 이 말이 100% 정확하지는 않겠지만 상당히 일리가 있는 말임에는 틀림없다. 중국 속담

에 '모가 튼튼하지 않으면 이삭이 자라지 않는다'는 말이 있다. 이런 점에서 '시관'은 그 재능을 테스트하는 것일 뿐만 아니라 무엇보다 그 '덕'을 시험하는 것이다. 누구든 처음 자리를 받은 사람은 모두 '시관'을 통해 그 능력과 인덕을 함께 시험 받음으로써 조직에 새로운 피와 기운을 끊임없이 제공한다. 조직도 사람처럼 신진대사가 원활해야만 성장하고 발전한다. 이런 점에서 '시관'은 조직의 신진대사를 위한 실질적인 작용을 충분히 발휘하여 깨끗한 조직을 지탱하는 기초가 될 수 있다. 이상의 교훈들을 참고하여 '시관'과 관련하여 아래와 같은 몇 가지를 제안한다.

① 효율적인 인재 기용 시스템을 만들어라.

② 역대 사례들을 면밀히 검토하라.

③ 인재를 합리적으로 기용하고 적당한 직능을 분배하라.

④ 인재를 적절히 이동시켜 적극성을 극대화하라.

⑤ 간사한 자, 무능한 자, 어리석은 자를 물리쳐라.

⑥ 조직의 흥망성쇠는 어떤 사람을 얻느냐가 중요하지만, 그 사람을 어떤 자리에 앉혔느냐도 마찬가지로 중요하다.

⑦ 합리적 기용 시스템은 좋은 인재들의 출입문이다.

⑧ 적정한 대우로 청렴을 담보하는 시스템도 중요하다.

부지기군(不知其君), 시기소사(視其所使)

"그 리더를 모르겠거든 그가 기용하는 사람을 보라."

– 《사기》 〈전숙열전〉

인재와 리더의 함수관계를 지적하는 사마천의 명언이다. 리더에 대한 평가가 그와 함께 일하는 인재에 의해 결정된다는 의미이다.

찰능이수관자(察能而授官者), 성공지군야(成功之君也)

"재능을 잘 살펴서 자리를 줄 수 있다면 성공한 리더가 될 수 있다."

– 악의樂毅, 〈답연혜왕서答燕惠王書〉

리더의 성공 여부를 적절한 인재 기용에서 찾고 있는 명구이다. 재능을 잘 살핀다는 말이 곧 '시관'이다.

노불험즉무이지마지량(路不險則無以知馬之良),
임부중즉무이지인지덕(任不重則無以知人之德)

"길이 험하지 않으면 좋은 말인지 여부를 알 수 없고,
맡긴 일이 적절하지 않으면 그 사람의 능력을 알 수 없다."

– 서간徐幹, 《중론中論》 〈수본修本〉

책임과 권한이 따르는 일을 맡겨야만 그 사람의 능력을 검증할 수 있다는 말이다. '시관'에 있어서 자리와 인재의 함수관계를 적절하게 지적한 대목이다.

　인재를 선발함에 있어서 실제 능력을 중시해야 한다는 점을 지적한 명구이다.

　좋은 인재를 선발할 수 있는 제도와 시스템을 갖춘 다음 그에 맞는 인재를 기용해야지 특정한 사람을 위해 임시 편법으로 자리를 만들어서는 안 된다는 지적이다.

전국시대의 명장 악의는 연나라 소왕의 전폭적인 신임을 받았지만 그 아들 혜왕은 악의를 의심하여 결국 내쳤다. 악의는 조나라로 되돌아갔고, 연나라는 다 이긴 제나라와의 전쟁에서 패했다. 혜왕이 악의에게 편지를 보내 악의를 나무라자 악의는 소왕의 리더십과 혜왕의 리더십을 비교하며 충고했다. 그러나 혜왕은 깨닫지 못했다. '시관'이 리더십과 아주 밀접한 관계에 있음을 잘 보여주는 사례의 하나였다. 사진은 악의의 상이다.

과거

科擧

시스템의 힘

| '과거'의 역사적 배경과 의의 |

'과거'는 역사상 처음으로 중국이 시행한 인재를 기용하는 국가적 차원의 제도이자 방법이었다. 과거 제도는 당시로서는 획기적인 인재 선발과 기용책이었다. 여러 과목을 두어 시험을 치러 문무 관리들을 선발한 다음 적당한 자리에 임용했다. 중국 역사에서 '과거'의 출현은 하층민들이 정치과 관료 사회에 진입할 수 있는 기회를 확대했고, 이로써 문벌 제도에 큰 충격을 주었다. 인재의 기용을 제도적으로 보장했다는 점에서 '과거'는 세계사적으로 큰 의미를 갖는 쾌거였다. 먼저 과거의 역사적 배경과 의의를 간략하게 소개해둔다.

중국은 수·당시대에 접어들며 학교교육이 크게 진작되었다. 학교교육의 발달은 고시 제도의 발달을 부추겼다. 6세기 수 왕조는 전국을 통일한 뒤 문벌세가가 정부의 요직을 독단하는 현상을 개혁하고자 고시제를 바꾸어 평민 계층을 신진 관리로 선발했다. 시험에 합격한 지식인이라면 문벌을 불문하고 일률적으로 관직을 주어 파견했다. 당 왕조도 이런 방법을 이어받았을 뿐만 아니라 그것을 가장 체계적으로 정립한 제도로 발전시켜 '과거'로 정착시켰다.

고시는 많은 종류로 나누어져 있었지만 '진사과(進士科)'와 '명경과(明經科)'의 지위가 가장 높았다. 그리고 진사과에 합격한 사람들은 높은 자리에 비교적 쉽게 올랐고, 재상도 대부분 진사과 출신이었기 때문에 진사과가 특히 중시되었다. 고시에 응시하는 응시생을 '사자(士子)'라 불렀는데, 사자의 대부분은 학교와 지방 정부의 추천을 받았다.

그들은 천 리를 멀다 않고 수도 장안(섬서성 서안)으로 올라와 집결하여 먼저 상서성 예부에다 보고를 한 다음 통지를 기다렸다가 고시장으로 입장했다. 고시에 합격하는 것을 당시에는 '진사급제(進士及第)'라 했는데, 오늘날의 '박사' 학위를 취득한 것과 마찬가지로 영광스러운 신분이 되는 것이었다. 얼마 뒤 고시에 합격한 1,2,3등을 각각 '장원(壯元)', '방안(榜眼)', '탐화(探花)'라는 전문 용어로 불렀는데, 요즘 식으로 말하자면 수석 합격자들에 해당한다. 이들은 다른 합격자들보다 더욱 명예롭게 여겼다.

방을 붙이면서 그들이 받기 시작하는 대우는 달나라에 처음 발을 디딘 우주비행사 못지않았다. 과거 제도는 중국에서 1,300년을 넘게 시행되다가 20세기 초에 와서야 비로소 폐지되었다. 이 1,300년 동안(13세기 몽고제국 당시 수십 년 중단된 적은 있다.) 과거는 지식인들이 추구하는 최고의 목표였다. 장원, 방안, 탐화는 딸 가진 집안의 부모들이 가장 부러워하는 일등 신랑감이 되었다. 중국의 무수한 문학작품들이 이를 제재로 삼기도 했다.

당 태종 이세민은 과거 시험을 위해 물고기 떼처럼 궁으로 들어오는 인재들의 엄숙한 행렬을 보고는 "천하의 영웅들이 모두 나의 자루 속으로 들어오는구나!"라며 흥분했다고 한다. 세습 전제군주의 이런 생각은 지극히 자연스러웠다. 이전의 정권은 줄곧 폐쇄적이어서 귀족과 문벌세가에만 한정되어 있었다.

중국 역사상 과거 제도는 정권의 문이 민간에게 개방되는 기념비

과거제는 근대 서양의 관료제가 성립되기 전까지 가장 획기적인 인재 선발 시스템으로, 천 수백 년 동안 중국의 왕조 체제를 지탱하는 중추였다. 사진은 과거 급제자 명단을 새긴 비석이다.

적인 제도였다. 비록 아주 좁은 틈이긴 했지만 근본적인 폐쇄와는 상당한 차이가 있었다. 총명하고 재능이 넘치는 인재들이 이 좁은 틈을 뚫고 정부에 들어왔으니 심하게 말해 목숨을 걸고 고시 과목인 '구경(九經)'을 파는 수밖에 없었다. 그러니 혁명을 꾀할 여력이 어디 있었겠는가? 이런 현상이 사회적으로 불안한 요소들을 감소시키는데 일정하게 작용한 것도 사실이다.

| '과거'의 폐단 |

'과거'는 집안이나 혈통을 따지지 않고 유능한 인재를 널리 구하는 방법이었다. 다양한 과목을 두어 다양한 인재를 정기적으로 얻는 대단히 획기적이고 좋은 제도였다. 관료를 이런 방식으로 선발하는 제도는 중국이 서양에 비해 1,000년 가까이 앞섰으니 당시로서는 얼마나 선진화된 방법이었는지 알 수 있다.

그러나 '과거'는 시간이 흐를수록 점점 형식화되고 각종 폐단을 노출하기 시작했다. '과거'를 통해 형성된 신분 상승이 고착화되어 또 다른 특권층을 배출했다. 이들은 특권을 유지하기 위해 자신들에게 유리한 방식으로 '과거'의 본질을 타락시켰다. 온갖 비리와 부정이 난무했다. 그러나 '과거'는 천 수백 년을 버렸고, 그 결과 중국의 쇠퇴와 멸망을 초래하는 가장 큰 원흉이 되었다.

인재를 선발하는 제도는 분명 필요하다. 그러나 그 제도가 틀에 박힌 채로 운영되면 판에 박힌 인재들만 얻을 수 있을 뿐이다. '과거'의 역사는 이런 문제점을 잘 보여준다. 이에 '과거'가 빚어낸 각종 폐단들을 살펴봄으로써 고시 제도가 갖는 한계와 문제점들을 통찰해보기로 한다.

'과거'는 당나라 때를 정점으로 쇠락하기 시작했다. 이에 따라 여러 폐단들이 발생했다. 당나라 '과거'는 시험 답안의 문장이 형식화되고 경박해지는 풍조가 만연했다. 인재들이 실질보다는 요즘 식으로 말해 겉만 꾸미고 '스펙(spec) 쌓기'에만 열중한 탓이었다. 또 다른 문제점으로 '과거'를 담당한 관리들에게 뇌물을 주는 풍조가 나타났다. 입시부정의 시초였다. 권문세족들이 '과거'에서 우대받는 비리 현상도 나타났고, 이것이 결국 인재들 간의 갈등과 반목을 부추겼다.

결국에는 '과거'가 형식화되면서 인재들의 사상이 경색되었다. 틀에 박힌 답안을 요구하는 시험 문제 때문에 인재들은 모범 답안을 만들어내는 데 열중했다. 당나라 이후 '과거'의 폐단은 점점 더 심해졌다. 그 현상들을 간략하게 정리해둔다.

① 권문세족 출신들이 고위직을 대부분 차지했다. 고위직을 이용하여 '과거'에서 특권을 누리는 현상이 점점 심해졌다.
② 이와 관련하여 세족들끼리 패거리를 지어 서로를 봐주는 비리 현상이 공공연히 출현했다.
③ 당연한 결과로 인재들의 덕이 갈수록 열악해졌다.
④ '과거' 출신과 그렇지 않은 출신들 간의 당쟁이 치열해졌다.

이런 폐단은 '과거' 시험 자체를 더욱 타락시켜 시험에서도 온갖 부정이 나타나기 시작했다. 시험에서의 부정 현상을 지적해보면 다음과 같다.

① 채점자(주로 권력자)에게 뇌물 등을 써서 점수를 높게 받는 비리는 다반사였다.
② 시험 문제가 유출되는 사례가 빈번해졌다.
③ 답안지를 바꾸는 부정이 갈수록 늘었다.
④ 대리 시험의 사례도 늘어갔다.
⑤ 이런 비리와 부정이 만연해지면서 조정 대신들 사이에 온갖 정치적 암투와 갈등이 심화되었다.

청 왕조에 이르러 '과거'는 더 이상 참신하고 유능한 인재를 구하

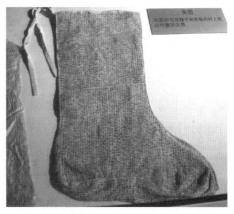

과거는 시간이 흐르면서 온갖 폐단을 낳았다. 시험에서 부정과 비리가 만연했고, 이것이 결국 왕조 체제를 무너뜨리는 가장 큰 원인의 하나가 되었다. 사진은 과거 시험에서 부정을 저지르기 위해 빼곡하게 답안을 적어 놓은 버선이다.(산동성 곡부 장원문화원)

고 기용하는 제도이자 방법으로서의 기능을 거의 상실했다. 오히려 좋은 인재들의 진출을 막고 인재들의 창조적 사고를 막는 역기능으로서만 작용하기에 이르렀다. 청나라는 이런 문제점들을 해결하기 위해 신식학교를 세우는 등 '과거'의 폐단을 보완하려고 했지만 근본을 뿌리 뽑지 못하고 쇠망하고 말았다.

| '과거'가 주는 교훈과 힘 |

'과거'는 사회에 유익한 인재 선발 방법이었다. 다양한 인재들을 길어 올려 사회 발전에 공헌하게 한다는 취지로 만들어진 좋은 제도였다. 그러나 시간이 흐를수록 온갖 폐단이 속출하여 결국 도태되었다. 그런데 우리 사회에는 이 '과거'의 잔재가 여전하다. 각종 고시는 완전히 청산되지 못한 '과거'의 폐단을 그대로 떠안은 채 특권을 누리는 통로가 되어 우리 사회를 좀먹고 있다. 왕조 체제의 산물인 '과거' 제도의 역사로부터 지금 우리 고시 제도의 문제점을 성찰할 수 있다. 고시 제도가 과거제의 연장은 아닌지, 과거제의 사생아 내지 장애아는 아닌지, 또 다른 부패한 과거제가 되어가는 것은 아닌지 오늘의 관점에서 다시 한 번 되짚어볼 여지가 많다. 이런 점에서 '과거'의 흥쇠존망의 역사와 그 잔재는 우리에게 심각한 교훈과 계시를 준다.

어떤 사물이든지 사회의 요구와 필요성에 따라 세상에 나오는 것이다. 또 사회의 발전에 이롭고 그 발전을 촉진해야 존재할 수 있다. '과거'는 유능한 인재의 길을 가로막는 부패한 권문세족을 대신할 새로운 인재 선발의 방법으로서 탄생했다. 그것은 그 자체로 불합리한 인사 제도에 충격을 주면서 발전했다.

'과거'가 제도적으로 시행되면서 분파, 분열 등과 같은 혼란한 국면을 일소하고 부패하고 게으르고 무능한 관리들을 도태시킴으로써 국가의 통일과 안정을 다지는데 큰 역할을 해냈다. 당연히 사회의 진보로 이어졌고, 사회적으로 공인된 가장 획기적인 인재 선발의 방법으로 정착했다. 당나라 때 와서는 건전하고 완전한 제도로 자리를 확실하게 잡기에 이르렀다.

그러나 시간이 흐를수록 각종 폐단이 속출하면서 사회의 발전을 저해하는 주범이 됨으로써 결국 역사의 쓰레기더미 위로 내팽개쳐졌다. 이는 인재를 기용하는 방법의 좋고 나쁨에 따라 존재가치가 결정된다는 점을 상징적으로 보여준다. 또 사회를 위해 공헌하느냐 여부가 기준이 되어 그 존재 여부를 판단한다는 사실도 알려준다. '과거'가 사회 발전을 촉진할 때 사회적으로 보호를 받고 추진되지만, 사회 발전을 가로막고 역사의 전진에 어깃장을 놓을 때는 가차 없이 버려지는 것이다.

'과거'는 당초 그 공정함으로 여러 방면의 인재를 흡수했다. 특히 하층 관리와 초야의 미천한 선비 및 보잘것없는 집안의 인재들이 정치에 간여하면서 나라의 기풍이 확 달라졌다. 당 태종은 이런 작용을 너무 잘 알았던 통치자였기에 천하의 영웅들이 죄다 자기에게로 몰려온다며 기뻐했던 것이다.

그러나 '과거'가 기득권세력과 고관대작들의 사사로운 욕심을 충족시키는 수단으로 전락하고, 인재들의 자유로운 사상을 억압하는 기제로 작용하고, 좋은 인재는 배척하고 권력자에게 충성하는 소인배들만 선발하는 제도로 타락하면서 원래의 기능을 완전히 잃고 끝내 쇠망하고 말았다.

'과거'는 처음 유능한 인재의 선의의 경쟁을 격려하여 그들이 나라를 위해 있는 힘을 다하게 하는 적극성을 자극했다. 특히 폭 넓은 하층민들에게 출세할 수 있다는 희망과 나라와 백성을 위해 자신의 능력을 펼칠 수 있다는 포부를 갖게 만듦으로써 전에 없던 힘찬 정신적 기상을 진작시켰다. 오랫동안 억눌렸던 인재들이 봇물 터지듯 세상을 향해 흘러 나왔고, 관료 사회는 생기가 넘쳐흘렀다.

그러나 그 뒤의 상황은 이미 살펴본 대로였다. 특히 명 왕조 이후 '과거'는 만악의 근원지가 되어 나라를 멸망의 구렁텅이로 몰아넣

아무리 좋은 제도도 시대의 변화에 따라 변혁하지 않으면 썩은 물이 고이는 오물의 온상이 된다. '과거'는 공정한 인재 선발이라는 획기적인 의미를 가지고 탄생했지만 원래의 취지와 의의를 살리지 못하고 점차 또 하나의 기득권과 특권을 누리는 지배계급을 만들어내면서 타락했다. 과거제는 인재 선발의 문제와 관련하여 많은 교훈을 준다. 사진은 장원급제 팻말이다.(산동성 곡부 장원문화원)

는 주범이 되었다.

인재를 구하고 기용하는 방법을 제도화하는 일은 꼭 필요하다. 기업도 마찬가지다. 다만, 시대의 변화에 맞추어 다양하고 창의적인 시험 제도를 운용하는 묘를 살려야 한다. 모든 사물이 그렇듯 제도 또한 시간이 흐르면 형식화되고 여러 문제점을 드러내기 마련이다. 제도를 운용하는 사람이 늘 변화와 혁신에서 눈길을 떼지 않고 제도를 살아 움직이게 만드는 지혜가 필요하다. '과거'가 오늘날 우리에게 던지는 교훈의 핵심이 바로 여기에 있다고 할 것이다.

| '과거' 관련 명언명구 |

> ### 요재핵능(料才核能), 치세지요(治世之要)
> "재능을 헤아리고 능력을 살피는 것이 천하를 다스리는 요체이다."
> – 《장단경長短經》〈임장任長〉

당나라 때 조유(趙蕤)가 저술한 것으로 전하는 신비로운 기서(奇書)《장단경(長短經)》에 나오는 구절이다. 사람을 기용할 때는 그 재능에 기초해야 한다는 지적이다. 나아가 인재의 장단점을 잘 헤아려 그에 맞는 자리와 일을 맡겨야 한다. '과거'가 형식에만 치우쳐 각종 폐단을 낳고는 결국 망국의 원인을 제공한 역사적 사실을 침통한 교훈으로 삼아야 할 것이다.

> ### 현능불대차이거(賢能不待次而擧)
> "인재가 유능하다면 순서를 기다렸다가 천거할 필요가 없다."
> – 《순자》〈왕제〉

유능한 인재임이 확인되었는데도 낡은 사고방식이나 형식적인 틀에 얽매여 인재를 기다리게 하거나 뒤로 밀쳐두어서는 안 된다. 필요하면 순서를 뛰어넘어 파격적으로 발탁하여 활용할 줄 알아야 한다. 순자는 이어서 "그 자리에 맞지 않은 자는 잠시도 기다릴 필요 없이 바로 내쳐야 한다."고 말한다. '과거'는 제도이지만 그 운용에 있어서는 융통성이 요구된다 하겠다.

과거 제도의 기원을 설명하는 대목이다. 과거는 그 당시로는 획기적인 인재 선발 제도였다. 수나라 문제가 구품중정제를 폐지하고 각 주에 해마다 세 사람씩 인재를 추천하게 했고, 양제 때 진사과(進士科) 등을 설치함으로써 과거가 제도로 정착하기에 이르렀다.

어질지 못하고 무능한 자에게 자리와 일을 주어서는 안 된다는 지적이다. '과거'의 본질과 기준에 관해 많은 생각을 하게 하는 대목이다.

고적

考績

공정한 평가의 힘

| '고적'의 역사적 배경과 의의 |

'고적'이란 관리의 덕, 재능, 노력, 성과 등을 살피고 따져서 해당자의 승진, 강등, 파면 등을 결정하는 방법이다. 이를 통해 인재의 적극성을 격려하고 능동적 성취욕 등을 움직이는 것이다. '고적'의 연원은 대단히 오래되었고, 그 효과도 뛰어나 역대 통치자들이 변함없이 중시했다.

관리들의 실적 상황에 근거하여 우수하면 상을 내리고 나쁘면 그에 상응하는 벌을 내리는 것이 '고적'의 고유한 의미이다. 이렇게 해서 유능한 인재를 찾아 끌어올리고 못난 자는 퇴출시킴으로써 인재의 적극성을 움직이려는 것이다. 또 이 방법은 소인배들을 배척하는데 아주 큰 작용을 했다. 이 때문에 역대로 그 이름을 달리 하여 끊임없이 활용되었고, 그 내용도 그에 맞추어 증감을 계속했다.

'고적'은 시대와 상황에 따라 그 이름이 바뀌었지만 그 의미와 본질은 거의 변하지 않고 유지되었다. 참고로 그 다양한 이름을 소개하자면, '고성(考成)', '고찰(考察)', '고공(考功)', '고과(考課)', '고시(考試)', '고만(考滿)', '경찰(京察)', '대계(大計)', '회계(會計)' 등이다.

오늘날 '고적'의 방법을 활용함에 있어서는 무엇보다 공정(公正)함이 중요하다. 이 문제에 대해서는 '고적'이 우리에게 주는 계시와 교훈 부분에서 좀 더 언급하기로 한다.

| '고적'의 역사와 사례 |

'고적'의 역사는 이미 언급한 대로 매우 오래되었다. 그 역사만큼 형식은 끊임없이 변화를 거듭했고, 그 내용은 증감을 반복했다. 그러나 그 본질, 즉 유능한 인재를 발견하여 발탁하고 무능한 관리를 퇴출시키는 방법이란 점은 변치 않았다. '고적'의 역사를 통해 그 형식의 변화와 사례들을 간략하게 살펴본다.

1. 선진(先秦)시대의 '고적'

선진은 서방 진나라의 진시황이 오랜 분열을 끝내고 나머지 6국을 병합하여 천하를 통일한 기원전 221년 이전을 말한다. 중국사 5천 년 중 선진시대는 약 3천 년이다.

기록상 '고적'은 저 멀리 요·순시대에 이미 나타난다. 요 임금은 자기 아들이 아닌 민간에서 순을 발탁하여 자신의 후계자로 정한다. 요 임금은 순을 후계자로 정하고도 반복해서 순의 능력을 테스트했다. 20년 넘게 그 실적을 살피고 점검하고 나서야 비로소 자리를 넘겼다.

순 임금 역시 '고적'의 방법으로 인재들을 다루었다. 그는 실제에 근거하여 능력을 살핀 다음 12목(牧)을 설치했다. 그리고는 22명을 나누어 그 일을 맡게 했다. 그런 다음 실적을 따져 그들에게 상을 내리거나 징계했다. 순 임금은 3년에 한 번씩 '고적'했는데 세 차례 '고적'한 뒤, 즉 9년 뒤 결과에 근거하여 관리의 승진과 퇴출 등을

문헌 기록으로 볼 때 순 임금은 '고적'의 원조다. 《사기》의 첫 권인 〈오제본기〉에 따르면 22명의 인재를 발탁하여 직책을 맡겼다고 되어 있다. 이들은 모두 순 임금의 팔다리가 되어 최선을 다했고, 천하는 태평했다. 사진은 순 임금의 무덤 순제릉(舜帝陵, 산서성 운성運城) 앞에 세워져 있는 순 임금의 상이다.

결정했다. 우 임금의 아버지 곤(鯀)이 9년에 걸친 치수 사업에서 성과를 내지 못하자 처벌을 받았는데, 이것이 바로 9년 뒤 그 실적에 따라 상벌을 결정한 대표적인 경우로 전한다. 순 임금의 이런 '고적'은 '고적'법의 원조로 인정받고 있다.

주(周)나라의 '고적'도 주로 이 방법을 이어받았다. 다만 주나라는 백성에 대한 교화를 특별히 강조했다. 이와 함께 학교를 중시하여 교화의 기풍을 얼마나 일으켰는가가 '고적'의 핵심 내용이 되었다.

춘추전국시대는 제후국들 간의 합병이 대세였기 때문에 다른 나라의 땅을 얼마나 빼앗았는가, 적에게 승리했는가가 '고적'의 주요 내용이었다. 이런 상황이 진시황의 천하통일 때까지 이어졌다.

2. 한나라의 '고적'

최초의 통일제국 진나라가 단명하고 유방에 의해 한나라가 건국되었다. 한나라는 과거의 '고적'법들과 진나라의 문물 제도를 참작하여 몇 가지 언급할 만한 가치가 있는 '고적'법을 만들어냈다.

첫째, 전문기구의 설립이다. '고적'만을 위한 전담기구가 설립되기는 한나라 때가 처음이다. 훗날 이부(吏部)로 바뀌는 종정(宗正)이 책임을 졌다.

둘째, 3년을 정기적 '고적'의 주기로 확정했다. 이는 9년을 주기로 하던 과거 '고적'에 비해 훨씬 진전된 것으로 인재를 기용하는데 훨씬 유리한 조건이 만들어졌다.

셋째, 부정기적 '고적'도 생겨났다. 이는 '고적'과 관련한 일대 변혁으로 수시로 인재를 발탁할 수 있게 되었을 뿐만 아니라 인재의 빠른 성장을 촉진하는 작용을 하게 되었다.

넷째, 황제 개인의 시찰(視察)이 '고적'의 한 방법으로 나타났다. 이는 하층 백성들을 좀 더 깊게 살펴서 실질적인 인재를 얻을 수 있는 방법이 되었다.

다섯째, '고적'에 따른 상벌을 규정함으로써 '고적'의 순조로운 진행을 보증할 수 있게 되었다.

3. 당나라 때의 '고적'

'고적'은 당나라에 와서 가장 크게 발전하고 제대로 완비되었다. 특히 당 태종의 공헌이 절대적이었다. 태종은 상세하고 정확한 '고적'을 위해 전문적이고 유능한 인재로 구성된 전담기구를 설치했다. 그 주요 내용을 간략하게 살펴본다.

당 왕조의 관료들은 유내(流內)와 유외(流外)의 구분이 있었다. 유내는 구품으로 나뉘어져 있었고, 유외는 구품 이하의 관직, 즉 유내 이외의 하급 관리를 가리킨다.

먼저 구품 이상의 유내 관리에 대한 '고적'은 사선(四善)과 이십칠최(二十七最)를 통해 시행되었다. 사선은 글자 그대로 네 가지 좋은 기준을 말한다. 첫째, 명성이 안팎으로 널리 잘 알려져 있느냐를 보는 것이었다. 둘째, 신중하고 깨끗한가를 보는 것이었다. 셋째, 공평한가를 보았다. 넷째, 태도가 공경스럽고 부지런한가를 보았다. 이런 네 가지 큰 기준을 세워놓고 그 아래로 스물일곱 가지의 세부적인 기준을 더 마련하여 꼼꼼하게 그 실적을 따졌다.

이렇게 해서 '고적'을 시행하여 관리들을 3등 9급으로 나누었다. 3등은 상·중·하로 나뉘었고, 9급은 상상·상중·상하·중상·중중·중하·하상·하중·하하까지 아홉 개로 나뉘었다. 상상은 사선에 모두 해당하고 27최 중 하나 이상인 관리가 선정되었다. 상중은 세 개의 선과 하나 이상의 최, 또는 최는 없지만 사선에 모두 해당하면 선정되었다. 상하는 하나 이상의 최와 두 개의 선에 해당하면 선정되었다. 중상은 하나 이상의 최와 선 하나 또는 최는 없어도 선이 둘일 경우였다. 중중은 최가 하나 이상, 또는 최는 없으나 선이 하나 있을 경우에 해당했다. 중하는 직무를 함부로 처리하고 선과 최가 모두 없는 경우였다. 하상은 자기 감정으로 일을 처리하고 이치에 어긋나게 일을 처리할 경우에 해당했다. 하중은 사익을 추구하고 직무에 흠이 많을 경우에 해당했다. 끝으로 하하는 속임수로 일을 처리하고 부정과 비리가 사실로 확인된 관리에게 해당하는 등급이었다.

유외 관리들에 대한 '고적'은 비교적 간단하여 해당 장관이 책임지고 시행했다. 주로 그 행동과 능력 및 공과를 살펴 상·중·하·하하의 네 등급으로 나누었다.

당나라의 '고적'은 이를 근거로 관리들의 승진과 퇴출을 결정했다. 그 관리가 유내든 유외든 중상 이상이면 1계급 승진시키고 녹봉도 올려 주었다. 중중이면 원래 자리와 녹봉을 유지시켰고, 중하 이하면 1등급 강등시키고 녹봉도 줄였다.

당나라는 '고적'이 더 효과적으로 작용하기 위한 몇 가지 조치를 더 취했다. 첫째, '고적'을 책임진 사람에 대한 상벌을 분명히 했다. 둘째, '고적'을 주도하는 기구의 역량을 강화했다. 이는 '고적'의 공평성을 보장하는데도 일정한 역할을 해냈다.

4. 송나라 때의 '고적'

송나라 '고적'은 이전 오대시대 때 시행되었던 근무 연수로 승진시키는 무의미한 제도를 폐지하고 당나라 '고적'을 참조하고 약간의 변화를 주어 시행했다. 그 주요한 내용을 살펴본다.

태조 조광윤은 문관과 무관의 '고적' 주기를 달리하여 문관은 5년에 한번, 무관은 7년에 한 번 시행했다. 또 수시로 관리의 실적을 살펴서 바로 바로 승진시키는 융통성도 발휘했다. 이렇게 해서 유능한 인재들이 더 잘 성장하고 능력을 발휘하게 되면서 '고적'의 권위는 크게 강화되었다.

그러나 송나라의 '고적'은 시간이 흐를수록 관성에 젖어서 형식화되었다. 여기에 관리들의 사사로운 욕심이 개입하면서 '고적'의 본질과 작용이 점점 흐려지고 느슨해졌다. 송나라의 '고적'은 이런 폐단 외에 치명적인 약점이 있었으니 다름 아닌 승진 보증인 제도였다. '고적'의 결과가 좋게 나와도 보증인이 없으면 승진하지 못하는 경우가 있었고, 또 보증인과의 사이에 검은 거래가 오감으로써 깨끗한 관리가 오랫동안 승진하지 못하거나 인재가 재능을 발휘하지 못하는 경우가 발생했던 것이다. 인종(仁宗) 때 동록현의 현위 왕득(王得)이란 인재는 이 때문에 18년 동안 승진하지 못하는 불이익을 당했다.

송나라를 건국한 태조 조광윤은 군인 출신이었지만 문인, 지식인, 인재를 몹시 존중했다. 심지어 반역이 아니면 사대부 지식인을 죽이지 못하게 했다. 관리들의 실적을 평가하는 '고적' 방면에서도 좋은 선례를 남겼다.

5. 명·청시대의 '고적'

명나라는 철저한 황제 독재 체제였다. 관료들에 대한 처벌이 남발되었고, '고적' 역시 주로 징벌을 위한 도구로 이용되었다. '고적'은 여러 방면에 걸쳐 매우 세세한 규정을 통해 시행되었지만 폭력적 제도로는 일정 이상의 효과를 거둘 수 없었다. 따라서 시간이 흐를수록 관료들끼리 서로 결탁하여 부정과 비리를 저지르거나 서로를 공격하는 등 심각한 폐단이 속출했다.

청나라 때의 '고적'은 명칭상의 약간의 변화 외에 명나라 때와 크게 달라진 것은 없었다. 그러나 과거제의 쇠락과 외세의 침략 등으로 인해 '고적'도 함께 쇠퇴해져 결국 멸망의 길을 재촉했다.

| '고적'이 주는 교훈과 힘 |

이미 언급했듯이 '고적'은 그 연원이 오래되었다. 그만큼 우리에게 던지는 교훈과 그 위력은 만만치 않다. 이제 그 주요한 것들을 간략하게 정리해둔다.

1. 역대 '고적'에서 많은 이점을 얻다

'고적'의 역사가 오래된 만큼 그 시행에 따른 득과 실도 엄청나게 축적되었다. 이를 통해 '고적'이 갖는 이점과 문제점들을 제대로 파악할 수 있다. 그리고 시대적 상황에 따라 '고적'의 방법과 내용은 끊임없이 변화하고 증감을 거듭했다. 따라서 지금 우리가 처한 상황에 맞는 '고적'의 방법을 찾아서 시행하는데 적지 않은 도움을 받을 수 있다.

2. '고적'은 엄정(嚴正), 공공(公共), 진실(眞實), 정확(正確)이 관건이다

역사상 '고적'은 그 시기가 다르고 내용이 다르고 중점도 달랐다. 하지만 어느 경우든 제대로 활용하기 위해서는 엄정하고 공정하고 진실하고 정확해야 한다. 이 네 가지가 하나로 통일되어 작동하지 않으면 '고적'의 실효는 떨어질 수밖에 없다. '고적'이 우리에게 선사하는 중요한 가르침이자 힘이다. 바람직한 네 가지 '고적'의 태도에 대해 정리하면 다음과 같다.

첫째, 엄정은 단호한 의지로 조금도 흩어짐 없이, 어느 것 하나 봐주는 것 없이 엄정하게 집행되어야 한다는 뜻이다. '고적'의 성공도 '고적'의 실패도 엄정함이 필수라는 것을 여실히 보여준다.

둘째, 공공은 '고적'의 집행에 사리사욕이 개입해서는 절대 안 된다는 뜻이다. 사실에 근거하여 공평하게 진행되어야 한다는 뜻이기도 하다.

셋째, 진실은 '고적'의 내용이 실제에 부합해야 한다는 것이다. 그래야만 바른 사람이 나아가고 못나고 나쁜 자가 도태된다.

넷째, 정확은 평가가 정확하게 이루어져 승진과 퇴출, 상과 벌이 한 치의 어긋남이 없어야 한다는 것이다.

3. 수시로 살피는 '찰고(察考)'는 '고적'의 정수

좋은 장수치고 기습을 중시하지 않는 사람은 없다. 상황에 따라 임기응변하여 기발한 전략과 전술로 상대를 제압할 줄 알아야 하기 때문이다. '고적'에도 수시로 대상자를 살피는 '찰고'가 대단히 중요하다. '찰고'는 시간의 제한을 받지 않으며, 대상자가 준비가 안 된 상태이기 때문에 느슨해질 수 없는 압력으로 작용한다. 이 방법은 인재에 대한 자극과 압박이 아주 크기 때문에 인재의 능력과 재능을 짧은 시간에 최대한 발휘하게 하는 효과를 거둘 수 있다.

4. 일부 '고적'의 방법들은 불합리하다

판에 박힌 규정이나 그런 규정을 고집하는 시스템과 인력으로는 '고적'의 효과를 거둘 수 없다. 과거 '고적' 방법에는 이런 요소들이 적지 않았다. 따라서 '고적'의 역사를 참조하고 통찰을 얻되 그대로 따라 해서는 안 된다. 효과가 좋고 실효성이 크다고 해서 과거 방법을 그대로 따라 하면 무능한 인재는 보호하고 뛰어난 인재는 버리게 되는 역효과를 낼 수 있다. 불합리한 요소들은 언제든지 고치고 조정할 줄 알아야 한다.

따라서 과거 '고적'의 방법들을 참조하고 본받을 것은 본받되 파격의 합리성을 기꺼이 수용할 줄 알아야 한다. 즉, 규정과는 다소 어긋나거나 시스템에는 맞지 않는 천재적인 인재를 인정하고 우대할 줄 아는 파격적인 '고적'의 방법도 충분히 고려해야 한다.

| '고적' 관련 명언명구 |

신칙백관(信飭百官), 중공개흥(衆功皆興)
"백관들의 성과를 심사하니 모두의 업적이 올라갔다."
- 《사기》 권1 〈오제본기〉

요·순 때 이루어전 '고적'의 원시적 형태를 말한다. 백관들의 실적을 하나하나 면밀히 살핀 결과 실적이 모두 좋아졌다는 것이다.

세종즉고기속관지치성이주상(歲終則考其屬官之治成而誅賞)
"한 해가 끝날 무렵 소속 관리들의 다스린 성과를 잘 살펴서
벌을 주거나 상을 주었다."
- 《주례周禮》 〈지관地官〉 '소사도小司徒'

'고적'의 기원이 멀리 주나라 때까지 거슬러 올라갈 수 있음을 보여주는 대목이다.

삼왕지선사임현(三王之選士任賢),
개고실행(皆考實行), 시이풍속순일(是以風俗淳一)
"삼왕(요·순·우)이 유능한 인재를 고르고 임용할 때는
모두 그 실제 성과를 살폈다. 이 때문에 풍속이 순박해졌다."
- 《신당서》 〈선거지選擧志〉

'고적'의 방법과 그 효과를 말하고 있는 대목이다. 실제 성과를 따져 승진과 강등을 제대로 결정하면 그 영향이 민간의 풍속에까지 영향을 준다고 보았다.

> 고시유준승야(考試猶準繩也),
> 미유사준승이의정곡직(未有舍準繩而意正曲直),
> 폐출척이공론능부야(廢黜陟而空論能否也)
>
> "고적은 먹줄과 같아 먹줄이 없이는 굽은 것과 바른 것을
> 바로잡을 수 없고, 누군가를 내치는 것도
> 그 사람의 잘나고 못나고에 대한 공허한 논의만 이루어질 뿐이다."
> – 《삼국지》〈위서〉 '왕창전'

실적을 살피는 '고적'은 반드시 기준이 있어야만 제대로 이루어질 수 있다는 말이다.

> 명시이공(明試以功), 거복이용(車服以庸)
>
> "제후들의 정치실적을 분명히 살피고
> 그 공로에 따라서 수레와 의복을 상으로 주었다."
> – 《사기》 권1 〈오제본기〉

앞 대목과 같은 맥락으로 제후들의 공적을 분명하게 따지고 밝혀 상을 내렸다는 것이다.

사마천은 《사기》 첫 편인 〈오제본기〉의 요·순 임금 때의 '고적'에 관한 상당히 상세한 기록을 남겼다. 사마천은 '고적'의 역사가 오래되었고, 또 그만큼 중요하다는 것을 정확하게 인식했다. 그림은 사마천이 옥중에서 《사기》 집필에 혼신의 힘을 다하고 있는 모습이다.

포양

襃揚

칭찬의 힘

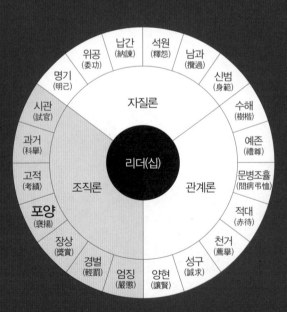

자질론

납간
(納諫)

석원
(釋怨)

위공
(委功)

남과
(攬過)

명기
(明己)

신범
(身範)

시관
(試官)

수해
(樹楷)

과거
(科擧)

예존
(禮尊)

고적
(考績)

리더(십)

문병조휼
(問病弔恤)

포양
(襃揚)

관계론

적대
(赤待)

장상
(獎賞)

천거
(薦擧)

경벌
(輕罰)

성구
(誠求)

엄징
(嚴懲)

양현
(讓賢)

조직론

| '포양'의 의미와 인식 |

'포양(褒揚)'에서 '포'는 칭찬한다는 뜻이며, '양'은 널리 드날린다는 뜻이다. '포양'은 갖은 방법으로 인재를 드러내놓고 칭찬함으로써 격려하는 방법이다. 그 특징은 구두 또는 서면 형식으로 격려하는 것이다. 선행과 공을 공개적으로 표창함으로써 인재를 자극해 격려하는 수단은 인재를 구하고 기용하는 좋은 방법이 아닐 수 없다.

'포양'은 경제적이고 편리하고 효과도 빠르게 나타난다. 특히 진정을 담은 리더의 '포양'은 받는 당사자는 물론 주위 사람들까지 격려할 수 있는 부수적인 효과까지 덤으로 얻는다. 다만 형식적인 차원에 머무르거나 남발하면 효과는 미미해질 뿐만 아니라 심하면 반발까지 산다.

| '포양'의 실천 사례들 |

'포양'은 오래전부터 널리 운용되었고, 그 뒤로도 끊임없이 계승되었다. 따라서 그 실천 경험이 대단히 풍부하고, 계속 개선·발전했으며, 방법 또한 갈수록 많아졌다.

1. 진(晉) 경공(景公)의 인재 '포양'

춘추시대인 기원전 597년 진 경공이 적적(赤狄)에 대한 토벌에 나섰다. 이때 사백(史伯)은 경공에게 중항환자(中行桓子)를 추천했고, 그 결과 적적을 없애고 노지(潞氏)를 평정했다. 이에 경공은 환자에게 적적의 노예 1천 집안을 상으로 내리고, 과연(瓜衍, 옛 지명. 여기서 '과연지상瓜衍之賞'이란 논공행상을 뜻하는 고사성어가 파생되었다)의 현성을 사백에게 상으로 내렸다. 이와 함께 경공은 "내가 적적의 땅을 차지한 것은 모두 그대의 공로요. 그대의 추천이 없었더라면 중항환자라는 문무를 겸비한 나라의 간성(干城)을 잃었을 것이오."라 했다.

경공의 포양은 사백과 환자를 크게 고무시켰을 뿐만 아니라 다른 군신들에게도 큰 격려로 작용했다. 《좌전》을 비롯한 옛 기록들은 이 사건을 두고 사백은 환자를 기용할 만한 인재로 판단했고, 경공은 이를 믿고 기용했으니 이런 것을 '덕(德)'이라 한다고 평가했다. 그러면서 과거 주 문왕이 주 왕조 창립의 터전을 닦은 것도 이 범주에서 벗어나지 않는다며 《시경》의 "이익을 천하에 베풀어 주 왕조를 창립했다."는 대목을 인용했다. 문왕이 백성들에게 시혜를 베풀어 천하를 얻었듯이 인재를 장려하고 '포양'하면 이루지 못할 일이 없다는 의미였다.

또 한 번은 제나라와 싸워 승리했을 때의 일이다. 장군들이 돌아오자 경공은 장군들을 따로 따로 만나 일일이 '포양'했다. 세 장수는 몹시 기뻐하며 국군이 자신들을 정말 아낀다고 생각했다. 군주가 자기 공은 한마디도 언급하지 않으면서 장수들의 노고만 칭찬하니 자신들도 모르는 사이에 경공의 영명함에 감복하여 이 모든 것이 경공의 리더십 덕분이라며 겸손하게 공을 돌렸다.

《좌전》(성공 2년 기원전 589년)은 이 일을 대체로 이렇게 기록하고 있다. 경공이 극백(郤伯)을 만나 "이번 승리는 모두 경의 공로요."라고 칭찬하자 극백은 기뻐하며 "이는 국군의 지도력과 다른 장수들의 공로이지 신에게 무슨 공이 있겠습니까?"라고 겸양했다. 범문자(范文子)가 들어오자 경공은 극백에게 했던 것처럼 범문자를 칭찬했고 이에 고무된 범문자 역시 겸손하게 "이는 다른 장수들이 잘했기 때문이지 저에게 무슨 공이 있겠습니까."라고 했다. 난백(欒伯)도 마찬가지로 다른 장수와 병사들에게 공을 돌렸다.

'모두 그대의 공로요'라는 지극히 평범한 말 한마디에 불과했지만 그 한마디면 충분했다. 군주의 인정과 칭찬을 얻는 것보다 더한 일이 어디 있겠는가? 이는 천금으로도 바꾸기 어려운 영광이다.

바꿔놓고 생각해보자. 경공이 극백 등을 '포양'하지 않았다면 상황은 전혀 달라졌을 것이다. 부하들이 생사를 무릅쓰고 피흘려가며 얻은 공적과 희생과 고생을 위에서 못 본 척 모르는 척 나 몰라라 해서 죽을힘을 다하든 그렇지 않든 결과는 늘 똑같다면 불평불만은 불을 보듯 뻔하지 않겠는가? 공을 세운 사람에게 이렇게 찬물을 끼얹는다면 장차 누가 앞장서서 싸우려 하겠는가?

한마디의 '포양'은 이런 정서와 감정을 해소시키는 것은 물론 모든 사람의 마음을 편하게 만들어 서로 공을 세우도록 격려한다. 그래서 '포양'은 역대로 리더들이 인재를 구하고 기용하는 일반적인 방법이 된 것이다.

'포양'의 여러 방법 중에는 특별히 청동기에 공적을 주조하여 하사하는 것도 있었다. 춘추시대 진나라 경공은 '포양'의 리더십을 가장 잘 발휘한 통치자였다. 사진은 경공 때 주조된 청동기의 하나이다.

2. '삼걸(三杰)'을 '포양'한 한 고조 유방

초한쟁패 때 고조 유방은 여러 방법으로 인재를 구하고 기용했는데, '포양'은 그중에서도 중요한 방법이었다. 고조의 '포양'에서 가장 큰 특징은 사실을 바탕으로 아랫사람의 공적과 능력을 평가하여 그에 맞는 '포양'을 베풀었다는 점이다. 이 때문에 사람들이 늘 감탄했고, 대상자들은 물론 주위 사람들에게까지 영향을 미쳐 서로 분발하게 만들었다.

유방의 '삼불여(三不如)'는 '포양'의 역사상 가장 유명하고 대표적인 사례로 꼽힌다. 공신들과 함께한 자리에서 유방은 자신이 항우를 물리치고 천하의 주인이 될 수 있었던 원인을 이렇게 분석했다.

"그대들은 하나만 알고 둘은 모른다. 장막 안에서 작전을 짜서 천리 밖 승부를 결정짓는 걸로 말하자면 나는 장자방(장량)을 따르지 못한다. 나라를 안정시키고 백성들을 다독이며 양식을 공급하고 운

송로가 끊어지지 않게 하는 일이라면 나는 소하를 따르지 못한다. 백만 대군을 모아 싸우면 반드시 승리하고 공격했다 하면 기어코 빼앗는 일에서는 내가 한신을 따를 수 없다. 세 사람은 모두 걸출한 인재로서 내가 이들을 기용했기 때문에 천하를 얻었다. 반면 항우는 범증을 갖고 있었으면서도 제대로 쓰지 않았기 때문에 내게 덜미를 잡힌 것이다."

－《사기》〈고조본기〉

황제는 지고무상한 존재이자 모든 명예의 수혜이며 모든 공로의 귀착점이다. 이는 공평하지도 공정하지도 않다. 따라서 그 당시 유방의 이런 '포양'은 대단히 드문 일이었다. 황제 유방은 기존의 인식을 깨고 '내가 누구만 못하다'는 '오불여(吾不如)'로 소하·장량·한

유방의 논공행상과 '포양'은 아주 훌륭한 역사적 사례로 남아 있다. 유방이 절대 열세에도 불구하고 끝내 천하를 차지할 수 있었던 것은 인재의 능력을 흔쾌히 인정하고 이를 공개적으로 밝히는 '포양'의 리더십이 크게 작용했기 때문이다. 그림은 논공행상을 나타낸 것이다.

신의 공을 '포양'함으로써 이 세 사람을 널리 떨치게 했을 뿐만 아니라 천하 인재들을 모두 감복시킴으로써 후세에 아주 좋은 영향을 남겼다. 이는 결과적으로 유방의 역할과 공을 떨어뜨리기는커녕 그의 이미지를 크게 높이고 2천 년 넘게 미담으로 전해지게 했다.

3. 한마음으로 나라에 봉사한 복식(卜式)을 '포양'한 한 무제

한 무제때 흉노가 수시로 변경을 침범해왔다. 이때 지방에 살던 복식은 무제에게 글을 올려 종군하길 자원했다. 그러면서 재산의 절반을 내어 변경 지역을 돕는 한편 20만 전을 따로 마련하여 동네 빈민들을 구제했다. 무제는 복식의 애국적 행위를 크게 칭찬하며 특별히 조서를 내려 '포양'하는 한편 복식의 행동을 '천하에 알려' 전국의 백성들이 본받게 했다.

무제의 '포양'은 복식의 애국적 행동을 긍정하고 표창했을 뿐만 아니라 나라에 대한 복식의 마음을 더욱 강렬하게 자극했다. 복식의 사례는 전국적으로 대단히 좋은 애국주의 교육의 모범이 되었다. 복식은 그 뒤 어사대부까지 승진하는 등 당대의 유명한 대신이 되었다.

4. 청렴한 신하를 '포양'한 한 선제(宣帝)

윤옹귀(尹翁歸)는 말단 관리로 시작하여 청렴결백으로 잇따라 승진했다. 동해 태수로 일할 때는 실적이 단연 으뜸이었다. 선제는 조서를 내려 천하에 이를 '포양'하라고 했다. 윤옹귀는 법을 중시하고 청렴하게 자기 직분에 충실했다. 그가 죽고 난 다음 집을 살폈더니 남긴 것이라곤 아무것도 없었다. 녹봉과 재산 모두를 빈민 구제에 내놓았던 것이다.

윤옹귀의 죽음을 안 선제는 하염없이 눈물을 흘리며 특별히 조서를 내려 그의 공적을 표창하라고 했다. 선제의 '포양'은 죽은 윤옹귀와 그 가족은 물론 주위 모든 사람에게 큰 격려가 되었다.

선제때 수도 장안 주변이 도적으로 소란스러워진 일이 있었다. 상점이 습격당하는 등 민심이 극도로 불안해졌다. 선제는 장창(張敞)을 경조윤(京兆尹)에 임명하여 도적을 소탕하게 했다.

부임한 장창은 장안의 여론 주도층인 부로(父老)들을 찾아가 이들과 백성들의 힘을 빌려 도적 우두머리 명단을 작성했다. 장창은 우두머리 하나를 불러들여 알아듣기 좋은 말로 잘못을 인정하고 고치면 죄를 용서해 주겠다고 구슬렸다. 그리고는 이튿날 다른 도적들에게 모두 자수를 권고하려고 했다. 그러자 그 우두머리는 도적들을 갑자기 관청으로 불러들이면 겁을 먹고 오지 않을 것이 뻔하니 제 발로 오는 자에게는 관리 보충역을 주겠다고 하는 쪽이 낫겠다고 건의했다.

장창은 그 말에 동의하고 이튿날 관청에 큰 술자리를 차렸다. 도적들은 모두 축하하러 관청을 찾았다. 관직이 걸려 있었으니 더 했고 구경꾼들도 많았다. 술이 취하자 그 우두머리는 도적임이 분명한 자들의 옷에다 슬며시 붉은 물감을 찍었다. 자리가 끝나고 모두 돌아갈 즈음 문에서 기다리고 있던 포졸이 붉은색 표지를 보고 도적들을 잡아들였다. 이렇게 해서 하루 만에 수백 명을 잡을 수 있었다.

기세가 오른 장창은 계속해서 시내에 숨어 있는 도적들을 대대적으로 수색하여 큰 성과를 거두었다. 보고를 받은 선제는 몹시 기뻐하며 바로 조서를 내려 장창을 '포양'하는 한편 천하에 장창을 본받도록 했다.

대사농 주읍(朱邑)은 청렴했으며, 평화롭고 너그러운 방식으로 백성들을 다스렸다. 백성을 사랑하고 이롭게 한다는 것을 시정의 원칙으로 삼아 형법을 사용하지 않았다. 곤장을 치는 태형조차 없을 정도였다. 노인, 홀아비, 과부에 대해서도 관심을 놓치지 않고 보살핌으로써 백성들이 모두 깊이 그를 존경하기에 이르렀다. 주읍의 업적은 천하제일이라는 평가를 받았고, 이렇게 해서 대사농으로 발탁되었다.

선제는 이런 주읍을 몹시 아꼈고, 조정 안팎에서도 그를 한결같이 존경했다. 주읍은 조정에 적지 않은 인재를 추천했다. 그는 고관대작이었지만 늘 근검절약했고, 자신의 녹봉과 상을 친척과 이웃에 모두 나누어 주었다.

61년 주읍이 세상을 떠나자 선제는 비통하게 눈물을 흘리며 특별 조서를 내려 주읍의 인품과 덕을 '포양'했다. 아울러 선제는 모든 관리에게 주읍의 고귀한 인품과 절개를 본받으라고 호소했다.(《한서》〈주읍전〉)

역사가들은 선제가 '포양'으로 유능한 인재를 격려하고 간사한 자들을 내침으로써 관리들이 자기 직분을 다하고 백성들은 생업에 편히 종사할 수 있었다고 평가했다.

5. 우금(于禁)을 '포양'한 조조

조조의 용인술은 천하가 알아 줄 정도로 대단히 수준 높고 치밀했다. '포양'에서도 조조는 인재들이 죽을힘을 다해 자신을 돕게 만들정도로 뛰어난 실천력을 보였다.

197년 조조는 몸소 군대를 이끌고 장수(張繡)를 토벌하러 나섰다. 조조는 공격에 앞서 사람을 보내 장수에게 항복을 권했고, 장수는 무리를 이끌고 조조에게 귀순했다. 그런데 조조가 장수의 아버지 장제(張濟)의 처를 자신이 취하자 장수는 조조에게 원한을 품었다. 여기에다 조조가 거금을 장수의 부하 장수인 호거아(胡車兒)에게 보냈다는 이야기를 듣자 조조가 자기 부하를 매수하여 자신을 어찌 하겠다는 것으로 의심하여 군대를 이끌고 조조를 습격했다. 미처 방비를 않고 있던 조조는 장수의 공격으로 화살에 부상을 입고 아들 조앙까지 잃었다.

당시 평로교위로 있던 우금은 즉각 진영을 정돈하고 병사들을 단속함으로써 전혀 손실을 입지 않았다. 그리고는 조조의 뒤를 따라가 가까운 곳에 군영과 보루를 쌓아 대비했다. 좌우에서 서둘러 조조에게 보고를 올리라고 권했지만 우금은 태연하게 "지금 적이 언제 뒤쫓아 올지 모르는데 먼저 대비하지 않으면 어떻게 적을 상대한단 말인가? 그리고 공께서는 총명하시기 때문에 충분히 파악하실 겁니다."라고 했다.

모든 것이 다 준비되자 그제야 우금은 조조 군영으로 가서 상황을 설명했다. 조조는 크게 기뻐하며 실제 상황에 맞게 대처한 우금을 크게 '포양'했고, 우금은 감동하여 눈물을 흘렸다.(《삼국지》〈위지〉'우금전')

6. 수 문제의 다양한 '포양' 형식

수 문제는 관리들의 적극성을 움직이기 위해 '포양' 방법을 적극적이고 효과적으로 그리고 탁월하게 활용하여 많은 신하들을 격려했다. 그 사용한 방법들을 정리하면 다음과 같다.

① 황제의 명령서인 조서를 내려 '포양'한다.
② 전국에 널리 알려 '포양'한다.
③ 보는 앞에서 '포양'한다.

7. 때를 놓치지 않은 당 태종의 '포양'

당 태조 이세민의 '포양'은 때를 놓치지 않고 제때제때 시행함으로써 큰 효과를 보았다. 뿐만 아니라 그 방식도 다양했다. 그 방식들을 요약해둔다.

① 시나 문장을 지어 '포양'한다.
② 과거 훌륭한 사례와 대비 또는 비교하여 '포양'한다.
③ 공을 정확하게 평가하여 '포양'한다.

④ 직접 손으로 조서를 써서 '포양'한다.

⑤ 초상화를 그리게 하는 등 도상으로 '포양'한다.

| '포양'의 방식들 |

'포양'은 방식이 중요하다. 때와 장소, 인재의 개성, 공의 성격 등에 맞추어 알맞은 방식을 취해야 효과적이기 때문이다. 역대 실천 사례들을 종합하여 중요한 몇 가지를 추출해보면 다음과 같다.

1. 구두(口頭)

가장 보편적이고 일반적인 방식이지만 그 효력은 그 어떤 것보다 확실하다. 리더가 자신의 마음을 담아 당사자 앞이나 많은 사람들을 향해 육성으로 '포양'한다는 것 자체로 그 위력이 대단하기 때문이다. 다만 구두로는 주로 '포양' 대상자의 행적과 성적에 관한 의의나 작용 등을 '포양'함으로써 다른 인재들에 본받을 것을 호소하는 선에서 머무른다. 따라서 그 당시에는 크게 효력을 발휘하지만 시간이 흐를수록 의미는 감소될 수밖에 없다.

2. 서면(書面)

리더가 직접 쓰거나 담당 부서에 명하여 그 공적을 기록에 남기게 하는 것인데, 개인에게 내리거나 천하에 포고할 수 있다. 또 개인

왕조 체제에서 자신의 공로가 공식 기록집에 남긴다는 것은 큰 영광이 아닐 수 없었다. '포양'의 한 방법으로 이렇게 기록으로 남기는 것은 지금도 충분히 참고하고 본받을 만하다. 현대적 감각으로 색다른 기록집을 만들면 좋겠다는 생각이 든다. 사진은 명나라 태조 때의 '성정기'인 《홍무성정기》의 일부다.

에게 내린 다음 다시 천하에 포고하는 방식도 있다.

3. 도상(圖像)

'포양' 대상자의 초상화를 그리게 하여 '포양'하는 방식인데, 개국공신이나 훌륭한 관리들의 초상화를 남긴 리더들이 적지 않았다. 한나라 선제와 광무제, 당나라 태종 등이 대표적인 제왕들이었다.

4. 방(榜), 기(記)

이는 명나라 태조 때부터 시작된 관례인데, 신하들을 '포양'하기 위해 《창선방(彰善榜)》이나 《성정기(聖政記)》 같은 공식 기록집을 만들어 성적이 좋은 신하들의 명단을 기록함으로써 '포양'했다. 공식적으로 이름이 기록에 남는다는 점에서 인재들은 이를 대단히 영광스럽게 생각했다.

| '포양'이 주는 교훈과 힘 |

'칭찬의 말은 엄동설한도 따뜻하게 하고, 깎아내리는 말은 오뉴월도 춥게 만든다'는 속담이 있다. 한때 유행한 '칭찬은 고래도 춤추게 만든다'는 말도 있다. 이 때문에 일찍부터 '포양'의 위력을 인식하여 인재를 격려하는 중요한 방법으로 삼았던 것이다. 또한 끊임없는 실천을 통해 그 방법을 충실하게 다듬어왔다. 지금까지 살펴본 '포양'의 의미와 사례, 그 방식들을 종합하여 '포양'이 우리에게 던지는 교훈과 그 위력을 정리해보자.

1. 편리하고 경제적이다

'포양'은 실제 현물을 주는 상보다 훨씬 경제적이고 사용하기에도 많이 편리하다. 상을 물질적 격려라 한다면, '포양'은 정신적 격려라 할 수 있다. 이 정신적 격려가 오랫동안 사람의 마음을 움직여왔다. '기러기가 지나가면 소리가 남고, 사람이 지나가면 이름이 남는다' 했다. '포양'은 인재를 향상시키는 정신적 힘이었다. 따라서 '포양'하면 이름을 날리고 남기는 형식으로 간주되었다. 이 때문에 역대로 계속 이 방법을 이어오며 인재를 격려 분발케 함으로써 큰 효과를 거두었다.

2. 상하좌우를 협조관계로 만든다

공을 세우면 알아주지 않으면 어쩌나 걱정한다. 하지만 남이 자신을 칭찬할 때 왕왕 겸손의 미덕이 발휘되어 자기 공로를 상급자나 동료에게 돌리기도 한다. 이렇게 되면 상하좌우 관계가 가까워지고 한마음으로 단결을 촉진할 수 있다. 앞서 소개한 진 경공의 '포양'이 줄줄이 양보를 이끌어낸 좋은 사례가 될 것이다.

3. 몸과 마음으로 받아들일 수 있어야 한다

'포양'은 사실에 입각하여 바르게 시행되어야 한다. 그러면 모두가 자연스럽게 받아들여 당연하다고 여기게 된다. 이래야만 인재를 자극하고 격려할 수 있다. 유방이 이른바 '삼걸'의 힘을 빌려 천하를 얻을 수 있었다고 장량·소하·한신을 '포양'한 것은 정확한 사실에 입각한 진심이었고, '포양'에 동원된 말도 꼭 들어맞았다.

'포양'하는 사람은 폐부에서 나오고, '포양'의 대상자는 마음으로 감격한다. 주위 모든 사람이 영명하고 겸손하고 인재를 아끼는 진실한 리더의 힘을 느끼게 된다. 그 힘은 사람들을 감염시켜 또 다른 인재를 얻는 밑거름이 된다.

'포양'은 보기에는 간단하다. 그저 말씀에 지나지 않는다. 하지만 아무렇게나 편하게 사용해서는 성공할 수 없다. 잘 사용하면 상하단결을 이끄는 거대한 힘으로 작용하지만, 잘못 사용하면 허위로 사람을 놀린다는 느낌을 줄 수 있다.

수 양제는 외적을 방비한다는 명목으로 많은 백성들과 엄청난 재물을 동원하여 장성을 쌓았다. 백성의 원성이 길을 메웠고, 변방의 근심은 그칠 날이 없었다. 그 뒤 당 태종은 이적(李勣)을 보내 변방

을 지키게 하니 16년 동안 별 탈이
없었다. 태종은 몹시 기뻐 이를 충
심으로 '포양'하며 "양제가 사람(인
재)을 골라 지키게 하지 않고 장성을
쌓아 외적에 대비하느라 중국을 힘
들게 했다. 지금 내가 이적을 기용
하여 지키게 하니 돌궐이 감히 내려
오지 못한다. 그대의 장성이 참으로
멀구나!"라고 했다.

리더의 진정한 '포양'은 아랫사람
의 마음을 움직여 심지어 목숨까
지 바치게 만드는 힘이 있다. 이
적은 당 태종의 정확하고 진심어
린 '포양'에 눈물을 흘리며 충성을
맹서했다.

　당 태종의 이 '포양'은 정말이지
타이밍이 기가 막히다. 황제의 '포
양'에 이적은 감격해 목숨으로 황제를 보필하겠노라 결심했다. 이
말을 들은 모든 사람이 태종에게 감복했다. 이것이 '포양'의 정확한
힘이다. 태종이 당시 "나는 병졸 하나 없어도 된다. 이적 한 사람이
면 충분하다."는 식으로 '포양'했더라면 정말이지 어떤 위력도 갖지
못한 채 어색하게 끝났을 것이다. 그런 식의 '포양'은 마음에서 나
온 것이 아니며, 또 사실에 입각한 말도 아니기 때문이다. 듣기에
따라서는 닭살이 돋고 리더의 위선에 비웃음을 던질 수도 있다. 이
렇게 되면 도리어 역효과만 난다.

4. 신중해야 한다

'포양'은 신중하게 사용해야만 정확하게 적용될 수 있다. '포양'은 보다 나은 점, 보다 앞서가는 인재를 드러내는 방식이다. 따라서 대상에게 능력과 공로가 없으면 안 된다. 이를 고려하지 않은 '포양'이라면 인재를 자극하고 격려하는 작용은커녕 어떤 효과도 불러 일으키지 못한다.

'포양'의 대상자는 적어도 여러 사람이 보고 배울 수 있는 모범이 어야 하고, 많은 사람이 인정하는 남다른 것이 있어야 한다. 이에 입각한 '포양'이어야 그 사람을 격려할 수 있고, 또 많은 사람을 분발케 할 수 있고, 모두를 좋은 쪽으로 이끌 수 있다.

한 고조의 '삼걸'에 대한 '포양'과 방현령에 대한 당 태종의 '포양'이 평범한 일반 신하들에게 시행되었다면 모두의 비웃음을 샀을 것이 뻔하지 않겠는가. 인재들을 격려 분발하게 만들기 위한 것이라면 더더욱 안 된다. 따라서 '포양'은 실행에 앞서 대상을 정확하게 골라 사실에 입각하여 적절한 언어로 신중하게 구사하지 않으면 안 된다.

역대 '포양' 사례들은 숱한 실천 경험을 통해 우리에게 이 점을 심각하게 인식시키고 있는 것이다.

포언입이삼동난(褒言入耳三冬暖),
폄어상인유월한(貶語傷人六月寒)
"칭찬의 말은 엄동설한도 따뜻하게 하고,
깎아내리는 말은 오뉴월도 춥게 만든다."

칭찬의 말과 헐뜯는 말의 위력을 대비시킨 속담의 하나이다. 《순자》〈영욕(榮辱)〉편에 비슷한 대목이 보인다.

운주유악지중(運籌帷幄之中),
결승천리지외(決勝千里之外), 오불여자방(吾不如子房)
"천리 밖 군막 안에서 승부를 결정짓는 능력으로 말하자면
나는 자방(장량)만 못하다."
－《사기》권8 〈고조본기〉

항우를 물리치고 천하를 쟁취한 유방이 공신들의 공을 논의하는 자리에서 한 말이다. 이 자리에서 유방은 장량을 비롯하여 한신, 소하가 모두 자기보다 능력이 뛰어났고 자신은 이런 인재들을 얻었기 때문에 승리할 수 있었다며 세 사람을 극찬했다. 이를 삼불여(三不如)로 줄여서 말한다. 세 사람만 못하다는 뜻이다. 이는 단순한 '포양'이 아니다. 오늘날 리더들에게 던지는 의미심장한 메시지라 할 것이다. 각 분야에서 리더 자신보다 뛰어난 인재를 누가 많이 모시고 있느냐에 따라 실적과 승부가 결정 난다.

> ## 사아수지우차(使我遂至于此), 개위징지력야(皆魏徵之力也)
> "나로 하여금 여기까지 오게 한 것은 모두 위징의 힘이다."
> – 《신당서》〈위징전〉

당나라 건국 초기 위징은 끊임없이 당 태종에게 충고하고 직언했다. 그 결과 천하는 안정을 찾고 변경의 이민족은 모두 당나라에 굴복하는 태평성세의 국면이 조성되었다. 이에 태종은 위와 같은 말로 위징의 공로를 '포양'했다.

> ## 소우불가이후리유지(蕭瑀不可以厚利誘之),
> ## 불가이형육구지(不可以刑戮懼之), 진사직신야(眞社稷臣也)
> "소우는 이익으로 유혹할 수 없고 형벌로 겁을 줄 수도 없는
> 정말 사직을 지탱하는 신하다."
> – 《정관정요》권5 〈충의〉

623년 당 태종 이세민은 권력 쟁탈전에서 점점 밀리고 있었다. 이때 소우(蕭瑀)를 비롯한 대신들은 있는 힘을 다해 이세민을 지지했다. 황제로 즉위한 후 태종은 위와 같은 말로 열렬히 소우를 '포양'하며 특별히 시 한 수까지 내려 주었다.

장상
獎賞

포상의 힘

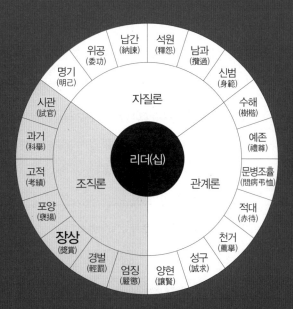

| '장상'의 의미와 인식 |

'장상'은 상 등으로 인재를 끌어들이고 격려하여 그들의 적극성을
움직이는 방법이다. 예로부터 '큰상에 용감한 병사가 따르기 마련
이다'라고 했듯이 '장상'의 효과에 대해 긍정적인 인식이 대부분이
었다. 물론 '장상'은 시기와 대상이 적절해야만 효과를 볼 수 있다.
그리고 무엇보다 '장상'은 원칙이 확고해야만 한다. '장상'의 큰 전
제조건이자 '장상'의 처음과 끝을 결정하는 요소라 할 것이다. 따라
서 '장상'의 원칙에 대해서 따로 알아볼 필요가 있다.

| '장상'의 원칙 |

상벌에는 원칙이 대단히 중요하다. 이는 동서고금을 막론하고 이
론의 여지가 없다. 그 원칙이 상벌의 생명을 좌우하고 그 결과를
절대적으로 담보하기 때문이다. '장상'은 전설시대부터 유능한 인
재를 구하고 기용하는 중요한 방법의 하나였다. 따라서 이 방법에
대해 끊임없는 언급과 사례 연구 등을 통해 그 효과를 긍정적으로
인정하고 대대적으로 선전해왔던 것이다.
　특히 '장상'의 원칙에 많은 관심을 기울였는데, 기본이 되는 몇 가
지 원칙을 사례와 함께 소개해본다.

1. 공이 있으면 반드시 상을 내린다

춘추시대 초나라가 진(晉)나라의 동맹국인 정나라를 공격했다. 진나라는 순임보(荀林父)를 중군의 사령관, 사회(士會)를 상군의 사령관, 조환자(趙桓子)를 하군의 사령관으로 삼아 정나라를 구하게 했다. 3군이 황하에 이르렀을 때 정나라가 진나라를 배반하여 이미 초나라와 화의했다는 소식이 전해왔다. 손임보는 회군을 준비시키며 초나라가 물러간 다음 나중에 다시 정나라를 혼내주자고 했다. 반면 조환자는 서둘러 황하를 건너 초나라를 공격할 것을 강력하게 주장했다. 한편 사회는 초나라 군대를 공격하기 어렵다며, 그 이유로 초나라 군주의 덕과 원칙 있는 상벌을 거론했다.

그러나 조환자는 홀로 군대를 이끌고 초나라 군대를 공격했다가 자기 목숨까지 잃는 참패를 당했다. 사회는 공을 세운 사람에게 반드시 상을 내린다는 원칙이 확실한 군대와는 싸워서 이기기 힘들다는 점을 지적했던 것이다.

2. '장상'은 때를 맞추어야 인재가 힘을 다한다

'장상'은 시기를 놓치지 않아야 인재를 가장 잘 격려할 수 있다. 왕릉(王陵)과 고기(高起)가 유방이 항우를 물리칠 수 있었던 원인을 논의하는 자리에서 이 원칙을 잘 지적한 바 있다. 즉, 전력 면에서 열세임에도 불구하고 유방은 공을 세운 인재들에게 적시에 아낌없이 '장상'하여 그들의 적극성을 이끌어 냄으로써 결국 전세를 역전시킬 수 있었다는 것이다.

반면 항우는 인재를 무척 아끼는 척했지만 정작 상을 주어야 할 시기를 놓쳐 인재들을 실망시켰다. 이와 관련하여 한때 항우 밑에 있었던 한신은 항우가 상을 주는 것이 아까워 마지막으로 찍어야 할 도장을 찍지 못하고 도장을 만지작거리다 도장 모서리가 다 닳을 정도였다고 항우를 비꼬았다.

3. '장상'은 이치에 맞아야 인재들이 노력한다

'장상'은 합리적이어야 한다. 1등에 해당하는 공을 세웠으면 당연히 1등상을 주어야 한다. '장상'이 공에 못 미치거나 지나친 것은 모두 좋지 않다. 《한비자》는 이렇게 지적한다.

한비자는 통치자는 상벌의 권한을 확실하게 움켜쥐고 있어야 한다고 주장했다. 그것이 없으면 통치가 불가능하다고까지 했다. 상벌에 관한 이론으로 다소 지나친 감이 없는 것은 아니지만 《한비자》가 단연 돋보인다.

"현명한 군주가 관직과 녹봉을 만든 것은 재능 있는 자와 공을 세운 자를 격려하기 위해서이다. 이것이 원칙을 가지고 제대로 작동하면 인재는 더 큰 관직과 녹봉을 위해 힘을 아끼지 않고 최선을 다해 조정을 보좌하고, 공을 세운 사람은 더 큰 공을 세우기 위해 전력을 다한다. 천하가 크게 다스려질 수 있는 것은 이때문이다."

한비자는 '장상'의 원칙, 의의, 작용을 간명하게 잘 보여주고 있다.

| '장상'의 사례들 |

'장상'의 사례들은 역사서를 비롯하여 각종 기록에 무수히 등장한다. 모범이 될 만한 사례와 몇몇 군왕들의 실천 상황을 간단하게 소개해둔다.

1. 도공(悼公)의 '장상'에 간과 쓸개까지 다 바쳐 보답한 위강(魏絳)

진(晉)나라 도공은 자신의 악대(樂隊) 절반을 대부 위강에게 상으로 내리며 이렇게 말했다.

"그대 덕에 융족과 평화롭게 지내고 중원 여러 나라를 가지런히 바로잡았다. 8년 동안 아홉 차례 제후들과 회합했는데 그때마다 그대는 마치 음악의 화음처럼 아무런 문제없이 잘 조정하였으니 나의 악대를 함께 사용하길 청하오."

이 말에 위강은 도공이 자신을 대단히 중시하고 자신의 공을 높이 평가한다고 여겨 크게 감동했다. 그리고는 황급히 상이 지나치다며 사양하는 한편 지난 일들은 자신만의 공이 아니라 군왕의 위엄 때문이며, 또 다른 신하들의 노력 덕분이라고 했다. 위강은 말미에 편안할 때 위기를 생각하시어 지나친 향락에 빠지지 마십사 당부했다. 도공은 위강의 공을 높이 평가하여 큰상을 내려 공을 치하했고, 위강은 이를 사양함으로써 군신간의 관계를 더욱 돈독히 했다.

공로가 있는데 리더가 그것을 보지 못하고 알지 못하면 불만을 사기 쉽고, 나아가 적극성을 꺾어 놓기 마련이다. 이렇게 되면 인재는 자신의 힘을 다하기는커녕 갖은 방법을 동원하여 다른 곳으로 관심을 돌린다. 인재를 구하고 기용하기 위해서는 정확한 '장상'의 방법이 필요하다는 것이다.

2. 조앙(趙鞅)이 후한 상을 내리자 전군이 용기백배하다

춘추시대 말기인 기원전 492년 제나라는 진(晉)나라의 세력가 범씨에게 식량과 함께 정나라의 자요(子姚)와 자반(子般)을 압송해서 보냈다. 범씨는 이를 기회로 삼아 진나라의 권력을 움켜쥐려고 했다. 대부 조앙은 이들을 막아야겠다고 결심하고 군사들에게 다음과 같이 맹서했다.

"범씨와 중항씨 등은 천명을 어기고 백성을 죽이는 등 진나라를 멸망시키고 권력을 독차지하려고 한다. 우리 국군께서는 정나라의 보호를 믿고 있었으나 정나라가 의리 없이 우리 국군을 버리고 그 신하들(범씨와 중항씨)을 도우려 한다. 우리들은 천명에 따라 국군에 복종하며 덕과 의리를 실천하여 이번에 치욕을 씻으려 한다."

그러면서 조앙은 적을 물리치고 승리하면 상대부에게는 현을, 하대부에게는 군을, 사에게는 10만 무의 땅을, 서인·공인·상인에게는 관직을, 노예에게는 자유를, 죄인에게는 사면을 내리겠다고 선포했다.

조앙이 적시에 후한 상을 내걸고 사람들의 투지를 격려함으로써 위아래 모두가 앞을 다투어 적을 무찔렀다.

'장상'의 여러 조건들 중 제때라는 '적시(適時)'가 대단히 중요하다. 때를 잃거나 놓치면 아무리 큰 상이라도 의미와 위력, 그리고 영향력이 줄어든다. 조앙의 사례는 '장상'에서 적시가 얼마나 중요한가를 잘 보여준다.

3. 한 고조가 진평에게 상을 내리다

항우를 물리치고 한나라를 건국한 지 얼마 되지 않았을 때 누군가가 초왕 한신이 모반을 꾀한다고 밀고해왔다. 고조 유방은 좌우에 대책을 물었다. 하나같이 한신을 당장 공격해야 한다고 목청을 높였다. 그러나 진평은 무력 사용을 반대하면서 꾀를 써야만 한신을 잡을 수 있다고 건의했다. 유방은 진평의 계책에 따라 한신을 유인하여 잡아들였다. 병사 한 명 동원하지 않았다.

고조는 진평에게 황금 500근을 상으로 내렸다. 고조가 인재를 구하고 격려한 사례들 중에는 이렇게 후한 상금을 내려 인재들의 능동성을 끌어낸 경우가 대단히 많았다.

여씨세력들을 제거한 공신들의 추대로 즉위한 문제
는 즉위하자마자 공신들에게 두루 '장상'을 베풀었다.
그 후로도 일만 있으면 적시에 적절하게 '장상'을 베
풀어 어지러웠던 조정의 분위기를 수습하고 신하들
을 격려함으로써 한나라 초기 정권을 반석에 올려놓
았다.

4. 한 문제가 여씨세력을 제거한 공신들에게 큰 상을 내리다

기원전 179년 겨울, 공신들은 고조가 죽은 뒤 실질적인 황제 권력
을 휘둘렀던 여태후 일가를 제거하고 문제를 추대하여 황제 자리
에 앉혔다. 이에 문제는 여씨 제거를 주도한 주발에게 만 호의 봉
지와 황금 5만 근을 상으로 내리는 등 공신들 모두에게 합당한 상
을 후하게 내렸다.

문제의 이러한 '장상' 조치는 정권 안정은 물론 군신들의 분발을
크게 촉진하여 이른바 '문경지치(文景之治)'라는 전성기 구가를 위한
초석을 훌륭하게 놓을 수 있었다.

5. 광무제 유수의 '장상'

유수는 왕망(王莽) 집권기에 살았다. 당시 천하는 큰 혼란에 빠져
각지에서 군웅들이 들고 일어났고, 한 왕실은 땅 한 뼘 없는 가련
한 신세가 되었다. 유수는 한 왕실을 부흥시키겠다는 결심을 하고
천하의 인재들을 얻는데 힘을 쏟았다. 그중에서도 '장상'은 유수가

인재를 구하고 얻는데 중요한 작용을 했다.

32년 중랑장 내흡(來歙)은 낙양을 포위 공격하는 외효(隗囂)의 군대를 맞이하여 죽을힘을 다해 저항하고 있었다. 봄에서 가을에 이르기까지 공격은 계속되었고 병사들은 지쳐갔다. 외효는 물을 성 안으로 흘려보내는 수공으로 낙양성을 괴롭혔고, 성 안의 식량은 바닥을 드러냈다. 그러나 내흡과 병사들은 생사를 함께하기로 맹서하고 끝까지 성을 사수했다.

포위가 풀린 뒤 광무제 유수는 후한 상과 함께 모두를 불러 상석에 앉히고 큰 술자리를 베풀어 위로했다. 이런 배려는 최고의 영예였다. 조정 안팎의 문무 대신들이 모두 고무되어 분발하게 되었다.

6. 수 문제의 '장상'과 문제점

수 문제는 역대 제왕들 중 상벌이 분명하고 엄격하기로 이름나 있다. 그러나 문제의 '장상'은 시간이 흐를수록 그 기준을 잃어갔다. 충직하고 선량한 인재가 상을 받지 못하는 대신 아첨꾼들이 큰상을 받았다. 이는 사악함을 조장하고 선한 언행을 막는 불량한 신호였다.

양소(楊素)는 사사건건 문제의 비위와 기호를 맞추는 아부로 온갖 관작을 독점하며 조정의 대권을 좌우했다. 당시 양소 한 사람이 받은 큰상만 13차례가 넘을 정도였다. 문제의 이런 무원칙한 '장상'으로 인해 조정 신하들과 인재들의 마음은 멀어졌고, 결국 이런 아부꾼 무리들에게 농락당하다 죽고 말았다.

7. 당 태종의 '장상'

당 태종은 '상과 격려 없이 어떻게 힘을 다하게 할 수 있겠느냐'는 원칙 아래 공을 세운 문무관들에게 때를 놓치지 않고 적절한 상을 잘 베풀었다. 전시에는 용감하게 싸운 장병들에게, 평화기에는 업적을 내거나 바른말을 한 신하들에게 빠짐없이 상을 내려 격려함으로써 그들의 능력을 한껏 발휘하게 배려했다.

죄를 지은 원율사(元律師)에게 태종이 사형을 판결하려 하자 손복가(孫伏伽)가 강력하게 반대하고 나섰다. 당 태종은 손복가의 말을 받아들였을 뿐만 아니라 백만 금에 해당하는 난릉(蘭陵) 공주의 정원을 상으로 내렸다.

누군가 상이 너무 지나치다고 하자 태종은 "짐이 즉위한 이래 이치에 의거하여 직언하는 사람이 없었는데 지금 손복가가 그렇게 했다. 시작이 좋지 않은가? 경들도 성심을 다하여 짐을 보좌하여 이치로 내 몸을 바르게 하면 천하는 크게 다스려질 것이다. 그러니 어찌 이 정도 상으로 되겠는가?"라 했다. 과연 그로부터 직언하는 사람이 더욱 많아졌다.

| '장상'이 주는 교훈과 힘 |

고대에는 거의 모든 군왕들이 하나같이 '장상'을 이용하여 신하들을 격려함으로써 있는 힘을 다하게 했다. 그러나 결과는 성공한 경우도 있고 실패한 경우도 있었다. '장상'이 무조건 긍정적인 효과를 가져 오는 것이 아님을 보여준다.

송나라 때 제왕들이 '장상'을 지나치게 남발하여 재정상의 문제를 초래했을 뿐만 아니라 인재를 격려하는 기능도 발휘하지 못함으로써 '장상'의 빛이 크게 바랜 사실은 이를 잘 보여준다.

1. '장상'에 인색하면 공은 묻히고 사람은 떠나간다

'장상'이 공에 못 미치면 인재의 마음을 크게 상하게 만든다. 인재는 명예와 이익을 중시한다. 또 인재들은 '장상'으로 자신에 대한 리더의 이해와 신임의 정도를 가늠한다. '장상'이 공에 미치지 못하면 한편으로는 그 명성을 덮게 되고 한편으로는 그가 받아야 할 이익을 억제하게 된다. 또한 인재들이 자신들을 중시하지 않고 믿지 않는다고 생각하여 리더로부터 멀어지고, 심하면 리더를 배신하게 된다.

초한쟁패 초반 항우는 많은 인재들을 거느렸고, 천하대세는 이미 정해진 것처럼 보였다. 그러나 항우는 이런 인재들에게 '장상'하지 못했고, 결국 인재들은 등을 돌려 유방에게로 건너왔다. 항우는 '장상'의 리더십을 발휘하지 못해 다 잡은 천하 패권을 잃었다.

항우 밑에 있던 한신과 진평 등이 푸대접 때문에 항우에게 등을 돌리고 유방에게 몸을 맡긴 것이 대표적인 사례다. 이들의 역할이 결국 초한쟁패의 운명을 바꾸는데 결정적으로 작용했다. 요컨대 '장상'에 인색하면 안으로는 자신의 인재들이 떠나고 밖으로는 다른 인재들이 걸음을 돌린다.

2. '장상'을 남발하면 부지런한 사람은 원망하고, 게으른 자는 기뻐하고, 사악한 자가 생겨난다

'장상'의 남발은 '장상'에 인색한 것 못지않게 부작용을 낳을 수 있다. 우선 열심히 일한 사람이 원망의 마음을 갖게 된다. 열심히 최선을 다했는데 일하지 않은 자와 같은 대우를 받는다면 누가 자발적으로 나서서 일하려 하겠는가? 반면 게으른 자들은 좋아한다. 그리고 이런 상황이 지속되면 리더를 속이고 상을 가로채는 일 등과 같은 사악한 현상이 발생하게 된다.

한비자는 이 문제와 관련하여 다음과 같은 의미심장한 사례를 보여주고 있다.

위(魏)나라 혜왕이 복피(卜皮)에게 자신에 대한 외부 평가를 물었다. 복피는 인자한 사람으로 평판이 나있다고 답했다. 혜왕은 기뻐하며 인자하면 어떤 효과가 있냐고 물었다. 그러자 복피는 그것이 나라의 멸망을 초래할 것이라는 뜻밖의 답을 했다. 혜왕은 항변했다. 그러자 복피는 이렇게 말했다.

"인자하면 무슨 일이든 차마 하지 못하고, 은혜로우면 쉽게 퍼줍니다. 차마 하지 못하면 잘못이 있어도 처벌하지 못하고, 쉽게 베풀면 공이 없어도 상을 받게 됩니다. 죄를 징벌하지 않고 상을 남발하면 사악한 자가 나타납니다. 부지런한 사람은 원망하고 게으른 자는 좋아라 합니다. 이렇게 가다보면 어떻게 나라가 망하지 않을 수 있겠습니까?"

—《한비자》〈외저설外儲說〉상

3. '장상'은 무엇 때문에 상을 받는지 반드시 알게 해야 한다

이도저도 아닌 '장상'은 안 된다. 누가 주는지, 누가 받는지, 왜 받는지, 무엇 때문에 받는지 명확하지 않은 '장상'은 아무리 많아도 아무리 후해도 격려의 기능을 발휘할 수 없다. 제갈량은 "상은 왜 주고 받는지 알아야 용사들이 왜 목숨을 바쳐야 하는지 안다."고 했다. 이는 과거 시행된 '장상'에 대한 제갈량의 총결이자 자신의 경험에서 우러나온 생각이기도 하다. 제갈양 자신이 '장상'에 대한 선전을 중시했을 뿐만 아니라 말을 했으면 법이 따라야함을 분명히 했다. 그래서 제갈량의 '장상'은 장병과 관리들을 잘 격려하는 방법이 될 수 있었다.

4. '장상'은 반드시 좋은 언행을 이끌고 인재를 격려할 수 있어야 한다

'장상'은 선도(善導) 기능을 반드시 견지해야 한다. '장상'의 역사와 사례가 오늘날 우리에게 던지는 중요한 계시의 하나다. 그래야만

'장상'의 당사자는 물론 주위 사람들까지 격려할 수 있다.

'장상'은 공을 세운 사람에게 반드시 상을 내림으로써 그것을 본받으라는 메시지를 다른 사람에게 전달하는 것이다. 따라서 인재들의 능력을 좋은 방향으로 이끌고 격려해야지 엉뚱한 방향으로 이끌어서는 결코 안 된다. 역대 사례들은 모두 '장상'이 갖는 선도기능과 교훈을 강조하고 있다. 그러기 위해서는 장상이 공평하고 합리적이어야 함은 말할 것도 없다.

5. '장상'의 현대적 의미와 위력는 여전하다

'장상'은 어쩌면 오늘날 그 방법과 기능이 더 중요해졌다. 다양하고 창조적인 아이디어가 무엇보다 중요해진 현대 사회에서 인재의 창의력을 격려하기 위한 다양한 방법과 수단이 요구되기 때문이다. 이런 점에서 과거 '장상' 사례들이 던지는 계시는 그 의미가 더 커졌다고 할 수 있다.

'장상'의 현대적 용어는 장려(獎勵)라 할 수 있는데 조직 구성원의 우수한 작업성과 및 모범적 행동에 대한 인정과 격려가 주된 내용이다. 그 의의는 주로 구성원의 심리적 만족과 격려를 통해 자신의 일에 더욱 분발하고 더 좋은 업적을 내기 위한 창조적 조건을 만들어주는 데 있다.

이러한 장려가 효과를 발휘하기 위해서는 다음과 같은 네 가지 조건이 필요하다.

첫째, 장려의 조건이 적당해야 한다. 너무 높게 잡아서는 안 된다. 성취하지 못할 만큼 너무 높으면 적극성이 좌절당한다. 동시에 너무 낮아서도 안 된다. 누구나 다 할 수 있는 일이라면 장려의 기능은 없는 것이나 마찬가지이다.

둘째, 구성원의 바람과 맞아야 한다. 조직 구성원들의 바람을 이해하지 못해 그 기준을 맞추지 못하면 그에 맞는 장려의 원칙과 내용을 맞출 수 없고 장려의 효과도 예상한 목적을 달성하기 어렵다.

셋째, 이와 관련하여 선택한 장려가 조직 구성원의 희망 사항에 적응해야만 한다. 장려와 구성원의 희망 사항이 무관하면 아무리 장려해도 격려를 받을 수 없다.

넷째, 몇 가지 장려의 방법을 적절하게 잘 활용해야 한다. 장려의 방법으로는 주로 물질적 장려, 정신적 장려, 일 자체의 장려 등 세 가지가 있는데, 이를 적시에 구성원들의 필요에 맞추어 민첩하게 잘 활용해야 한다.

끝으로 고대 사회의 장상과 오늘날 장려의 차이점을 분명하게 인식하고 이를 창조적으로 적용할 줄 알아야 한다. 참고로 과거와 지금의 차이점들을 아래에 간략하게 정리해둔다.

① 과거의 '장상'은 제왕이 주체였지만 지금은 조직의 대표와 조직 구성원들이다.

② 과거의 '장상'은 제왕에게 충성하고 순종하는 사람이 주요 대상이었지만 지금은 조직과 사회 나아가 나라를 위해 모범적인 언

행과 성과를 낸 사람들이 장려의 대상들이다.

③ 과거의 '장상'은 제왕에게 충성을 끌어내서 더 효율적으로 통치하고 백성을 착취하기 위한 수단이었지만 지금은 조직과 사회, 그리고 나라를 위해 봉사한 모든 계층의 사람들을 격려하기 위한 수단이다.

④ 과거의 '장상'이 물질적 보상 위주였다면 지금은 정신적 장려가 더 중요하다. 사회적 공인을 통해 영예를 부여하는 것이다.

⑤ 과거의 '장상'은 고용주와 피고용주 사이에서 일방적으로 이루어지는 형식이었지만 지금의 장려는 생산과 일의 분배에 대한 일종의 보충 형식이자 평등하게 이루어지는 상호 격려의 성격이 강하다.

⑥ 과거의 '장상'은 통치집단 내부의 관련된 사람들을 격려하여 통치자에게 더욱 충성하게 만드는 것이었지만 오늘날 우리의 장려는 조직원 전체가 보다 더 좋은 언행을 배워서 전력을 다해 조직과 사회 구성원을 위해 봉사하게 만드는 데 중점을 두고 있다.

⑦ 과거 '장상'은 통치자가 일방적으로 은혜를 베푸는 식으로 '장상'의 대상자에게 보은하라는 의미였다. 그러나 지금의 장려는 자신을 위한 것이 아니다. 장려를 주는 대상자에게 어떤 보답의 부담도 없고, 또 없어야 한다. 조직과 사회에 보답하면 되는 것이다.

| '장상' 관련 명언명구 |

인완폐(印刓敝)
"도장 모서리가 다 닳다."
– 《사기》〈회음후열전〉

한신은 유방에게 귀의하기 전에 항우 밑에 있었다. 대장군에 임명된 뒤 한신은 부하들에게 '장상'하는데 인색했던 항우의 단점을 이렇게 지적했다. 즉, 정작 상을 내려야 할 때 상을 주기가 싫어 도장을 끊임없이 만지작거리는 바람에 그 모서리가 다 닳았다는 것이다. 항우가 실패한 원인의 하나로 한신은 '장상'의 문제를 언급한 것이다.

상사지기소시(賞賜知其所施), 즉용사지기소사(則勇士知其所死)
"상이 어디로 가야 할지를 알면 용사는 어디서 죽어야 할지를 안다."
– 《제갈량집》권3 〈편의십육책便宜十六策〉

이 구절은 '장상'에 관한 역대 논리를 총결했다는 평을 듣는 제갈량의 언급이다. '장상'이 그 대상을 제대로 찾아 베풀어지면 인재는 있는 힘을 다하게 된다는 의미이다. 제갈량은 '장상'과 관련하여 또 "상이 엉뚱한 데로 가면 애를 쓴 신하들이 원망하게 된다."고 했다. 제갈량이 상을 내리면 누구도 시기 질투하지 않았고, 제갈량이 벌을 내리면 누구도 원망하지 않았다는 평가를 듣는 것도 다 '장상'에 대한 그의 확고한 인식이 있었기 때문이다.

고대로부터 '장상'의 효과에 대해서는 많은 말들이 있었고, 이 대목 역시 '장상'이란 방법을 긍정적으로 인정하고 있다.

한비자는 유능하고 재주 있는 사람에게 자리와 부가 돌아가기 마련이고, 귀한 작위와 큰 상을 받으려면 큰 공을 세우라고 말한다. 한비자는 보다 높은 자리와 보다 넉넉한 부를 추구하는 인간의 본능에 맞추어 '장상'의 방법을 잘 활용할 것을 제안한 것이다.

경벌
輕罰

가벼운 벌의 힘

| '경벌'의 의미와 인식 |

'경벌' 역시 다른 항목들과 마찬가지로 인재를 구하고 기용하는 방법의 하나로 오래전부터 중요하게 인식되고 또 활용되어 왔다. 전설 속 3황5제의 상징처럼 언급되는 인정(仁政)의 주요 내용이 바로 '경벌'이었기 때문이다. 이 제왕들은 모두 덕을 밝히고 벌을 주는데 신중 또 신중했다. 적이라도 의로운 형벌과 신중한 살상을 강조했다. 전설시대로부터 중시되어 온 '경벌'의 의의를 크게 두 가지 주제로 나누어 개괄해본다.

1. 통 크게 너그럽게 포용하면 모두가 분발한다

제나라 선왕(宣王)이 윤문(尹文, 전국시대 사상가)에게 군주는 일을 어떻게 해야 마땅하냐고 물었다. 이에 윤문은 "큰 도로 여러 사람을 포용하고, 큰 덕으로 아랫사람을 포용합니다. 성인은 억지로 일삼지 않아도 천하는 다스려집니다."《윤문자》라고 답했다. 어질고 너그럽게 포용하는 정치를 통해 인재를 구하고 기용하면 천하는 절로 크게 다스려진다는 의미였다. 윤문의 이 말에는 물론 '경벌'이 전제되어 있다.

중국 역사상 5대10국시대(907~979)는 천하가 혼란에 빠졌던 시기로, 전후 약 70년 동안 남북 15개 왕조가 출몰했다. 서로를 죽이는 살육이 만연했고, 이기면 왕이 되고 지면 도적이 되었다. 거의 대부분이 잔인한 폭군들이었고, 상은 박하고 벌은 중했다. 제왕 자리가 수시로 바뀌는 것은 당연했다.

5대10국의 난국을 수습한 송 태조 조광윤은 이런 상황에서 교훈을 얻어 대신들을 죽이지 않기로 맹세했다. 뒤를 이은 태종도 늘 대신들과 어떻게 하면 좋은 인재를 얻을지 상의했다. 송 왕조가 중국 역사상 최선의 문민정부라는 평가를 들을 수 있었던 것도 이런 포용을 전제로 한 '경벌' 원칙이 있었기 때문이었다.

2. 작은 과실을 용서하면 큰 인재를 얻는다

'경벌'과 관련해서 공자는 일찍이 제자와 나눈 대화에서 자신의 생각을 밝힌 바 있다. 공자의 제자로 노나라에서 권력자 계씨의 가신을 지낸 중궁(仲弓)이 공자에게 나라를 다스리고 정치를 잘하는 방법에 관해 질문을 했다. 이에 공자는 "선유사(先有司), 사소과(赦小過), 거현재(居賢才)."라는 단 아홉 글자로 핵심을 찔렀다. 이 말 뜻을 좀 더 상세히 풀어보자면 이렇다. 먼저 좋은 관리를 뽑아 일을 맡기고, 그 실력과 실적을 살피되 사소한 잘못은 '경벌'로 너그럽게 용서한다면 뛰어난 인재를 얻을 수 있다. 공자의 이런 견해는 지금 본받아도 충분한 귀중한 지적이다.

옛 사람들은 인재를 얻고 기용하는 방법으로 '경벌'의 의미를 충분히 인식했다. 특히, 이 방법이 특수한 상황에서 특별한 효과를 발휘한다는 점에서 역대 통치자들이 중시할 수밖에 없었다. 이 방법은 중상(重賞)·엄징(嚴懲)을 함께 참고하여 구사하면 더욱 효과적이다.

| '경벌'의 사례 |

1. 원한을 버리고 '경벌'을 택한 한 고조 유방

'경벌'을 몸소 실천한 리더로는 한 고조 유방이 가장 유명하다. 초한쟁패 때 한신(韓信)의 모사 괴통(蒯通)은 한신에게 세력이 팽팽할 때는 천하를 삼분하여 유방에게서 벗어나라고 강력하게 권유했다. 한신은 망설이다 이 제안을 받아들이지 않았지만 이 사실을 안 유방은 괴통에게 큰 원한을 품을 수밖에 없었다. 항우를 물리치고 천하를 평정한 유방은 거금을 내걸고 괴통을 지명 수배했다. 잡혀 온 괴통은 유방에게 당시는 누구든 자신이 모시는 주인을 위해 건의하던 시절이었거늘 그걸 가지고 사람을 죽이겠다면 다 죽여도 모자랄 판이라고 항변했다. 이에 유방은 괴통을 용서했다.

계포(季布)는 유방이 항우와 싸울 때 여러 차례 자신을 곤경에 빠뜨렸다. 유방은 계포에 대해 이를 갈았고, 항우를 물리친 다음 계포에 대해 천금을 현상금으로 내걸었다. 잡혀온 계포 역시 괴통처럼 당당하게 항변했고 유방은 시원스럽게 계포를 용서하고 그를 기용했다.

유방은 지난날의 원한을 풀고 '경벌'을 뛰어넘어 이들을 기용함으로써 정권 초기 어수선한 정국을 안정시키는데 큰 힘을 보탤 수 있었다. 사실 유방이 이들을 증오했던 만큼 이들의 재능이 뛰어나다는 반증이었고, 이 점을 유방은 잘 알았기 때문에 이들을 자기 쪽으로 끌어들였던 것이다.

2. 한 문제의 '경벌'

악법 폐지 등 어진 정치로 역사에 이름을 남긴 한나라 문제는 '경 벌'과 관련하여 적지 않은 경험을 후대에 선사했다. 몇 가지 사례를 간략하게 소개한다.

1) 거짓으로 병을 핑계 댄 오왕(吳王)에게 지팡이를 내리다

문제와 조정에 불만을 품은 오왕이 병을 핑계대고 입조하여 보고를 올리지 않았다. 이는 황제를 기만하는 중죄였다. 문제도 오왕의 의도를 잘 알고 있었다. 그러나 문제는 오왕을 징벌하는 대신 지팡이를 내려 오왕을 위로했다. 오왕은 부끄러워했다.

2) 금을 하사하여 장무(張武)를 부끄럽게 만들다

장무 등이 금품을 뇌물로 받았다. 사형에 해당하는 중죄였다. 특히 그 자신이 근검절약으로 모범을 보이던 문제는 이런 부정을 크게 혐오했다. 그러나 정작 장무 등의 비리가 드러나자 문제는 경과를 분석한 다음 엄벌은커녕 이들에게 금은을 하사하여 장무 등을 부끄럽게 만들었다. 문제의 배려로 크게 깨달은 장무 등은 그 뒤 문제의 청렴한 신하로 거듭났다.

3) 한 황실에게 떨어져나간 위타(尉佗)를 더욱 가깝게 대하다

문제는 23년 동안 재위하면서 덕으로 백성을 교화하는데 마음을 기울였다. 어진 정치와 '경벌'은 그런 통치의 실천이었다. 남월왕

위타에 대한 문제의 대응은 이런 점을 잘 보여주었다. 위타가 한나라에서 벗어나 황제로 자립하려 하자 문제는 이를 따지지 않고 더욱 친근하게 형제처럼 대했다. 위타는 크게 감동하여 스스로 다시 신하를 자청했다.

《한서》〈문제기〉는 문제의 이런 '경벌' 정치의 효과를 두고 백성들이 법을 어기지 않아 형벌이 거의 필요 없었다고 평가했다. 다소 지나친 감은 있지만 경벌이 인심을 널리 얻었음은 분명하다.

3. 당 태종의 '경벌'

당 태종은 '경벌'로 많은 관리들을 교육시켰고, 또 어려운 상황에서 구해냄으로써 인재를 구하고 기용하는 효과를 크게 높였다. 당 태종의 '경벌' 방법은 다음과 같이 간략하게 요약할 수 있다.

첫째, 잘못을 범한 자를 이해하고, 나아가 적당한 조치로 인재의 마음을 얻었다.

둘째, 자기 멋대로 관리를 질책하거나 내치지 않았다.

셋째, 벌 대신 상을 내려 잘못을 범한 인재의 마음을 부끄럽게 만들었다.

넷째, 실수나 잘못을 범한 인재를 '경벌'로 다스려 훗날 공을 세우게 만들었다.

이 같은 당 태종의 '경벌'은 방종(放縱)이 아니라 인재에 대한 대단히 힘 있는 유인책이었다. 그의 '경벌'에 감동한 인재들이 있는 힘을 다해 충정을 다 바치고 큰 공을 세운 사실이 이를 여실히 입증하고 있다.

| '경벌'의 방식 |

이상의 실천 사례들을 통해 옛 사람들은 여러 가지 방식으로 '경벌'을 베풀었다. 이를 정리해보면 다음과 같다.

첫째, 정상(情狀)을 참작한다.

한 사람이 범한 잘못의 정도에 근거하여 본인의 평소 언행과 회개에 대한 결심 등을 참작하여 처벌하지 않되 더 이상 잘못을 범하지 않겠노라 약속을 확실히 받는 방식이다.

둘째, 부끄러움을 느끼게 하여 회개를 결심하게 한다.

당 태종이 작은 잘못을 범한 장손순덕(長孫順德)에게 벌 대신 비단 수십 필을 내린 사례 등이 이 경우에 해당한다.

셋째, 죄를 안고 공을 세우게 한다.

청나라 강희제가 삼번(三藩)의 반란에 가담한 장수들에 대해 가벼운 처벌로 그들을 감화시켜 자기편으로 끌어들이고, 나아가 이들에게 공을 세우게 한 경우가 성공적인 사례이자 '경벌'의 모범적인 방식으로 꼽힌다.

넷째, 처벌하지 않고 곁에 두고 기용한다.

원한을 풀고 묵은 감정을 버려서 인재를 격려함으로써 새롭게 좋은 관계를 형성한다. 한신에게 유방을 떠나 독립하라고 부추긴 괴통을 유방이 용서하고 기용한 것이 이 방식에 해당한다고 할 수 있다.

다섯째, 벌을 줄여 준다.

감벌(減罰) 또는 감형(減刑)이라 부르는 이 방식은 옛 사람들이 '경벌'을 실천하는 가장 보편적이고 중요한 수단이었다.

여섯째, 근신으로 책임을 지게 하다.

한 사람에 대한 처벌을 개인적 감정으로 처리하지 않고 신중하게 대하는 것이다. 그렇게 해서 잘못을 범한 사람이 스스로 근신하며 자신의 잘못과 실수를 성찰하게 한다. 당 태종이 이 방법을 비교적 잘 운용했다.

일곱째, 추종자에게 죄를 묻지 않는다.

역사적 사례들은 '경벌'의 실천이 아주 좋은 효과를 가져왔음을 잘 보여준다. 우두머리를 추종한 추종자들을 처벌하지 않고 용서함으로써 인심을 얻는 것 또한 '경벌'의 좋은 방식이다.

　여덟째, 힘껏 따르지 않는 자를 이해한다.

　이 역시 마음을 얻는 좋은 '경벌' 방식이라 할 수 있다. 당분간은 따르지 않겠지만 기다리면 마음을 열 수 있는 방식이다.

　아홉째, 기한을 정해 자수하게 하고 '경벌'로 마무리한다.

　당 태종은 과거시험에 비리가 있다는 사실을 발견하고는 기한 내에 자수하게 한 다음 가벼운 처벌로 문제를 해결했다.

　열째, 솔직담백하게 자백하게 해서 용서한다.

| '경벌'이 던지는 교훈과 힘 |

'상은 작을수록 효과가 크고, 벌은 클수록 효과가 있다'는 말이 있다. 얼핏 크고 작음이 바뀐 것 같지만 그게 아니다. 상은 아무리 보잘것없는 사람이라도 상 받을 일을 했다면 꼭 주라는 뜻이다. 작다는 것은 미미한, 보잘것없는 사람을 가리킨다. 반대로 벌은 아무리 귀하신 몸이라도 잘못을 했으면 반드시 처벌되어야 한다는 뜻이다. 크다는 말은 귀하고 힘 있는 사람을 가리킨다.

　그러나 인재를 구하고 기용하는 문제에 있어서는 벌은 가능한 가볍게 주라고 말한다. '경벌'의 원칙이다. '경벌'은 말 그대로 벌은 가볍게 주라는 뜻이다. 인재를 구하고 기용하는 많은 방법들 중에서 '경벌'은 독특한 위치에 있다. '경벌'은 실수를 범한 인재에 대해 관용과 가벼운 처벌로 그들의 마음을 얻고자 하는 목적을 달성하는 방법이다. 그 특징은 인재에 대한 관용과 애석함을 나타내는데 있는데, 그 관용과 애석함이 잘못을 범한 사람의 내면의 아픔을 자극하여 다시는 잘못을 범하지 않겠다는 결심을 이끌어내고, 나아가 관용을 베푼 사람에게 몸과 마음으로 보답하게 만드는 것이다. 이런 점 때문에 이 방법은 역대로 리더들이 중시해왔다.

인재를 구하고 기용하는 면에서 '경벌'은 대단히 중요하다. 심하면 일의 성공과 실패를 결정하기까지 한다. 이와 관련한 역사적 사례는 위에서 살펴본 것 외에도 대단히 많다. 받아야 할 상을 받지 못하면 인재의 적극성이 크게 꺾일 수밖에 없고, 받아야 할 벌을 받지 않아도 마찬가지이다. 받아야 할 상을 받지 못하면 인재는 좌절하고 나쁜 길로 빠지기 쉽다. 받아야 할 벌을 받지 않으면 맘 놓고 사악한 짓을 저지르고 나아가 선량한 인재들까지 해치는 결과를 낳고 만다. 인재를 구하고 기용하는 방법과 원칙도 훼손당할 수밖에 없다.

그렇다고 상벌을 남발해서도 안 된다. 벌은 특히 그렇다. 자칫하면 모두를 위기에 빠트리기 쉽기 때문이다. 벌을 받는 사람은 리더가 자신을 지켜주지 않는다고 원망하며, 인재들은 위축되어 그저 책임지지 않아도 될 일만 생각 없이 처리하려 한다. 마음은 떠나고 껍

데기만 남는다. 또 인재 스스로가 자리를 버리고 떠남으로써 인재를 구하고 기용하는 길이 막힌다. 이 때문에 옛 사람들은 상벌을 분명히 하는 동시에 감정과 이성을 잘 가늠해서 '경벌'이란 방법을 베풀었던 것이다. 이 방법이 적절하게 사용되면 인재의 마음을 확실히 얻는 것은 물론 주위 사람들의 영혼까지 울릴 수 있다. 이제 이상의 고찰을 바탕으로 '경벌'이 던지는 교훈과 그 위력을 정리해보자.

1. '경벌'의 관건은 정확함이다

'경벌'의 연원은 저 멀리 상고시대까지 거슬러 올라갈 정도로 오랜 전통을 갖고 있다. 이는 효과가 그만큼 크다는 증거이다. 영향도 넓었다. 하지만 제대로 활용하지 못하거나 때를 놓치거나 정확하지 못하면 오히려 간사한 자를 조장하여 정치와 세상을 어지럽히고 심하면 망국을 초래할 수도 있다. 따라서 '경벌'을 실천할 때는 반드시 정확함이란 열쇠를 단단히 움켜쥐어야 한다.

'경벌'은 아무에게나 효력을 발휘할 수 있는 방법이 결코 아니다. 대상이 정확하지 않으면 역효과를 내고 후회막급의 상황까지 초래할 수 있다. 예컨대 사악한 자들을 '경벌'로 대하면 감격하여 나쁜 언행을 고치기는커녕 리더를 얕잡아 보고 더 나쁜 짓을 저지를 가능성이 크다.

또 역사적 사례를 보면 '경벌'이란 명목 아래 법률을 무시한 경우가 적지 않았다. '경벌'을 핑계시고 관리들의 방종이나 나쁜 자들을 합법적으로 보호한 사례도 있었다. 송 왕조의 '경벌' 원칙이 후대로 갈수록 원칙을 잃어 죄를 지어도 대충 얼버무리고 넘어가는 통에 문무 관리들의 기강이 해이해지고 국방력도 약화되어 이민족의 침략에 속수무책으로 당한 것이 대표적인 경우다.

2. '경벌'은 '엄징'과 함께 참조 활용해야 효과가 더욱 좋다

'엄징'만 밀어붙이다 보면 징계해야 할 대상이 턱없이 넓어진다. 수 문제는 '엄징'을 강조한 반면 '경벌'을 소홀히 했다. 이 때문에 유능한 인재들이 애매한 죄명을 뒤집어쓰고 파직되거나 심하면 죽임을 당했다.

'엄징'은 '엄벌'과 다르다. 글자대로라면 엄하게 혼을 낸다는 뜻이다. 그것이 벌로 이어질 수 있고, 구두로 경고하는 선에서 끝날 수도 있다. 핵심은 잘못을 제대로 알고 철저하게 뉘우쳐 재발하지 않도록 하는데 있다. 따라서 '경벌'하되 '엄징'을 통해 잘잘못의 소재를 분명히 해야만 '경벌'의 효과가 더욱 커진다. 큰 잘못을 범해 '엄징'이 '엄벌'로 가는 것이 크게 문제될 것은 없지만, '엄징'이 없이 '경벌'로 끝나는 것은 자칫 큰 문제를 야기할 수 있다. 그래서 '경벌' 하되 '엄징'을 함께 활용하라는 것이다.

3. '경벌'은 담력과 식견이 있어야 한다

'경벌'을 실시하려면 먼저 자신이 있어야 한다. 이렇게 함으로써 상대를 설복시킬 수 있다는 자신감이 있어야 하고, 힘과 정의가 자기 편이라는 믿음이 있어야 한다. 그렇지 못하고 이런 걱정 저런 걱정

한 경제때 일어난 오초 7국의 난은 정권 초기의 큰 병목 위기였다. 경제는 '경벌'이란 방법을 통해 반란군의 심리를 흔들었고, 나아가 백성들의 지지를 이끌어내서 반란을 신속하게 진압했다. 자칫 중앙정부가 무너질 수도 있었던 심각한 상황에서 경제의 과감한 '경벌' 조치가 빛을 발한 사례였다.

으로 머뭇거리다 보면 흔히 '엄징'과 위세만 가지고 사람을 굴복시키기에 급급해진다. '엄벌'도 쉽게 뒤따르게 되어 처벌 받는 사람이 승복하지 않게 된다.

'경벌'의 성패는 결국 담력과 식견의 문제로 귀결된다. 한나라 경제(景帝)가 오왕(吳王) 비(濞)를 비롯한 7국이 반란을 일으켰을 때 우두머리를 제외한 7국의 백성들에게 죄를 묻지 않겠다고 선언하여 7국 장병들의 마음을 흔들고 백성들의 지지를 얻은 사례는 경제의 담력과 식견에서 비롯된 자신감이었다.

4. '경벌'은 인심을 얻을 수 있다

'경벌'은 궁극적으로 인심을 얻어 조직은 물론 크게는 나라의 위아래를 일치단결시키는 위력을 발휘한다. 황제의 종친임을 믿고 늘 제갈량을 깔보던 거기장군 유염(劉琰)이 죽을죄에 해당하는 큰 죄를 지었다. 그러나 제갈량은 그를 파직하는 '경벌'로 죄를 묻는 데 그쳤다. 그러자 유염은 제갈량에게 편지를 보내 자신의 잘못을 침통하게 자책하며 뉘우쳤다.

'경벌'의 실시에는 공평무사함이 전제되어야 한다. 마치 거울이 사물을 비추듯 해야지 원망이 없고 인심을 얻을 수 있는 것이다.

5. '경벌'의 현대적 의미와 힘

'경벌'은 오늘날에도 여전히 본받아야 할 가치가 있는 방법이다. 과거 '경벌'은 잘못한 자의 잘못을 바로잡는다는 것이 기본적인 인식이었다. 지금은 여기서 한 걸음 더 나아가 자신의 잘못에 대한 비판을 겸허히 수용하고 이를 바로잡는 것은 물론 조직과 사회의 이익을 위해 더 분발해야 하는 단계로까지 발전해야 할 것이다. 그렇게 되면 '경벌'의 위력은 더 크게 발휘될 수 있다.

| '경벌' 관련 명언명구 |

> ### 용기의형의살(用其义刑义杀)
> "합당한 형벌과 살육을 사용하라."
> – 《상서》〈강고〉

벌에 관한 한 전통적인 인식은 '경벌'이었다. 정상을 참작하여 가능한 가볍게 처벌하라는 것이었다. 하지만 '경벌'만으로는 부족하기 때문에 '엄징'을 참작하라고 권한다. 어느 쪽이나 좋은 인재를 구하고 기용한다는 목적에서 벗어나서는 안 된다.

공자의 제자인 중궁이 나라를 다스리는 방법에 관해 묻자 공자가
한 대답이다. 공자가 말한 '작은 잘못은 용서하라'란 '사소과(赦小
過)'가 '경벌'에 해당하는데, 치국을 위한 소소한 실천 방안의 하나
이지만 인재들을 자극하고 격려하여 분발케 함으로써 얻을 수 있
는 효과는 대단히 크다고 하겠다.

우효휘대장군 장손순덕(長孫順德)이 누군가로부터 비단을 뇌물로
받은 일이 탄로 났다. 당 태종은 순덕을 불러 간곡하게 나라를 함
께 다스리는 사람이 그런 사소한 이익을 탐해서 무엇 하겠냐고 타
일렀다. 그런 다음 벌을 내리기는커녕 비단 수십 필을 하사했다.
대리소경 호연(胡演)이 그 까닭을 묻자 위와 같이 말한 것이다. 당
태종의 '경벌'은 방종이 아니라 인재의 마음을 얻는 대단히 호소력
이 강한 방법이었다.

대도용중(大道容衆), 대덕용하(大德容下),
성인무위이천하치(聖人無爲而天下治)
"커다란 도로 무리를 포용하고, 큰 덕으로 아랫사람을 받아들이는 성인은
억지로 일삼지 않아도 천하가 다스려진다."
- 《윤문자(尹文子)》

　전국시대 제나라 사상가인 윤문의 어록인 《윤문자》에 나오는 한
대목이다. 여기서 말하는 커다란 도와 큰 덕은 결국 어진 정치를
말한다. 어진 정치에서는 엄벌보다는 '경벌'이 강조될 수밖에 없다.
어진 정치로 통 크게 작은 잘못을 용서하는 '경벌'을 기조로 삼아
좋은 인재를 구하고 기용하라는 말이다.

엄징

嚴懲

엄중한 경고의 힘

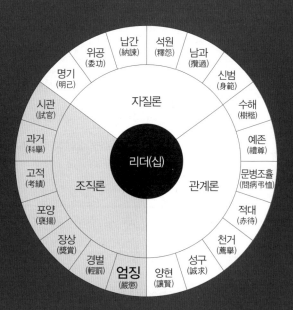

| '엄징'의 의미와 인식 |

'엄징'이란 잘못을 했거나 죄를 지으면 엄한 징계를 내려 인재를 단속하고 채찍질하여 끌어들이는 방법이다. '엄중한 경고'로 이해하면 된다. 그 특징은 단호한 수단으로 자신의 고집을 버리지 않고 잘못을 바꾸지 않으려는 사람을 단속하는데 있다. 이는 유능한 인재를 구하고 기용하는 방법들 중에서 역기능의 효과를 바라고 시행하는 것이라 할 수 있다.

'엄징'과 반대되는 방법으로서 '경벌'은 일정한 환경과 조건에서 확실히 좋은 효력을 갖는다. 그러나 그것만으로는 부족하기 때문에 이란성 쌍둥이라 할 수 있는 '엄징'으로 그 부족함을 극복해야만 한다. '엄징'이 적시에 정확한 방향으로 활용될 경우 '경벌' 못지않은 좋은 효과를 거둘 수 있기 때문이다.

하나라의 걸 임금, 상나라의 주 임금, 진나라의 2세 황제, 수나라의 양제, 명나라 태조 주원장 등은 인재들에 대해 심장을 도려내고, 불에 태우고, 찢어 죽이고, 삶아 죽이고, 9족을 멸하고, 주변 사람들을 연루시켜 죽이는 등 온갖 방법을 동원하여 박해했다. 이는 '엄징'과 본질적으로 구별되는 것으로 절대 본받아서는 안 된다.

| '엄징'의 기능 |

'엄징'과 '경벌'은 인재를 구하는 여타의 방법들과 달리 그 기능이 중요하다. 특히 '엄징'은 인재를 후련하게 만들어 서로 소통할 수 있는 길을 열 수 있을 뿐만 아니라 인재에 대한 경고의 기능과 경쟁을 촉진하는 작용도 함께 일으킨다. '엄징'의 다양한 기능을 역대 이론들을 정리하여 제시한다.

1. 나쁜 자를 누르고 교화시킨다

죄를 짓거나 잘못을 저질렀는데 말로 교육이 안 되거나 심지어 간단하고 가벼운 처벌로도 구제할 수 없을 때가 있다. 이런 자들은 '엄징'으로 잘못을 단단히 단속하고 억압해야 한다.

요·순 임금은 온갖 나쁜 짓을 저지른 사흉(四凶)을 덕으로 감화시키려고 무던 애를 썼다. 하지만 사흉은 이를 받아들이지 않고 더 거리낌 없이 나쁜 짓을 일삼았다. 이에 순은 단호하게 사흉을 토벌하여 천하를 안정시켰다. 그 결과 어질고 유능한 인재들이 더 노력했고, 나쁜 자들은 고치려고 애를 쓰게 되었다. 이 일과 관련하여 한나라 선제는 신하들에게 내린 조서에서 "죄를 지었는데 벌하지 않으면 요·순이라도 천하를 다스릴 수 없다."고 했다.

2. 좋은 인재를 격려하고 끌어들인다

나쁜 자를 '엄징'하는 것은 궁극적으로는 노력하여 좋은 인재로 거듭나라는 격려에 다름 아니다. 이렇게 해서 인재를 선한 쪽으로 이 끄는 것이다. 좋은 인재는 악을 원수처럼 미워하기 마련이다. 따라서 좋은 인재를 구하고 기용하려면 반드시 나쁜 자들에 대해 엄격하게 법을 집행하여 간악한 짓이 퍼져나가지 않도록 해야만 한다. 그래야 좋은 인재들이 마음 놓고 달려와 자신의 재능을 한껏 발휘할 수 있다.

3. 일벌백계(一罰百戒)

예로부터 '엄징'은 누군가의 신체를 상하게 하고 명을 끊어놓기 위한 것이 아니라는 인식이 확고했다. 간악한 자들을 징계하고 남에게 해를 끼치는 자를 제거하기 위한 것이었다. 이를 위해 일벌백계함으로써 더 많은 사람을 좋은 쪽으로 이끌려는 것이다.

4. '경벌'과 함께 사용하라

'엄징'과 '경벌'은 한 문제의 두 측면이자 이란성 쌍생아와 같다. 그것은 서로 대립되는 것 같지만 통일되는 개념이자 상호 보충해야 하는 관계이다. 따라서 집행할 때 반드시 이 둘을 함께 고려해야 한다. 자칫 어느 한쪽만 강조해서도 안 되고, 어느 한쪽을 소홀히 해서도 안 된다. 일찍이 춘추시대 정(鄭)나라의 정치가 자산(子産)이 '관맹상제(寬猛相濟)', 즉 너그러운 정치와 사나운 정치를 동시에 구사하라고 강조한 것은 이 문제의 핵심을 정확하게 파악했기 때문이다.

5.신하들을 제대로 부리는 중요한 수단이다

'엄징'은 신하들을 제대로 부리고 탐관오리를 단속하여 신하들을 좋은 쪽으로 이끄는 중요한 작용을 한다. 이는 궁극적으로 나라를 다스리는 방략으로 기능했다. 신하를 부리고 백성을 다스리려면 불법과 부정을 저지른 관리들을 엄하게 징벌해야만 한다. 그렇지 않으면 악을 징벌하고 선을 주장할 수 없다. 형벌이 타당하지 않으면 신료와 백성들의 원망을 불러일으킨다.

은나라가 말기에 잔혹한 형벌을 남발하다가 멸망에 이르렀는데, 당시의 정치가이자 사상가인 주공(周公)은 신중한 형벌을 주장하면서 '엄징'은 반드시 안정적이고 정확해야 한다고 했다. 그 방법에 대해 주공은 첫째는 법전에 의거해야 하고, 둘째는 죄인의 인식과 태도 그리고 범죄 상황에 근거하여 형벌의 경중을 조정할 줄 알아야 하며, 셋째는 핵심이 무엇인지 파악해야 하고, 넷째는 무고한 사람에게 벌을 남발하는 것을 막아야 한다는 점을 들었다.

은나라가 폭정은 물론 가혹한 형벌을 남발함으로써 멸망하는 모습을 직접 목격한 주공은 형벌의 운용에 대해 깊이 인식했다. 그 결과 주공은 예악(禮樂)으로 천하를 통치하는 전과는 전혀 다른 시스템을 창안했고, 주나라는 700년을 유지했다.

6. '엄징'은 윗사람부터 – 상앙의 '엄징'

법가 사상가이자 중국 역사상 최고의 개혁가로 칭송받는 상앙(商鞅)은 인간의 이기적인 인성에 근거하여 군주가 사람을 쓰고 나라를 다스리는 근본은 법으로 신하를 부려야만 나라가 안정을 얻을 수 있다고 보았다. 그러면서 상앙은 군주는 하루라도 법이 없으면 안 된다고 했다.

상앙은 군주가 법 집행에 엄격하면 관리들이 함부로 비리를 저지르지 않고 자기 일에 힘을 쓰고 백성은 다른 생각하지 않고 자기 일을 즐겁게 한다고 생각했다. 엄격한 법은 주로 '엄징'을 말하는데, 상앙은 법을 범한 관리와 백성들에게 관용을 베풀면 안 된다고 보았다. 그러면서 상앙은 법이 지켜지지 않는 것은 위에서부터 법을 어기기 때문이라는 점을 분명히 했다. 상앙이 주장하는 '엄징'의 요점을 간략하게 정리해본다.

첫째, 형벌에 등급은 없다.
둘째, 법은 만천하에 분명하게 밝혀야 한다.
셋째, 가벼운 죄라도 엄하게 벌해야 한다.
넷째, 재발 방지를 위해 장차 일어날 잘못을 징벌해야 한다.

상앙의 '엄징'은 지나친 감이 없지 않다. 하지만 '엄징'이 신분고하를 막론하고 공평하게 적용되어야 한다고 주장한 점은 오늘에 이르러도 충분히 설득력을 가진다. 이런 점은 법가 사상을 집대성

'엄징'을 강력하게 주장한 인물로는 상앙과 한비자를 들 수 있다. 상앙은 전면 개혁의 과정에서는 엄정한 법 집행이 관건이라고 인식했다. 특히 지위고하를 막론하고 공정하게 법을 집행해야 한다고 강조했다. '법이 시행되지 않는 것은 위에서부터 법을 어기기 때문이다'는 그의 명언은 오늘날에도 여전히 유효하다.

한 한비자에 와서 이론적으로 더욱 강화되었다.

| '엄징'의 사례 |

'엄징'의 사례는 역사상 수를 헤아릴 수 없이 많다. 하지만 그 결과가 바람직했던 경우는 그리 많지 않다. '엄징'의 효과는 일시적인 경우가 많았다. 이는 법을 악용하거나 법 위에 군림하여 자신의 권위를 폭력적으로 수립하려는 통치자가 그만큼 많았다는 사실을 반증한다. 또 '엄징'의 본질을 통찰하기가 그만큼 어렵다는 반증이기도 하다. 여기서는 '엄징'을 제대로 활용한 사례를 몇 가지 소개한다.

1. 나무를 베게 한 지휘관을 '엄징'한 정자산

기원전 526년 춘추시대 정나라에 큰 가뭄이 들었다. 정자산은 도격(屠擊), 축관(祝款), 수부(豎柎) 세 사람을 보내 상산에 기우제를 올리게 했다. 그런데 세 사람은 산 위의 나무들을 모조리 베게 한 다음 기우제를 올렸다. 하지만 비는 오지 않았다. 이 상황을 보고받은 정자산은 "산신에 제사를 올리려면 나무를 기르고 산림을 보호해야 하는 것이지 반대로 나무를 베어버렸으니 이는 하늘의 뜻과 위배되는 것이고 산신에 죄를 짓는 짓으로 그 죄가 아주 크다!"고 엄하게 나무라면서 그들의 관작과 봉지를 박탈하는 '엄징'으로 일을 마무리 지었다.

자신들의 위세를 과시하고 편하게 기우제를 드리기 위해 세 사람은 산의 나무를 베는 황당한 짓을 저질렀다. 이를 정확하게 파악한 자산은 기우제를 올리는 이치를 지적하면서 이들을 '엄징'하여 본보기로 삼았다.

2. 장고(莊賈)를 '엄징'한 사마양저(司馬穰苴)

춘추시대 연나라와 진나라가 연합하여 제나라를 공격해왔다. 제나라 집정자 안영은 문무를 겸비한 대부 양저를 사마로 추천했다. 경공은 양저를 대장에 임명하면서 장고로 하여금 군을 감독하는 감군(監軍)에 임명하여 수행케 했다. 양저는 장고와 다음 날 정오까지 군영에서 만나기로 약속했다.

장고는 자신은 조정에서 임명한 관리라 그런 시간 약속 따위는 지킬 필요가 없다면서 친구들이 베풀어준 환송회에 참석하여 늦게까지 술을 마셨다. 이튿날 정오가 되었지만 장고는 나타나지 않았다. 저녁이 다 되어 여전히 술에 취한 모습으로 나타난 장고를 본

양저는 임금의 명을 받아 군에 나가는 사람은 사사로운 일은 물론 집안일도 잊고 백성의 안위를 위해 목숨을 바쳐야 할 책임이 있거늘 이렇게 군령을 어기다니 죽어 마땅하다며 당장 장고의 목을 베라고 엄명했다.

전쟁을 앞둔 장수에게 가장 필요한 것은 병사들의 복종이다. 그러려면 군기가 확실히 잡혀 있어야 한다. 사마양저는 이 때문에 장고의 목을 가차 없이 베었고, 병사들은 사마양저에 완전히 복종할 수 있었다. 장고의 목을 베는 사마양저를 그린 그림이다.

겁이 난 장고는 사람을 급히 경공에게 보내 살려줄 것을 애원했다. 경공이 양저에게 사람을 보냈다. 하지만 양저는 경공의 사신이 도착하기 전에 "장수가 전쟁에 나가게 되면 군주의 명이라도 받지 않는다."며 기어이 장고의 목을 베었다. 그리고는 경공이 보낸 사신이 군령을 어기고 함부로 군영에 난입했다면서 사신의 수행원을 목 베고 사신이 타고 온 마차의 손잡이를 잘라 전군에 보여주었다. 군대는 과감한 장수를 얻은 것에 크게 고무되어 진과 연의 연합군을 무찔렀다.

3. 수 문제의 '엄징'과 문제점

수 문제 양견은 중국 역대 제왕들 중에서 '엄징'을 선호하기로 유명했다. 탐관오리의 부정부패로 망한 역사적 사례들을 침통한 교훈으로 삼아 신하들에게 엄격한 기준을 요구했다. 스스로 근검절약을 솔선수범하면서 수시로 사람을 보내 백관을 사찰하여 죄가 발견되면 '엄징'했다. 심지어 몰래 사람을 시켜 뇌물을 주게 하여 처벌하기까지 했다.

하지만 문제의 이런 '엄징'은 한계가 뚜렷했다. 의심과 음밀한 계책으로 신하들을 통제하면서 자신의 위세와 능력을 드러내려는 이런 방법으로는 무엇보다 위아래의 마음을 얻을 수 없었기 때문이다. 관리들은 문제의 이런 스타일을 진즉에 꿰뚫어보고 만반의 대비를 갖추었다. 즉, 더 큰 속임수로 문제의 감시와 의심을 속이는 것이었다. 비리와 부정은 더욱 더 치밀하고 은밀해질 수밖에 없었다. 게다가 측근만 신뢰하다보니 신하들과의 소통이 막혀서 상황에 대한 인지능력과 파악력이 갈수록 떨어졌다.

사실 문제가 작은아들 양광(훗날 양제)에게 기만당하여 황제 자리를 빼앗기다시피 하고 결국 멸망에 이르는 화근도 어찌 보면 정확한 상황 파악 없이 무조건 '엄징'만 고집했던 자신의 통치 방식에 있었는지 모른다.

문제의 '엄징'은 엄격한 자기관리에 기초를 두고 있었다. 하지만 그 이면에서 유능한 인재, 특히 덕으로 사람들 마음을 얻는 인재에 대한 시기와 질투가 자리 잡고 있었다. 이 때문에 '엄징'을 통한 가시적 성과와 '엄징'으로도 가려낼 수 없는 불가시적 성과의 차이를 전혀 알 길이 없었던 것이다. 수 문제의 '엄징'은 타율과 자율의 미묘한 경계를 생각하게 만든다.

4. 탁월한 성과를 보여준 당 태종의 '엄징'

당 태종은 '엄징'보다는 '경벌'에 힘을 기울였다. 하지만 시기를 놓치지 않고 '엄징'을 구사할 줄 알았다. '경벌'로 사람을 교화시키고 '엄징'으로 간사한 자들을 징벌하는 그의 용인 방침은 자못 의미심장하다. 몇 가지 사례들을 살펴보자.

진사합(陳師合)이 한번은 글을 올려 은근히 두여회(杜如晦)와 방현령(房玄齡)을 헐뜯었다. 충직하고 유능한 사람을 해치는 일을 가장 싫어했던 태종은 법에 의거하여 진사합을 저 멀리 영남 지방으로 유배를 보냄으로써 근거 없이 남을 헐뜯는 일은 어떤 경우가 되었건 '엄징'한다는 방침을 신하들에게 확실하게 보여주었다. 이 일로 조정 대신들은 황제가 믿을 만한 명군이라는 것을 분명하게 알게 되었다.

위징은 태종에게 늘 아첨하는 소인배를 멀리하라고 충고했다. 한번 태종이 큰 나무 한 그루를 칭찬하자 옆에 있는 우문사급(宇文士及)이 지체 없이 한술 더 떠 그 나무를 침이 마르도록 칭찬하고 나섰다. 이는 할 필요가 없는 말로 순전히 태종의 비위를 맞추려는 아첨에 지나지 않았다. 평소 우문사급을 의심해왔던 태종은 이 일로 그가 확실히 아부꾼임을 확인하게 되었고, 바로 그를 파면시킴으로써 바른말을 잘하는 충직한 신하들을 크게 고무시켰다.

권만기(權萬紀)가 태종에게 은광을 채굴하면 매년 큰 이익을 얻을 수 있다며 은광 개발을 권했다. 이에 태종은 옛날 한나라의 환제와 영제가 백성들 돈을 긁어 사리사욕을 채웠는데 지금 나더러 그런 사악한 짓을 하라는 것이냐며 권만기를 호통쳤다. 그러면서 그의 관직을 박탈하고 집으로 돌려보냈다. 태종은 사사로운 이익만 이야기하고 유능한 인재는 한 사람도 추천하지 않은 권만기를 '엄징' 함으로써 인재 추천을 크게 격려했다.

5. 수 문제와 당 태종의 차이

여기서 수 문제와 당 태종이 보여준 '엄징'의 차이를 한번 짚어보자. 우선 두 사람 모두 '엄징'이란 방법을 중시하고 또 활용했다. 하지만 그 효과는 전혀 다르게 나타났다. 수 문제의 '엄징'은 결과적으로 소인배들의 아부와 충직한 신하들을 해치는 것으로 나타났고, 당 태종의 '엄징'은 사악하고 불초한 자들을 배척함으로써 유능한 인재들의 적극성을 크게 보호했다. 그 원인은 어디에 있을까?

첫째, 수 문제는 신하들 중 혹시나 반역자가 있지 않을까 늘 두려워했다. 특히 탐관오리는 '엄징'으로 처단함으로써 신하들에 대한 방어 수단으로 삼았다. 그는 엄격하게 사찰을 잘하는 군주가 훌륭한 군주라고 생각했다.

당 태종은 어려움을 통해 배출된 신하들을 전적으로 신뢰하는 것만이 백성들이 바라는 바이자 나라가 기댈 수 있는 자원으로 생각하여 그들을 보호하는데 전력을 다했다. 태종의 '엄징'은 소인을 물리치고 충직한 신하들을 보호하는 것이었다. 요컨대 두 사람의 신하에 대한 평가와 '엄징'이란 방법을 사용하는 목적이 달랐다는 것이다.

둘째, 수 문제는 자신이 기용한 신하들에 대한 상황을 제대로 장악하지 못해 그들을 의심했다. 신하들이 자신에게 불충하면 어쩌나 두려워했고, 신하들은 모반 아니면 비리를 저지를 가능성이 있는 존재로 생각했다. 그러다 보니 소인배와 아첨꾼들이 이런 심리상태에 맞추어 충직하고 유능한 인재들을 모함하고 해쳤다. '엄징'이 적절할 때도 있었지만 그보다는 어긋날 때가 더 많을 수밖에 없었다.

당 태종은 신하들의 상황을 손바닥 들여다보듯 훤하게 꿰뚫고 있었다. 그러니 소인배들이 충직한 신하들을 해치기란 불가능했다. 태종은 또 소인배나 아부꾼들에 대해 세심하게 살피고 또 살폈다. 이 때문에 그의 '엄징'이 정확하게 효력을 발휘할 수 있었던 것이다.

셋째, 수 문제의 '엄징'은 정확하지 못했다. 충신들은 피해를 입을까 전전긍긍했다. 그래서 위기를 느낀 유능한 신하들이 일찌감치 퇴직했고, 충직한 신하들은 입을 열지 않았다. 그러나 보니 '엄징'은 더 부정확해졌다.

당 태종은 그와는 반대였다. 당 태종의 '엄징'은 유능한 인재의 적극성을 크게 움직였고, 그들의 그런 점을 적극적으로 보호했다. 충직한 신하들은 직언을 두려워하지 않았다. 반면 소인배들은 그 정체를 숨길 수 없었다. 이 때문에 당 태종의 '엄징'은 더욱 더 정확해졌다.

| '엄징'이 주는 교훈과 힘 |

'엄징'이 정도를 지나치면 가혹하게 변하고 사람들은 위기의식을 느낀다. 반면 정도에 미치지 못하면 악을 징계하고 선을 장려하는 기능을 잃게 된다. 그렇다면 어떻게 해야 '엄징'을 적절하게 활용할 수 있을까? 옛 사람들의 실천과 경험은 우리에게 다음과 같은 교훈과 그 힘을 알려준다.

1. '엄징'은 반드시 '경벌'과 함께 활용해야 한다
'경벌'과 '엄징'은 새의 두 날개와 같아 하나라도 없으면 안 된다. 그저 '경벌'만 사용하면 안 된다. 송나라가 진종(眞宗) 이후 이렇게 하다가 국방력의 약화와 문무 관리들의 기강 해이 등 큰 낭패를 초래했다. 그렇다고 '엄징'만 고집해서도 안 된다. 이미 살펴본 수 문제가 좋은 예이다.

이 둘은 유기적 관계이다. 따라서 활용할 때 반드시 유기적으로 결합시켜야 한다. '경벌'은 대상자로 하여금 감사와 은혜의 감정을 갖게 하고, '엄징'은 법을 어겨서는 안 되겠다는 각오를 다지게 해야 한다. '경벌'할 때는 확실하게 '경벌'을, '엄징'이라고 판단되면 분명하게 '엄징'해야만 인재를 구하고 기용하는 작용을 해낼 수 있다.

2. '엄징'은 문제의 핵심을 확실하게 드러나게 해야 한다
'엄징'하라고 해서 사사건건 '엄징'하라는 말이 아니다. 대신 '엄징'

을 왜 하는지 문제의 핵심을 정확하게 잡아야 한다. 중점을 파악하라는 말이다. 반역, 뇌물, 모함, 아부에 대해 결코 그냥 넘어가지 않았던 당 태종의 '엄징'이 좋은 본보기이다. 송 태조와 태종은 관용을 중시했지만 중점을 정확하게 파악한 '엄징'을 확고하게 견지했다.

3. '엄징'은 안정, 정확함, 매서움을 요구한다

'엄징'이 안정적이어야 한다는 말은 함부로 아무 때나 사용해서는 안 된다는 말이다. 이는 정확해야 한다는 조건과 긴밀하게 연계되어 있다. 그래야만 좋은 사람을 해치지 않고 나쁘고 죄 지은 자를 처벌할 수 있다. 동시에 '엄징'은 매서워야 한다. 잘못이 무엇인지 인정하고 매서운 징벌을 통해 자신을 거듭나게 해야만 '엄징'의 작용과 효과 및 그 힘을 보증 받을 수 있다.

4. '엄징'은 그 사상이 정확해야 한다

'엄징'은 관리들을 무조건 징벌하기 위한 것이 아니다. 또 신하들에 대응하기 위한 방법도 아니다. 사악을 징계하고 통제하며, 아부꾼에게 타격을 주고 유능한 인재를 보호하고 격려하기 위한 수단이다. 따라서 '엄징'은 앞서 말한 대로 안정적으로 정확하고 매섭게 구사되어야지 감정에 따라 마음대로 사용되어서는 안 된다. 이는 '엄징'을 사용하는 사람의 정확한 사상과 철학이 바탕이 되어야 한다는 말이다.

5. '엄징'은 권세와 신분을 기피해서는 안 된다

이는 '엄징'에 어떤 차별이 있어서는 안 된다는 뜻이다. 대상자의 신분이나 권력에 주눅 들어 솜방망이 처벌로 끝나거나, 사사로운 감정이나 이익에 매여 적당히 봐주고 넘어갔다간 가장 중요한 민심을 잃게 된다. 이 때문에 대사를 그르친 사례는 수도 없이 많다. 쥐새끼만 잡고 호랑이는 건드리지 못하는 식의 '엄징'으로는 유능하고 충직한 인재들을 보호하고 격려하기는커녕 인재들의 마음을 떠나가게 만들거나 그들을 나쁜 길로 들어서게 만들 뿐이다. '엄징'이 차별 없이 시행되면 민심을 얻고 안정된 통치를 이끌어내는 위력을 발휘한다.

6. '엄징'은 한결 같아야 한다

옛 사람들은 '엄징'을 실천하고 경험한 결과 '엄징'이 굳세게 한결 같으면 관리들이 부지런해지고, '엄징'이 느슨하면 일을 게을리하며, '엄징'이 없어지면 나라가 망한다는 것을 알았다. 송 왕조의 '엄징'이 시간이 흐를수록 느슨해지다 흐지부지 되어 결과적으로 나라가 망하는 원인을 제공했다는 사실이 이 점을 생생하게 보여준다.

7. '엄징'의 현대적 의의

오늘날에 있어서 '엄징'은 어느 한 개인을 위한 것도, 어느 한 개인을 징벌하기 위한 것도 아니다. 조직원과 나아가 백성들을 위한 것이 되어야 한다. '엄징'을 통해 백성을 해치는 자를 징벌하고, 법 위에 군림하는 그 어떤 특별한 자도 용납할 수 없다는 원칙으로 운용되어야 한다.

| '엄징' 관련 명언명구 |

> 유죄불주(有罪不誅),
> 수당우유불능이화천하(雖唐虞猶不能以化天下)
> "죄를 지었는데 벌하지 않으면 요·순이라도 천하를 다스릴 수 없다."
> – 《한서》〈선제기〉

죄가 있으면 반드시 법으로 단속하고, 법을 두려워하지 않으면 반드시 '엄징'해야 한다는 말이다. 또 요순 같은 성인이라도 법을 사용하지 않고는 범법자를 다스릴 수 없다는 의미이기도 하다. 이 말에는 법을 적절히 사용하지 않고서는 인재를 제대로 다룰 수 없고 백성들도 잘 교화시킬 수 없다는 의미가 함축되어 있다.

> 국이현흥(國以賢興), 이첨쇠(以諂衰);
> 군이충안(君以忠安), 이녕위(以佞危)
> "나라는 좋은 인재로 흥하고 아첨꾼으로 쇠퇴하며,
> 군주는 충신으로 편안해지고 아부꾼으로 위태로워진다."
> – 《후한서》〈왕부전〉

왕부(王符)는 군주는 주나라 문왕에게서 간악함을 제거하는 통치

술을 배우라고 외쳤다. 당나라 때 역사 평론가 유지기는 《춘추》를 권선징악(勸善懲惡)의 책으로 보았는데, 모두 간악한 자들에 대한 '엄징'의 필요성을 강조한 말들이다.

> ## 불교이주(不敎而誅), 즉형번이사불승(則刑卽繁而邪不勝)
> "교화 없이 그저 처벌만 하면 형벌이 남발되어 사악함을 이길 수 없다."
> – 《순자》〈부국富國〉

순자는 이어서 "교화만 하고 처벌하지 않으면 간사한 자들이 징계를 받지 않게 된다."고도 했다. 순자는 먼저 교화한 다음 처벌할 것을 주장했는데, 처벌하지 말라는 뜻이 결코 아니다. 또 '경벌'하라는 뜻도 아니다. 그는 '엄징'을 통해 신하를 부리고 백성을 다스리는 사상적 색채를 분명히 했다. 그의 사상이 법가에 큰 영향을 준 것도 이런 맥락에 닿아 있다.

> ## 유공우전(有功于前), 유패우후(有敗于後), 불위손형(不爲損刑) ; 유선우전(有善于前), 유과우후(有過于後), 불위휴법(不爲亏法)
> "공을 세운 사람을 앞세우고 패한 사람을 뒤로 해야 형벌이 손상되지 않고, 잘한 사람을 앞세우고 잘못한 사람을 뒤로 해야 법이 어그러지지 않는 것이다."
> – 《상군서商君書》〈상형賞刑〉

신분존귀나 지위고하를 막론하고 잘잘못을 정확하게 따져 상벌을 결정해야 한다는 상앙의 주장은 사실 오늘날 현실에 비추어 큰 무게로 다가온다. 그는 나아가 "법이 제대로 시행되지 않는 것은 위에서부터 법을 어기기 때문이다."라고 일갈한다. '엄징'의 대상이 어떤 자여야 하는지에 대한 자각을 촉구하고 있는 것이다.

《춘추》의 정신은 칭찬할 것은 칭찬하고 비판할 것은 비판하는 '포폄'이다. 역대로 통치자와 리더들은 《춘추》의 이 정신을 높이 평가했고, 역사가 사마천은 이 정신을 본받아 《사기》를 남겼다. '엄징'과 '경벌'의 사상적 뿌리는 바로 이 《춘추》에 닿아 있다.

서로의 망치가 되는 사회

책 제목에 대해 주변 분들에게 의견을 구했지만 딱히 결정하지 못하다가 책 앞부분의 '망치'에 문득 눈길이 갔다. 쇠를 두드리려면 망치가 단단해야 하듯 리더는 자신부터 단단하지 않으면 안 된다. 다시 말해, 리더 스스로가 단단한 망치가 되어야 한다. 또 단단한 망치가 되려면 그 망치를 두드리는 또 다른 망치가 필요하다. 그 망치가 바로 이 책에서 제기하고 있는 스무 개의 리더십 항목이다. 리더와 인재와 조직을 단단하게 만드는 스무 개의 망치인 셈이다.

제목을 정하고 보니까 책이 또 달라 보였다. 리더가 되려는 사람이라면 당연히 이 스무 개의 망치로 자신을 두드려야 하고, 리더를 선택하는 시민들 역시 깨어 있으려면 이 스무 개의 망치가 필요하다는 생각이 들었다. 서로를 두드려 주는 망치가 된다면 우리 사회가 조금 더 나아지지 않을까?

스무 개의 망치가 모두 다 딱딱하기만 한 것은 아니다. 서로를 위하는 따뜻한 마음의 망치가 있고, 서로의 기쁨과 슬픔을 함께 나누는 정감어린 망치도 있다. 인간애가 바탕이 되지 않은 관계는 삭막하다. 관계론 항목에서 보다시피 인간에게는 내 것을 나눠주고, 통크게 양보하고, 나보다 나은 사람을 기꺼이 추천할 수 있는 고귀한 성품이 있다. 인류의 역사는 바로 이 고귀한 정신으로 한 걸음 한 걸음 진보해왔다.

모두가 리더가 되는 세상이 왔다. 집단지성은 그 상징이다. 이제 다수를 대변하여 권력을 행사하러 나서는 리더 지망생은 기존의 리더십으로는 살아남을 수 없다. 끊임없이 공부하는 것은 물론 세계사의 큰 흐름을 통찰하지 않고서는 리더는커녕 사회의 낙오자로 도태될 것이다. 특히 권력을 나누고, 사심 없이 봉사하고, 아낌없이 희생하지 않으면 순식간에 무대에서 쫓겨날 것이다. 이런 점에서 이 책이 던지는 스무 개의 망치는 자신을 단단하게 단련시키는 좋은 도구인 셈이다.

교정지를 받아들고 보니 짧게 몇 마디 남기고 싶어 이렇게 생각의 끝자락을 두서없이 펼쳐 보았다. 이 책의 내용으로 진행하고 있는 8주 강의에 진지하게 임하고 계시는 이 책의 첫 독자, 아니 첫 시청자들께 얼른 진짜 책을 선물하고 싶다. 감사드릴 분들이 많다.

2021년 4월 27일 23:44

찾아보기

1. 인명

이 책에 등장하는 인물은 약 400명에 이른다. 주요 인물들은 해당 페이지를 가능한 모두 제시했고, 대부분 해당 내용의 페이지를 한 번만 제시해둔다.

415

2. 서명

이 책에는 많은 옛 서적들이 인용되어 있어 별도의 색인으로 제시해둔다. 내용 면에서 상고시대와 춘추전국은 《사기》, 《좌전》, 《전국책》, 《국어》와 제자백가에서, 그 이후의 역사는 《삼국지》, 《수서》, 《당서》 등과 같은 역사서, 당 태종과 관련하여 《정관정요》가 많이 인용되어 있다. 이밖에 제자백가서도 여러 종류 인용되어 있다. 지명과 국명은 생략했다. 인명에 함께 딸린 경우가 많아 인명을 참고하면 된다.

3. 주요 항목

내용에 맞게 주요 항목들을 추렸다. 본문에 나오는 주제와 관련한 명언명구도 함께 제시했다.

History

역사책을
읽는 자가
승리한다

리더의 역사 공부

한국사마천학회
김영수 지음

사마천, 우리에게 우리를 묻는다

"리더의 역사 공부,
사마천(司馬遷)과 《사기(史記)》가 답이다!"

창해

역사책을 읽는 자가 승리한다 리더의 역사 공부

한국사마천학회 김영수 지음

창해

리더의 역사 공부

역사책을 읽는 자가 성공한다!
역사는 현재를 비추는 거울이고,
미래의 길을 제시하는 나침반이다.

동서고금을 막론하고 생각 있는 리더라면
조직과 국가의 흥망성쇠를 결정하는
가장 중요한 요인으로
인재와 인재의 기용을 꼽았다.

《리더의 역사 공부》 일곱 개의 주제

1. 역사는 기록(記錄)이 아니라 기억(記憶)이다

2. 옳은 길은 한 번도 편한 적이 없었다

3. 백성이 부유해야 나라도 부유해진다

4. 권력(權力)은 힘을 나누는 것이다

5. 언격(言格)이 인격(人格)이다

6. 좀 알자, 중국

7. 지식이 해방된 시대

김영수 지음 / 신국판 / 352쪽 / 값 18,000원

새우와 고래가 함께 숨쉬는 바다

리더·인재·조작을
단단하게 만드는 20개의 망치

리더의 망치

지은이 | 김영수
펴낸이 | 황인원
펴낸곳 | 도서출판 창해

신고번호 | 제2019-000317호

초판 1쇄 인쇄 | 2021년 05월 14일
초판 1쇄 발행 | 2021년 05월 21일

우편번호 | 04037
주소 | 서울특별시 마포구 양화로 59, 601호(서교동)
전화 | (02)322-3333(代)
팩스 | (02)333-5678
E-mail | dachawon@daum.net

ISBN 979-11-91215-02-1 (03320)

값 · 19,800원

Publishing Club Dachawon(多次元)
창해·다차원북스·나마스테